凝聚隧道及地下工程领域的

先进理论方法、突破性科研成果、前沿关键技术，

记录中国隧道及地下工程修建技术的创新、进步和发展。

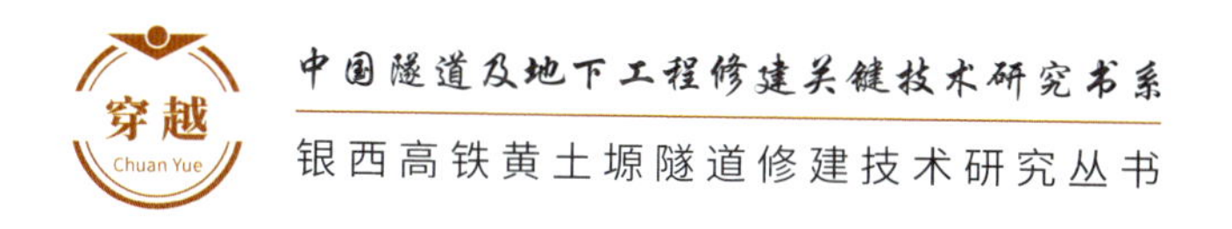

红黏土
隧道修建技术研究与实践

RESEARCH AND PRACTICE OF RED CLAY
TUNNEL CONSTRUCTION TECHNOLOGY

陈孙恩　刘俊平　谢君泰　余跃新　等　编著

人民交通出版社股份有限公司
北　京

内 容 提 要

本书为“银西高铁黄土塬隧道修建技术研究丛书”之一，基于银西高铁隧道工程研究成果和实践经验，系统总结了黄土塬区隧道修建技术。

本书通过现场调查、原位测试、土工试验、数值分析等方法，系统研究了红黏土地层围岩工程特性、围岩—支护结构受力及变形规律，提出了适宜红黏土隧道的施工工法和技术措施。

本书可供从事隧道及地下工程的专业技术人员参考，也可供高等院校相关专业师生学习。

图书在版编目(CIP)数据

红黏土隧道修建技术研究与实践 / 陈孙恩等编著
. — 北京 ：人民交通出版社股份有限公司，2022.7
ISBN 978-7-114-18027-9

Ⅰ.①红… Ⅱ.①陈… Ⅲ.①红土—隧道施工—研究
Ⅳ.①U455

中国版本图书馆 CIP 数据核字(2022)第 101027 号

Hongniantu Suidao Xiujian Jishu Yanjiu yu Shijian

书 名：红黏土隧道修建技术研究与实践
著 作 者：陈孙恩 刘俊平 谢君泰 余跃新 等
责任编辑：谢海龙
责任校对：席少楠 刘 璇
责任印制：刘高彤
出版发行：人民交通出版社股份有限公司
地 址：(100011)北京市朝阳区安定门外外馆斜街 3 号
网 址：http://www.ccpcl.com.cn
销售电话：(010)59757973
总 经 销：人民交通出版社股份有限公司发行部
经 销：各地新华书店
印 刷：北京印匠彩色印刷有限公司
开 本：720×960 1/16
印 张：13.75
字 数：255 千
版 次：2022 年 7 月 第 1 版
印 次：2022 年 7 月 第 1 次印刷
书 号：ISBN 978-7-114-18027-9
定 价：80.00 元
(有印刷、装订质量问题的图书由本公司负责调换)

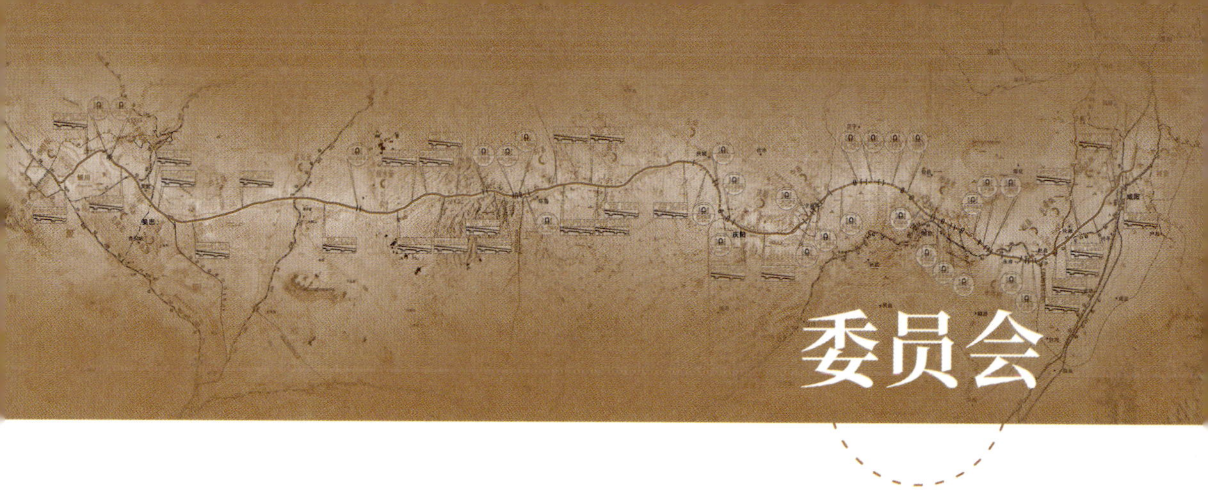

委员会

丛书编写委员会

主 任 委 员：马新民　唐国荣

副主任委员：刘俊平　刘　桢　谢君泰

委　　　员：（按姓氏笔画排序）

于　丽　叶万军　米维军　孔纲强　张虎元　巫锡勇

来弘鹏　蒋雅君

本册编审委员会

主 任 委 员：陈孙恩　刘俊平　谢君泰　余跃新

副主任委员：叶万军　屈　瀑　巫锡勇　王　哲

委　　　员：（按姓氏笔画排序）

于　介　于　斌　毛亚龙　朱　军　刘志成　李志伟

李志军　李朋林　李春光　张成勇　张兆军　吴永峰

徐海岩　郭　霖　唐建强　蒲　永　管国梁　燕鸿博

审 稿 专 家：张民庆　答治华　林传年　孟祥连　任诚敏　刘俊成

王明年　赵　平　刘仲仁　令永春　马伟斌　巨小强

郭　平　卢建伟　杨会军

前言

我国的黄土地层区域广泛分布于甘肃、陕西、宁夏等大部分的西北地区，从贺兰山到太行山，从黄土高原到秦岭，这些区域内都分布着不同年代的黄土地层。近年来，随着我国加快对西部地区的基础建设，西部地区的铁路建设进入了一个飞速发展的新阶段。银西高铁是我国《中长期铁路网规划》(2016 年版)中“八纵八横”高速铁路主通道之一“包(银)海通道”的重要组成部分，穿越毛乌素沙漠边缘和世界上规模最大的黄土塬，是我国一次性建成里程最长的有砟高速铁路。

银西高铁庆阳隧道是国内首座全长均为弱膨胀红黏土地层的高速铁路隧道。红黏土性质特殊，具有弱膨胀性，在长期列车动载—水—土耦合条件下可能发生底鼓现象，工程施工难点较多，本书主要从红黏土围岩工程特性、围岩—支护结构受力及变形规律、施工适应性工法与关键施工及配套技术等方面进行了深入研究。

本书共分 5 章：第 1 章介绍了研究背景及意义、依托工程概况及研究现状；第 2 章主要分析了红黏土成分组成及微观结构、红黏土物理力学特性以及矿物成分与含水率对其物理特性的影响；第 3 章通过现场监测与分析，介绍了红黏土隧道围岩—支护结构受力特性与变形规律；第 4 章介绍了土质隧道的各种施工工法，并基于红黏土隧道施工工法进行适应性比选；第 5 章介绍了快速施工关键技术、衬砌施工关键技术、防排水施工关键技术、新型自行式长栈桥应用技术以及红黏土隧道底鼓预防加固技术。

本书可作为黄土塬区隧道施工人员的指导用书。限于作者水平和能力,书中难免存在不足和疏漏之处,恳请各位专家和读者批评指正。

作　者

2021 年 11 月

目录

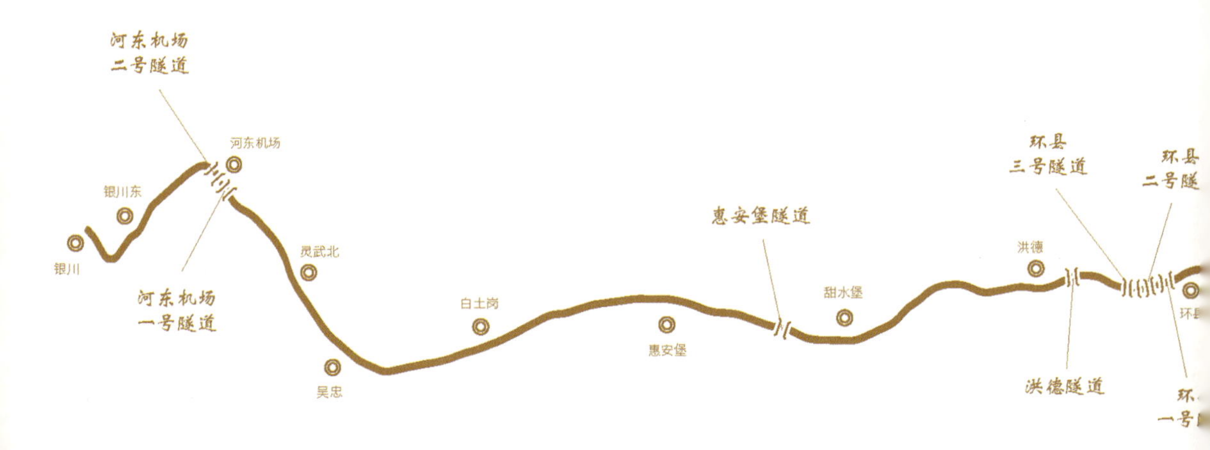

河东机场
二号隧道
河东机场
银川东
银川
河东机场
一号隧道
灵武北
吴忠
白土岗
惠安堡
惠安堡隧道
甜水堡
洪德
环县
三号隧道
洪德隧道

第1章 绪论

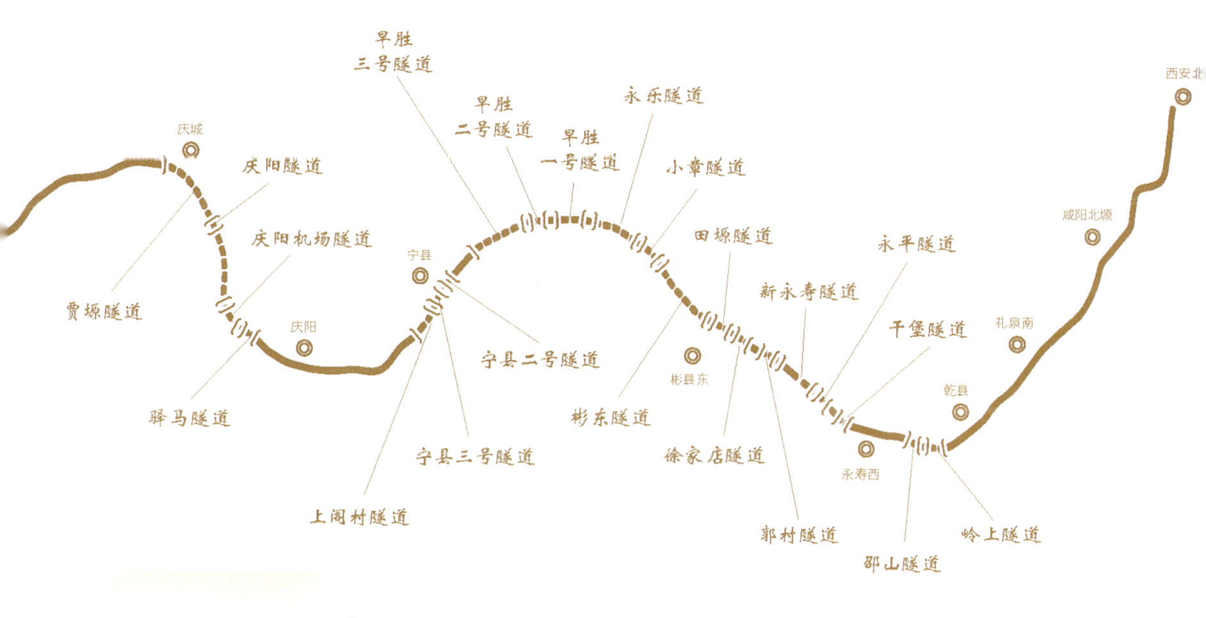

早胜三号隧道
早胜二号隧道
早胜一号隧道
永乐隧道
西安北
庆城
庆阳隧道
小章隧道
咸阳北塬
庆阳机场隧道
田塬隧道
永平隧道
宁县
新永寿隧道
贯塬隧道
庆阳
干堡隧道
礼泉南
宁县二号隧道
彬县东
乾县
驿马隧道
彬东隧道
宁县三号隧道
徐家店隧道
永寿西
上阁村隧道
郭村隧道
岭上隧道
邵山隧道

研究背景与意义

红黏土具有随含水率增大而强度降低、膨胀率相应变化等特点，其与一般的黏性土有着很大的差别，性质较为特殊。研究发现，红黏土潜水渗透使其含水率会产生一定的变化，其土质特性会对整个隧道工程产生较大的影响。只有通过系统地分析研究，了解红黏土的实际危害，才能更好地去制订应对措施，从而确保施工质量。

银西高铁庆阳隧道是国内首座全长均为弱膨胀红黏土地层的铁路隧道。其穿越的地层围岩性状特殊，具有弱膨胀性，属于典型的红黏土地层。在该工程施工中主要面临以下几项重难点工作：

(1)红黏土地层工程性质不明确。庆阳隧道地处董志塬南缘，黄土地层覆盖较厚，许多地层在工程建设中首次遇及，且该地区红黏土有别于传统南方地区红黏土，不能按照常规的工程类比法进行设计施工。因此，该工程中探明红黏土围岩工程特性是十分必要的，也是该工程的重点工作之一。

(2)红黏土地层具有弱膨胀性。对于弱膨胀性地层，含水率作为决定围岩工程特性的重要指标，对于围岩稳定性具有重要意义。因此弄清含水率与膨胀力之间的相关关系，明确隧道施工步序与围岩含水率变化相互影响关系，是该工程的难点工作之一。

(3)防止隧道运营过程中发生底鼓现象。传统膨胀土(岩)隧道在施工过程中，往往不会发生底鼓现象。但庆阳隧道在长期列车动载—水—土耦合条件下可能发生底鼓现象。鉴于此，如何对支护结构进行优化，尤其对仰拱矢跨比进行调整，确定合适的支护参数，是该工程施工的难点工作之一。

针对上述的重难点工作，本书依托银西高铁庆阳隧道工程实践进行了大量的试验研究与理论分析，分析了红黏土围岩岩性、隧道结构受力及变形规律，提出了施工适应性工法，构建了关键施工技术体系，对以后类似工程施工具有借鉴和指导意义。

依托工程概况

1.2.1 庆阳隧道概况

1）工程位置

庆阳隧道经过甘肃省庆阳市庆城县驿马镇及白马铺乡，隧道进口位于庆阳西峰区与庆城县界的驿马沟支沟左岸，出口位于白马铺乡教子川右岸。洞身主要穿越黄土沟壑梁峁区，地面高程 1164～1482m，相对高差 150～250m，南高北低，边缘破碎。沟壑发育，支沟下切较深，多呈 V 形，两岸边坡高陡，局部发育滑坡、错落、溜坍和黄土陷穴等不良地质现象。

隧道起讫里程 DK259 + 318.25 ～ DK273 + 254，全长 13935.75m，最大埋深 248m，最小埋深 9m，为一座单洞双线隧道。隧道进口到 DK272 + 750 里程为下坡段，分别为：长度 2631.75m、坡度 25‰，长度 6100.00m、坡度 13‰，长度 1350.00m、坡度 19.3‰，长度 400.00m、坡度 3‰；DK272 + 750 里程到隧道出口为长度 504m、坡度 25‰的上坡段，进口左线 3934.26m 位于 $R = 7000$m 的右偏曲线上；洞身左线 DK265 + 970.79 ～ DK271 + 114.75 段 5143.96m 位于 $R = 9000$m 的左偏曲线上，其余位于直线上。

2）地质条件

隧道经过的地层为第四系全新统滑塌错落堆积层、冲积层，上、中更新统风积黄土，上第三系上新统红黏土及砂岩，白垩系下统砂岩。按成因时代及由新到老描述如下：

（1）第四系全新统

①砂质黄土（Q_4^{sl3}）：主要分布于隧道洞身上方冲沟两侧坡面，淡黄色、灰黄色，为滑塌、错落堆积体，厚 3～50m，成分以粉粒为主，土质不均，结构疏松，垂直节理发育，潮湿，稍密，Ⅱ级普通土。

②黏质黄土（Q_4^{al3}）：主要分布于大型冲沟沟底地表，棕黄色，厚 3.1～16.5m，成分以粉粒为主，土质不均，含砂粒，土体疏松，表层含植物根系，硬塑为主，Ⅱ级普通土，$\sigma_0 = 120$kPa。

③黏质黄土(Q_4^{pl3}):主要分布于小型冲沟沟底地表,棕黄色,厚2~5m,成分以粉粒为主,土质不均,含砂粒,土体疏松,表层含植物根系,硬塑为主,Ⅱ级普通土,$\sigma_0 = 120\text{kPa}$。

④细圆砾土(Q_4^{al6}):局部冲沟沟心可见,棕黄色夹杂色,厚2.8~3.1m,砾石成分以姜石为主,多呈浑圆状,粒径2~20mm的约占55%,粒径大于20mm的约占5%,最大粒径70mm,其余为黄土充填,潮湿~饱和,稍密,Ⅱ级普通土,$\sigma_0 = 200\text{kPa}$。

⑤粗圆砾土(Q_4^{al6}):局部冲沟沟心可见,棕黄色夹杂色,厚约1.7m,砾石成分以姜石为主,多呈浑圆状,粒径小于20mm的约占10%,粒径20~60mm的约占55%,粒径大于60mm约占5%,最大粒径120mm,其余为黄土充填,饱和,中密,Ⅲ级硬土,$\sigma_0 = 400\text{kPa}$。

(2)第四系上更新统

砂质黄土(Q_3^{eol3}):分布于梁塬表层,淡黄色为主,厚10.6~21.5m,以粉粒为主,土质较均,根、虫孔发育,土体疏松,直立性好,垂直节理发育,可见蜗牛壳,底部分布古土壤,可见白色钙质菌丝,局部夹有姜石,稍湿,中密,Ⅱ级普通土,$\sigma_0 = 150\text{kPa}$,Ⅴ级围岩。

(3)第四系中更新统

黏质黄土(Q_2^{eol3}):分布梁塬中部,褐黄色和棕黄色为主,厚50~180m,以粉粒为主,土质均匀,针状空隙发育,土体较致密,具直立性,夹有多层古土壤层,可见白色钙质菌丝,底部常具姜石层,硬塑,局部软塑,Ⅲ级硬土,硬塑$\sigma_0 = 180\text{kPa}$,软塑$\sigma_0 = 120\text{kPa}$,Ⅳ、Ⅴ级围岩。

(4)上第三系上新统

红黏土(N_2Cr):分布梁塬下部,棕红色,厚度一般大于30m,以黏粒为主,结构紧密,土质硬,可见灰黑色铁锰质斑点或条纹,局部含白色网状钙质菌丝,硬塑,Ⅲ级硬土,$\sigma_0 = 300\text{kPa}$,Ⅳ、Ⅴ级围岩。

砂岩(N_2Ss):一般分布于红黏土下部,局部可见,棕红色,厚1.7~11.3m,以石英、长石、云母为主,泥质胶结,中细粒结构,层状构造,岩层胶结程度差,全风化~强风化,Ⅲ级硬土,$\sigma_0 = 250\text{kPa}$,Ⅴ级围岩。

(5)白垩系下统

砂岩(K_1Ss):分布梁塬底部,青灰色~灰褐色,以石英、长石、云母为主,泥质胶结,粉细粒结构,层状构造,强风化,厚约2m,Ⅳ级软石,$\sigma_0 = 400\text{kPa}$,弱风化,Ⅳ级围岩,$\sigma_0 = 500\text{kPa}$。

隧道围岩级别见表 1-1。

庆阳隧道围岩级别 表 1-1

序　　号	围 岩 分 级	长度(延长米)	比例(%)
1	Ⅳ	10265	73.65
2	Ⅴ	3671.8	26.35

1.2.2 工程勘察设计

1)勘察设计

隧道暗洞按喷锚构筑法技术要求设计,采用复合式衬砌,初期支护采用喷锚支护,且采用湿喷工艺。围岩支护参数见表 1-2。

支 护 参 数 表 表 1-2

<table>
<tr><td colspan="3">衬砌类型</td><td>Ⅳ[d]</td><td>Ⅳ[e]</td><td>Ⅴ[d]</td><td>Ⅴ[e]</td></tr>
<tr><td colspan="3">预留变形量(cm)</td><td colspan="2">10～15</td><td colspan="2">15～20</td></tr>
<tr><td rowspan="2">二次衬砌</td><td colspan="2">拱墙厚度(cm)</td><td colspan="2">50 *</td><td colspan="2">60 *</td></tr>
<tr><td colspan="2">底鼓厚度(cm)</td><td colspan="2">60 *</td><td colspan="2">70 *</td></tr>
<tr><td rowspan="13">初期支护</td><td rowspan="2">C25 喷射混凝土</td><td rowspan="2">设置部位及设置厚度(cm)</td><td>拱墙:27</td><td>拱墙:30</td><td>拱墙:30</td><td>拱墙:35</td></tr>
<tr><td>仰拱:27</td><td>仰拱:30</td><td>仰拱:30</td><td>仰拱:35</td></tr>
<tr><td rowspan="3">钢筋网</td><td>钢筋规格</td><td>ϕ8</td><td>ϕ8</td><td>ϕ8</td><td>双层 ϕ8</td></tr>
<tr><td>设置部位</td><td>拱墙</td><td>拱墙</td><td>拱墙</td><td>拱墙</td></tr>
<tr><td>网格间距(cm×cm)</td><td>20×20</td><td>20×20</td><td>20×20</td><td>20×20</td></tr>
<tr><td rowspan="3">锚杆(导管)</td><td>设置部位</td><td>边墙</td><td>边墙</td><td>边墙</td><td>边墙</td></tr>
<tr><td>长度(m)</td><td>3.5</td><td>3.5</td><td>4</td><td>4</td></tr>
<tr><td>间距(环×纵)(m×m)</td><td>1.2×1.2</td><td>1.2×1.2</td><td>1.2×1.0</td><td>1.2×1.0</td></tr>
<tr><td rowspan="4">钢架</td><td>型钢规格</td><td>I 20a</td><td>I 22a</td><td>I 22a</td><td>I 25a</td></tr>
<tr><td rowspan="2">设置部位</td><td>拱墙</td><td>拱墙</td><td>拱墙</td><td>拱墙</td></tr>
<tr><td>仰拱</td><td>仰拱</td><td>仰拱</td><td>仰拱</td></tr>
<tr><td>纵向间距(m)</td><td>0.8</td><td>0.8</td><td>0.6</td><td>0.6</td></tr>
</table>

注:1. 衬砌结构取消拱部组合中空锚杆,边墙采用药包式锚杆;
2. "*"为钢筋混凝土衬砌(以下表同)。

银西高铁庆阳隧道衬砌支护设计如图 1-1 所示。

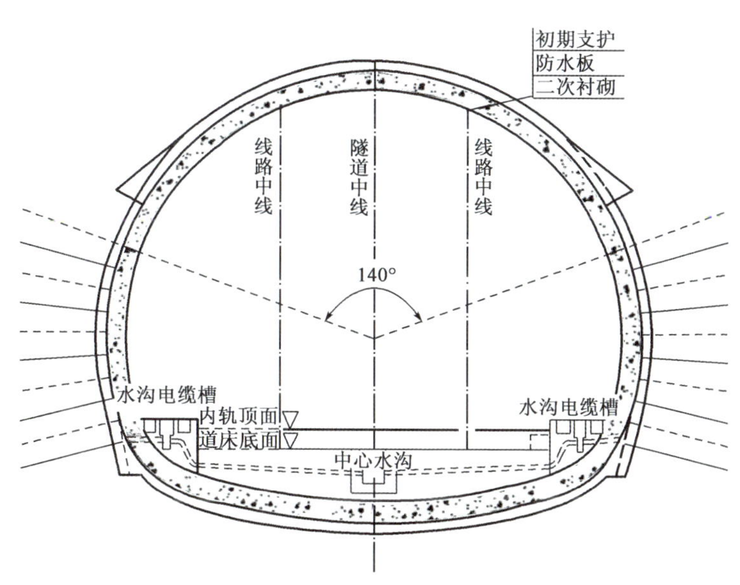

图1-1 银西高铁庆阳隧道衬砌支护设计示意图

庆阳隧道各段落衬砌类型及施工辅助措施见表1-3～表1-6。

庆阳隧道DK260+679～DK262+530段衬砌类型及施工辅助措施 表1-3

序号	分段里程		长度(m)	围岩级别	复合式断面衬砌图号	钢架			超前支护	建议施工工法
	起始里程	终止里程				类型	部位	间距(m)		
1	DK260+679	DK260+780	101	Ⅳ	Ⅳ[d]	I20a	全断面	0.8	拱部 ϕ42mm单层小导管	三台阶法
2	DK260+780	DK260+880	100	Ⅳ	Ⅳ[e]	I22a	全断面	0.8	拱部 ϕ42mm单层小导管	三台阶预留核心土法
3	DK260+880	DK261+150	270	Ⅴ	Ⅴ[e]	I25a	全断面	0.6	拱部 ϕ42mm双层小导管	三台阶临时仰拱法
4	DK261+150	DK261+370	220	Ⅳ	Ⅳ[e]	I22a	全断面	0.8	拱部 ϕ42mm单层小导管	三台阶预留核心土法
5	DK261+370	DK261+510	140	Ⅴ	Ⅴ[e]	I25a	全断面	0.6	拱部 ϕ42mm双层小导管	三台阶预留核心土法
6	DK261+510	DK261+610	100	Ⅴ	Ⅴ[d]	I22a	全断面	0.6	拱部 ϕ42mm单层小导管	三台阶预留核心土法
7	DK261+610	DK261+840	230	Ⅳ	Ⅳ[e]	I22a	全断面	0.8	拱部 ϕ42mm单层小导管	三台阶法

续上表

序号	分段里程		长度(m)	围岩级别	复合式断面衬砌图号	钢架			超前支护	建议施工工法
	起始里程	终止里程				类型	部位	间距(m)		
8	DK261 +840	DK262 +205	365	Ⅳ	Ⅳ[d]	Ⅰ20a	全断面	0.8	拱部 φ42mm 单层小导管	三台阶法
9	DK262 +205	DK262 +380	175	Ⅴ	Ⅴ[d]	Ⅰ22a	全断面	0.6	拱部 φ42mm 单层小导管	三台阶预留核心土法
10	DK262 +380	DK262 +530	150	Ⅳ	Ⅳ[d]	Ⅰ20a	全断面	0.8	拱部 φ42mm 单层小导管	三台阶法

庆阳隧道 DK263 +464 ~ DK265 +920 段衬砌类型及施工辅助措施　表 1-4

序号	分段里程		长度(m)	围岩级别	复合式断面衬砌图号	钢架			超前支护	建议施工工法
	起始里程	终止里程				类型	部位	间距(m)		
1	DK263 +464	DK264 +530	1066	Ⅳ	Ⅳ[d]	Ⅰ20a	全断面	0.8	拱部 φ42mm 单层小导管	三台阶法
2	DK264 +530	DK264 +630	100	Ⅴ	Ⅴ[d]	Ⅰ22a	全断面	0.6	拱部 φ42mm 单层小导管	三台阶预留核心土法
3	DK264 +630	DK265 +920	1290	Ⅳ	Ⅳ[d]	Ⅰ20a	全断面	0.8	拱部 φ42mm 单层小导管	三台阶法

庆阳隧道 DK267 +242 ~ DK269 +595 段衬砌类型及施工辅助措施　表 1-5

序号	分段里程		长度(m)	围岩级别	复合式断面衬砌图号	钢架			超前支护	建议施工工法
	起始里程	终止里程				类型	部位	间距(m)		
1	DK267 +242	DK268 +925	1683	Ⅳ	Ⅳ[d]	Ⅰ20a	全断面	0.8	拱部 φ42mm 单层小导管	三台阶法
2	DK268 +925	DK269 +200	275	Ⅴ	Ⅴ[d]	Ⅰ22a	全断面	0.6	拱部 φ42mm 单层小导管	三台阶预留核心土法
3	DK269 +200	DK269 +515	315	Ⅴ	Ⅴ[e]	Ⅰ25a	全断面	0.6	拱部 φ42mm 双层小导管	三台阶预留核心土法
4	DK269 +515	DK269 +595	80	Ⅴ	Ⅴ[d]	Ⅰ22a	全断面	0.6	拱部 φ42mm 单层小导管	三台阶预留核心土法

庆阳隧道 DK270 +033 ~ DK272 +220 段衬砌类型及施工辅助措施　　表 1-6

序号	分段里程		长度(m)	围岩级别	复合式断面衬砌图号	钢架			超前支护	建议施工工法
	起始里程	终止里程				类型	部位	间距(m)		
1	DK270 +033	DK270 +040	7	Ⅴ	Ⅴ[e]	Ⅰ25a	全断面	0.6	拱部 ϕ89mm 管棚 + ϕ42mm 小导管	中隔壁法(CD 法)
2	DK270 +040	DK270 +215	175	Ⅴ	Ⅴ[d]	Ⅰ22a	全断面	0.6	拱部 ϕ42mm 单层小导管	三台阶预留核心土法
3	DK270 +215	DK270 +255	40	Ⅴ	Ⅴ[e]	Ⅰ25a	全断面	0.6	拱部 ϕ42mm 双层小导管	三台阶预留核心土法
4	DK270 +255	DK270 +360	105	Ⅴ	Ⅴ[d]	Ⅰ22a	全断面	0.6	拱部 ϕ42mm 单层小导管	三台阶预留核心土法
5	DK270 +360	DK271 +345	985	Ⅳ	Ⅳ[d]	Ⅰ20a	全断面	0.8	拱部 ϕ42mm 单层小导管	三台阶法
6	DK271 +345	DK271 +485	140	Ⅴ	Ⅴ[d]	Ⅰ22a	全断面	0.6	拱部 ϕ42mm 单层小导管	三台阶预留核心土法
7	DK271 +485	DK271 +605	120	Ⅴ	Ⅴ[e]	Ⅰ25a	全断面	0.6	拱部 ϕ89mm 管棚 + ϕ42mm 小导管	CD 法
8	DK271 +605	DK271 +955	350	Ⅴ	Ⅴ[e]	Ⅰ25a	全断面	0.6	拱部 ϕ42mm 单层小导管	三台阶临时仰拱法
9	DK271 +955	DK272 +220	265	Ⅳ	Ⅳ[d]	Ⅰ20a	全断面	0.8	拱部 ϕ42mm 单层小导管	三台阶法

2)结构变更设计及围岩特征

(1)结构变更设计原因

庆阳隧道施工过程中,掌子面揭示围岩主要为上第三系上新统红黏土,部分段落通过第三系上新统红黏土与白垩系下统砂岩土石分界面,易发生初期支护收敛变形、局部开裂掉块等情况。结合现场膨胀性试验、围岩含水率、实际围岩情况,对通过红黏土及土石分界未施工段仰拱矢跨比及支护措施优化调整。具体变更原因如下：

①红黏土初始含水率越低，膨胀势越强，当达到饱和含水率时，将会释放更大的膨胀力；随着施工推进，围岩含水率呈现出先增加后趋于平稳的趋势，在隧道初期支护至二次衬砌施工期间，围岩的含水率变化最大，红黏土将会释放更大的膨胀力作用于初期支护。

②施工中对原状红黏土土体扰动后，易产生更大的膨胀力。

③受开挖后仰拱底含水率的变化、原状土的扰动及渗(积)水影响，易引起基底上拱。当将仰拱矢跨比调整至1/10时，试验监测发现仰拱受力明显改善，应力集中减小，应力分布更合理。

(2)实际施工围岩特征

①庆阳隧道DK260+679~DK262+530、DK263+464~DK265+920、DK267+242~DK269+595、DK270+033~DK272+220段施工过程中掌子面围岩揭示主要为上第三系上新统红黏土，棕红色，土质均匀，可见灰黑色铁锰质斑点或条纹，局部含白色网状钙质菌丝，局部掉块严重，易发生收敛变形。

②庆阳隧道DK268+775~DK269+595段上台阶揭示地层为第三系上新统红黏土，中、下台阶揭示地层为白垩系下统砂岩，青灰色、灰褐色，薄层状为主，层厚3~10cm，强风化。局部掉块严重，易发生收敛变形。

③对通过红黏土段现场掌子面围岩进行膨胀性试验研究，红黏土自由膨胀率为40%~53%，阳离子交换CEC(NH4+)为119.88~172.04mmol/kg，蒙脱石含量8.29%~15.36%，判定红黏土具有弱膨胀性。

(3)结构变更设计内容

结合现场膨胀性试验、围岩含水率及实际围岩情况，将庆阳隧道红黏土段落仰拱矢跨比调整至1/10，仰拱加深29cm，如图1-2所示。

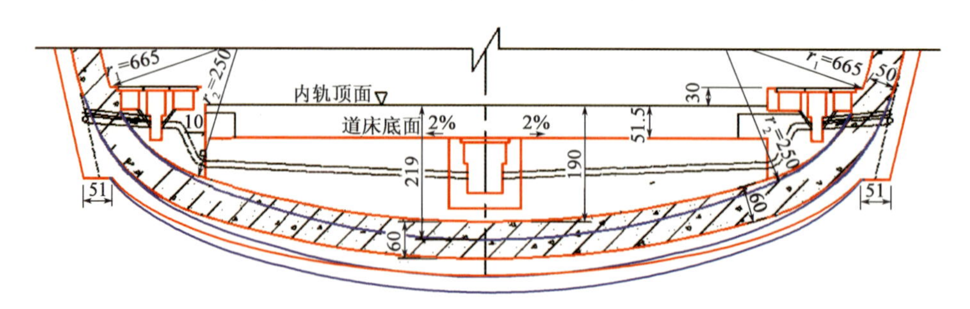

图1-2 红黏土地层仰拱加深结构示意图(尺寸单位：cm)

结合不同初始围岩含水率条件进行支护优化，不同含水率条件下具体支护措施见表1-7～表1-9。

含水率0～15%时衬砌支护参数 表1-7

红黏土衬砌类型			Ⅳ$_{f-3}$	Ⅳ$_{g-3}$	Ⅴ$_{f-3}$	Ⅴ$_{g-3}$
预留变形量(cm)			20		25	
二次衬砌	拱墙厚度(cm)		50*		60*	
	仰拱厚度(cm)		60*		70*	
初期支护	C25喷射混凝土	设置部位及设置厚度(cm)	拱墙:35	拱墙:37	拱墙:40	拱墙:40
			仰拱:35	仰拱:37	仰拱:40	仰拱:40
	钢筋网	钢筋规格	双层 ϕ8	双层 ϕ8	双层 ϕ8	双层 ϕ8
		设置部位	全断面	全断面	全断面	全断面
		网格间距(cm×cm)	20×20	20×20	20×20	20×20
	锚杆	设置部位	边墙	边墙	边墙	边墙
		长度(m)	3.5	3.5	4	4
		间距(环×纵)(m×m)	1.2×1.2	1.2×1.2	1.2×1.0	1.2×1.0
	钢架	型钢规格	Ⅰ22a	Ⅰ25a	Ⅰ25a	H175
		设置部位	拱墙	拱墙	拱墙	拱墙
			仰拱	仰拱	仰拱	仰拱
		纵向间距(m)	0.8	0.8	0.6	0.6
		锁脚锚管(根/m)	24/96	24/96	24/96	24/96

含水率15%～20%时衬砌支护参数 表1-8

红黏土衬砌类型			Ⅳ$_{f-2}$	Ⅳ$_{g-2}$	Ⅴ$_{f-2}$	Ⅴ$_{g-2}$
预留变形量(cm)			20		25	
二次衬砌	拱墙厚度(cm)		50*		60*	
	仰拱厚度(cm)		60*		70*	
初期支护	C25喷射混凝土	设置部位及设置厚度(cm)	拱墙:32	拱墙:37	拱墙:38	拱墙:40
			仰拱:32	仰拱:37	仰拱:35	仰拱:40
	钢筋网	钢筋规格	双层 ϕ8	双层 ϕ8	双层 ϕ8	双层 ϕ8
		设置部位	全断面	全断面	全断面	全断面
		网格间距(cm×cm)	20×20	20×20	20×20	20×20
	锚杆	设置部位	边墙	边墙	边墙	边墙
		长度(m)	3.5	3.5	4	4
		间距(环×纵)(m×m)	1.2×1.2	1.2×1.2	1.2×1.0	1.2×1.0

续上表

红黏土衬砌类型			Ⅳ$_{f-2}$	Ⅳ$_{g-2}$	Ⅴ$_{f-2}$	Ⅴ$_{g-2}$
初期支护	钢架	型钢规格	I20a	I22a	I22a	I25a
		设置部位	拱墙	拱墙	拱墙	拱墙
			仰拱	仰拱	仰拱	仰拱
		纵向间距(m)	0.8	0.8	0.6	0.6
		锁脚锚管(根/m)	24/96	24/96	24/96	24/96

含水率20%以上时隧道衬砌支护参数　表1-9

红黏土衬砌类型			Ⅳ$_{f-1}$	Ⅳ$_{g-1}$	Ⅴ$_{f-1}$	Ⅴ$_{g-1}$
预留变形量(cm)			15		20	
二次衬砌	拱墙厚度(cm)		50*		60*	
	仰拱厚度(cm)		60*		70*	
初期支护	C25喷射混凝土	设置部位及设置厚度(cm)	拱墙:27	拱墙:30	拱墙:30	拱墙:35
			仰拱:27	仰拱:30	仰拱:30	仰拱:35
	钢筋网	钢筋规格	$\phi 8$	$\phi 8$	$\phi 8$	双层$\phi 8$
		设置部位	拱墙	拱墙	拱墙	拱墙
		网格间距(cm×cm)	20×20	20×20	20×20	20×20
	锚杆	设置部位	边墙	边墙	边墙	边墙
		长度(m)	3.5	3.5	4	4
		间距(环×纵)(m×m)	1.2×1.2	1.2×1.2	1.2×1.0	1.2×1.0
	钢架	型钢规格	I20a	I22a	I22a	I25a
		设置部位	拱墙	拱墙	拱墙	拱墙
			仰拱	仰拱	仰拱	仰拱
		纵向间距(m)	0.8	0.8	0.6	0.6
		锁脚锚管(根/m)	12/48	12/48	12/48	12/48

1.2.3 红黏土地质特点

1)上第三系上新统红黏土及砂岩地层特性

(1)地表水分布特征

隧道范围内地表水主要为驿马沟、伍家咀沟、教子川支沟,进口处驿马沟流量为715m^3/d,出口处教子川支沟流量为1728m^3/d,其余冲沟总体旱季流量较小,部分支沟上游无径流,雨季流量较大,遇暴雨可引发较大洪水。

(2)地下水类型及分布特征

隧道区地层主要为第四系全新统冲积黏质黄土、粗细圆砾土,上更新统、中更新统风积黏质黄土,第三系红黏土。隧道区地下水类型主要为第四系松散层孔隙潜水。其主要分布于黄土塬上部,含水层主要为中更新统黄土,其既具有松散层孔隙潜水的一般特征,又具有裂隙水的水力性质。该层颗粒较粗,结构疏松,孔隙率高,是黄土塬区主要的含水层,也是地下水的储存空间和运移通道。地下水位线位于洞身以上,地下水位埋深受降雨量、黄土塬面大小、地形切割和黄土层厚度等因素控制。深钻孔资料显示,黄土塬及梁峁地区地下水的水位埋深为80~146m,冲沟地下水埋深为1~20m。隧道大部分通过地段的黄土塬面积较小且冲沟汇水面积小,在黄土塬中心地下水赋存条件相对较好,水位埋深浅,在沟谷切割较深地段,地表水及地下水排泄条件较好,地下水赋存条件相对较差。

(3)地下水补、径、排特征

隧道区内第四系松散层孔隙潜水补给主要为大气降水的垂直入渗、地表水的侧向、下渗补给。黄土塬发育深切沟谷,含水层均被切穿而形成互为相对独立的水文地质单元,孔隙水流向受到地形地貌的控制,一般与区内地形坡度相一致,地下水最终排泄至附近冲沟、河流。

(4)含水岩组分类及富水性分区

隧道通过的主要地层为黄土沟壑梁峁区中更新统黏质黄土,受地形地貌影响,地下水补给条件一般,排泄条件较好,属贫水—弱富水区。

(5)环境水对混凝土的侵蚀性判定

隧道通过区地表水不发育,在隧道出口处的沟内有一泉水。经测试结果表明,泉水pH值为8.1,不含侵蚀性CO_2,地表水水质良好,对圬工不具氯盐及硫酸盐侵蚀性;隧道区地下水依据钻孔水质报告结果进行分析,DK259+340~DK260+000、DK270+300~DK273+254段具氯盐腐蚀性,环境作用等级为L2,其余地段水质良好,无侵蚀性。

2)红黏土施工中的主要地质灾害

(1)滑坡、错落及溜坍

DK259+990~DK260+220段,线路先后斜穿一滑坡段和一错落段,其中滑坡对线路影响最大。地形呈簸箕形,滑坡壁高而陡,滑坡坡脚和右线呈直立凌空面,滑坡宽度138m,主轴长200m,主轴与线路交角31°,厚20~28m,滑体位置土体含水率较高,且土体结构较为疏松。通过分析,该滑坡属大型深层滑坡,目前处于稳定状态,隧道拱顶距滑坡滑面最小距离20m。上部滑坡形成时对下方土体造成挤压作用,致使下方土体结构发生变化甚至破坏,产生节理裂隙,且滑面会引起地下水径流改变,使地下水富集于滑带,造成下部土体含水率升高。

DK269 +950 ~ DK270 +220 段,线路先后通过一滑坡段及一溜坍段。滑坡段位于冲沟左岸,主轴长约 147m,宽约 169m,厚 10 ~ 20m;溜坍为中型中深层,线路横穿该溜坍。隧道拱顶距沟心最小埋深 20m,不良地质体均处于稳定状态。洞身处地层为红黏土,受上部滑坡影响,土体结构产生变化甚至破坏,且滑坡使地下水富集于沟心,使下部土体含水率增加,土体变软,结构变差。

DK271 +447 ~ DK271 +644 段,线路通过溜坍群,厚 3 ~ 5m,隧道拱顶距沟心最小埋深 17m,溜坍体较薄,对隧道洞身影响较小。

(2)黄土陷穴

隧道位于黄土梁塬沟壑区,黄土陷穴发育,一般位于梁缘坎边,滑坡体后缘及冲沟中心,直径 5 ~ 23m,深 8 ~ 25m,一般底部有出口,相邻陷穴互相连通。DK259 +335 ~ DK259 +390 段隧洞上部发育陷穴,直径 10 ~ 15m,深 15 ~ 20m。

1.3 研究现状

1.3.1 红黏土地层隧道施工研究现状

近年来,高速铁路在全国范围内的建设,使我国铁路建设又进入了一个新的阶段。由于速度的跨越对构成线路的各种结构物,包括桥梁、隧道、轨道、路基等,提出了更加严格的要求和标准,而针对大断面红黏土隧道研究却仍处于起步阶段。

红黏土具有随含水率增大而强度降低、膨胀率相应变化等特点,对隧道施工产生一定危害,但具体危害程度尚未明确。隧道开挖施工时,红黏土因潜水渗透含水率会产生一定变化,且施工后至交付运营周期较长,过程中施工用水、养护用水等致使洞内湿度增大,红黏土吸水致使含水率变化,尤其是对仰拱产生影响较大。为掌握红黏土工程特性,防止或减少其危害,应对其进行探索。

1)红黏土特性及研究现状

红黏土一般是指新生代大量堆积的土状堆积物,其不同于目前南方湿热环境的红土。在黄土高原地区,其不连续分布于上覆黄土之下,部分地区整合接触。和黄土相比,红黏土没有湿陷性,但是其在暴露地表时容易龟裂,成为破碎颗粒。野外剖面中可见红黏土和钙质结核层交替成层分布。红黏土压实后水稳性较好,强度较高。影响红黏土变形的因素:①红黏土的起始含水率和变形特点、气候特点、地形地貌条件、水文地质条件、地面覆盖条件等;②局部热源对地基胀缩变形也有较大的影响,在未隔离的建筑物中如果有热流迅速地流进或流出,也会使土体的湿度发生较大的变化。

早在20世纪中叶,西方一些发达国家就开始了关于红黏土地层的研究。我国相关研究起步较晚,从20世纪70年代逐渐开始进行系统研究。近年来,国内外众多学者对红黏土的成分组成、结构特点和工程特性做了大量研究。张永双、曲永新等通过对不同地区红黏土工程性质的对比研究,发现红黏土具有区域性差异,不同沉积环境、气候条件下的红黏土,其工程特性存在较大的差异。杨庆等通过直剪试验研究讨论了红黏土强度特性以及红黏土与普通黏性土的差别,并分析研究了非饱和红黏土与膨胀土强度特征及膨胀规律,结果表明,红黏土的吸水膨胀规律与普通膨胀土基本相同。李化云以云南昆明膨胀土作为试样进行了试验研究,得出膨胀土膨胀力与初始含水率之间存在指数关系。李振等通过进行膨胀试验研究得出含水率增量与膨胀率的关系,结果表明膨胀率随含水率差值的增大而增大,压力对初始含水率和初始干密度不同的试样影响不同。谢云等提出南阳膨胀土的膨胀力与其初始含水率具有接近线性的关系。蒋晓庆通过研究合肥地区的膨胀土,得出土样收缩率的大小与其失水量有关的结论。程钰等对在上覆荷载作用下含水率和初始干密度不同的膨胀土开展试验研究,发现稠度越高,其膨胀率越大。陈开圣等通过室内压缩试验,得出高液限红黏土压缩系数会随着土体含水率增加而增大的结论。周远忠等通过试验研究,得出了红黏土力学特性与含水率、含铁量相关程度较高的结论。肖智政、谈云志、穆坤等通过三轴剪切试验,得出了红黏土的固结特性及不同围压破坏形式下原状土和重塑土的特性变化特征,指出红黏土的应力应变曲线具有明显的硬化特征,并发现红黏土的物理学性质与干湿循环次数有关。欧孝夺等通过研究红黏土力学性质与温度之间的关系,得出红黏土具有敏感热力学特性的结论。谈云志采用非饱和土三轴试验系统,对南方红黏土进行在不同基质吸力和不同围压条件下的标准三轴剪切试验,得出了红黏土的强度指标,并分析了基质吸力对红黏土强度指标的影响关系,结果表明,红黏土的强度指标在基质吸力大于进气值后其强度曲线出现了非线性变化趋势,以黏聚力表现最为突出。

红黏土因其具有的弱膨胀性使其区别于一般黏性土,且各地区间红黏土性质存在一定的差异。此外,红黏土在不同荷载下力学性能也有一定差异,由于其弱膨胀性的存在,对水分的变化极其敏感,因此在不同含水率下,不仅抗剪强度、塑性指数产生有规律的变化，而且膨胀性能也有相应的规律：红黏土的膨胀力与膨胀率受水分变化的影响，其膨胀潜势与初始含水率密切相关。

2）红黏土大断面喷锚暗挖法隧道研究现状

大断面喷锚暗挖法隧道因其跨度大，形状偏于扁平，而在施工过程中表现出独有的力学特点，主要是：隧道在开挖过程中应力集中程度大；隧道底脚处应力集中过大，要求围岩具有较高的地基承载力；拱顶在施工过程中易坍塌；由于开挖跨度大，要求上覆围岩成拱厚度大，浅埋条件下无法形成承载拱，从而导致很大的围岩松动压力；支护结构提供的承载力相对较小。由于以上特点，施工过程中红黏土大断面喷锚暗挖法隧道产生的复合力学效应较为复杂，亟待研究。

近些年来，通过广大专家、学者的不懈努力，我们对红黏土的定义、判别、分类、基本特征和规律以及膨胀土改良理论和方法有了更深入的了解，如今解决路基中红黏土问题的方法也日趋成熟。但是对于红黏土隧道工程来说，国内外现有的研究成果相对较少。

目前红黏土隧道工程实践经验较少，已有穿越红黏土地层喷锚暗挖法隧道在修建过程中出现沉降变形过大、支护结构开裂、底鼓等一系列病害。红黏土存在膨胀性，隧道在膨胀性围岩中施工建设时，由于其吸水膨胀和失水收缩的特性，隧道可能会遇到一系列的问题。

针对包西铁路控制性工程新九燕山隧道中 2km 左右的红黏土地层，赵侃等通过现场取样和试验研究，对红黏土物理力学特性及强度和变形规律进行分析，并考虑红黏土膨胀性，采用模拟分析研究了施工工法和支护类型对红黏土围岩稳定性的影响。刘灿等针对渝黔铁路青冈山隧道穿越红黏土洞段施工期间出现的初期支护结构变形过大及衬砌大面积开裂问题，探讨了青冈山隧道红黏土地层初期支护结构的变形规律，系统分析了隧道初期支护结构沉陷开裂的原因，建议采取加强锁脚锚管或拱脚下方施作钢管桩支撑等措施降低初期支护下沉，并提出了管棚注浆、加强初期支护级别、挑顶换拱相结合的综合治理措施。周乐平等通过某大断面红黏土现场实测和模拟分析，研究了红黏土隧道地基固结机理。针对云南省曲靖市海德隧道红黏土浅埋隧道施工开挖中初期支护产生较大沉降问题，罗锦刚等通过从地质因素、施工工艺等方面综合分析，探讨了隧道沉降过大的原因，建议采取增加临时仰拱、临时竖撑等措施加强支护。张会等通过对武汉市轨道交通 27 号线地铁隧道数值模拟分析，研究了不同红黏土层厚度对隧道沉降、支护结构受力变形的影响。吕高等通过对河南巩登高速公路红黏土隧道标段进行试验研究及理论分析，得出隧道围岩含水率直接影响围岩力学性质和稳定性的结论，并探讨了在隧道开挖过程中围岩力学性质及其含水率分布迁移变化的规律。

沉降变形是红黏土隧道施工的难点，在喷锚暗挖法隧道施工的初期阶段，因为含水率变化导致的红黏土物理性质的变化，经常会产生沉降问题，引起初期支护开裂变形及仰拱或底板隆起。红黏土隧道沉降变形严重影响隧道施工进度，在确保隧道施工质量的情况下，要想加快施工进度，必须深入分析及研究大断面红黏土隧道施工中的变形机理，提出合理的工程及预防措施，并最终提出解决对策。

1.3.2 膨胀性地层隧道施工研究现状

目前，国外对膨胀地层中大断面隧道的相关研究较少，国内虽有类似的相关研究，但仍缺乏完善的理论支撑。穿越膨胀土地层的高铁隧道常常发生底鼓，导致线下工程变形，不能满足安全通车的需要。目前由于对膨胀地层中隧道支护结构受力状态研究较少，因此隧道衬砌设计过程中为了应对膨胀变形，大多仍采取简单的加厚衬砌、边墙采用曲墙、洞周增加径向锚杆等方法。此种方法不仅浪费人力物力，且治理效果存在争议。

周坤通过数值模拟研究了不同围岩膨胀力释放在隧道衬砌上的受力特征。蔺俊杰通过对膨胀土隧道工程所处地质条件、室内试验结果、现场试验监测数据等进行分析研究，提出了膨胀性围岩中的隧道衬砌施工工艺改进技术。李树忱等认为膨胀地层中隧道支护结构设计应当充分考虑膨胀性以修正其分级指标。杨军平等通过缩尺模型研究了南宁地区膨胀性红黏土隧道在干湿交替条件下围岩膨胀力释放规律，认为应当在设计及施工过程中考虑仰拱变形。于新军通过改进钢拱架锁脚施工工艺、增加临时支撑，提出控制膨胀性黄土直墙隧道变形的方案。张永平研究了安康某膨胀性红黏土隧道，提出在隧道施工过程中采取刚性初期支护能有效避免隧道变形，发现了强膨胀性围岩膨胀力释放往往具有不对称性。此外，牟宗娟、康红普、李开言、张颖钧通过室内试验、现场监测、数值模拟分析等研究，针对膨胀土隧道工程的工程特点及所处的地质条件，提出了很多安全有效的施工技术措施，解决了部分膨胀土隧道施工开挖过程中遇到的技术性难题。

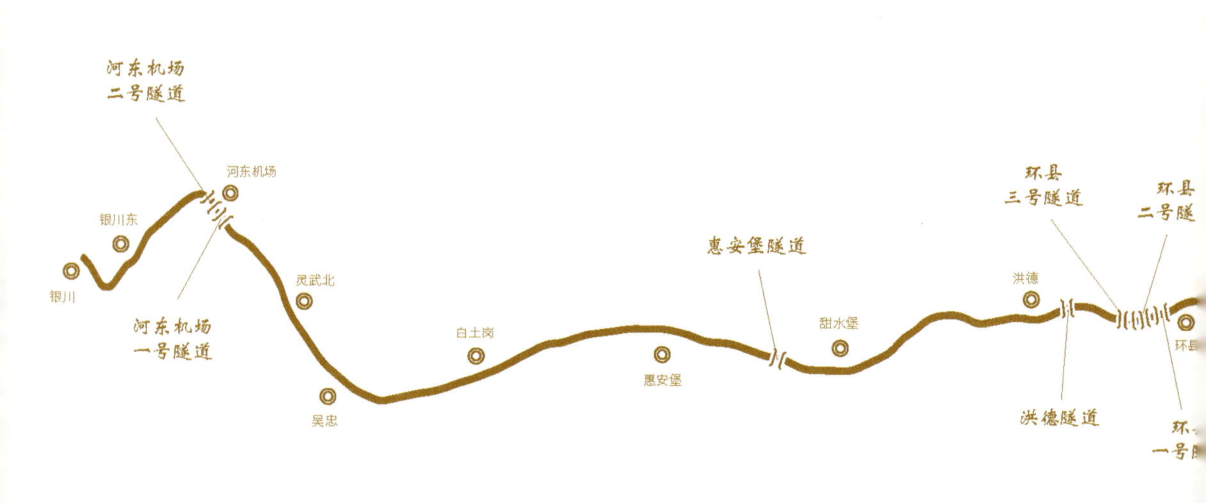
河东机场
二号隧道
河东机场
银川东
银川
河东机场
一号隧道
灵武北
吴忠
白土岗
惠安堡
惠安堡隧道
甜水堡
洪德
环县
三号隧道
洪德隧道
环县
二号隧

第2章

红黏土地层围岩工程特性

2.1 红黏土成分组成及微观结构分析

2.1.1 红黏土矿物成分分析

对于土体的矿物分析,现阶段主要研究方法是进行X射线衍射分析。X射线衍射分析是确定黏土矿物成分普遍采用的方法,这种方法能鉴别的矿物范围很广,而且对混层矿物也能鉴别,还可以进行组构定向度的测定。布拉格方程 $n\lambda = 2d\sin\theta$ 是用X射线衍射鉴定晶体矿物的基础,只需测出产生衍射的一系列衍射角,即可求出相应的列晶面距 d,从而鉴定试样的矿物成分。

1)矿物分析样品处理

X射线衍射分析样品处理步骤如下:

(1)红黏土样品4个(QY-1、QY-4各2个)盛于玻璃容器中。

(2)将样品放入烘箱中,温度设定100℃,烘干2h,取出后放入碎石机中初步粉碎,然后放入玛瑙研钵中研磨至200目,样品如图2-1所示。

(3)将研磨好的样品进行X射线衍射分析。

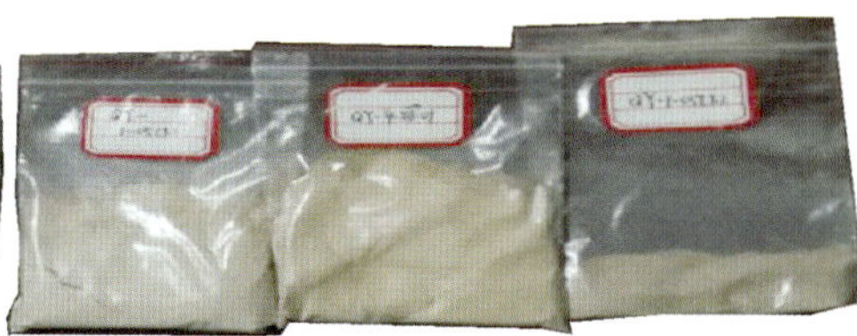

图2-1 X射线衍射样品

2)矿物成分及含量分析

对于土体中矿物成分含量分析有半定量分析和定量分析。半定量分析对于含量较低的矿物测试不够准确,特别是当黏土矿物含量较低时,不能细分具体黏土矿物的成分和含量。因此,一般先进行半定量分析,然后再进行定量分析。

(1)半定量分析

对根据试验得到的各种矿物峰谱图与标准矿物峰谱图进行对比,采用JEDE软件进行分析,通过半定量试验得到各种矿物成分及含量。半定量试验结果见表2-1。

红黏土半定量试验矿物含量(%) 表 2-1

样品编号	伊利石	绿泥石	石英	钾长石	钠长石	方解石	铁白云石
QY-1-05	13	17	35	5	6	22	2
QY-4-01	13	18	35	5	13	14	2

分析数据可知:红黏土的主要矿物成分为石英,含量为35%;黏土矿物为绿泥石和伊利石,含量分别为17%~18%、13%;其次为方解石、钠长石,含量分别为14%~22%、6%~13%;还含有5%的钾长石和2%的铁白云石。通过对红黏土中的矿物成分进行半定量分析,确定了黏土矿物成分。

(2)定量分析

为更准确得到红黏土矿物含量,对土体中的黏粒成分进行提纯,把土体中大颗粒剔除后单一对黏粒进行X射线衍射分析。

对根据试验得到的红黏土矿物峰谱图与标准黏土矿物峰谱图进行对比,采用JEDE软件进行分析,通过定量试验得到各种矿物成分及含量。定量试验结果见表2-2。

红黏土定量试验矿物含量(%) 表 2-2

样品编号	黏土矿物含量(24)			粒状矿物含量(76)				
	伊利石	绿泥石	伊蒙混层	石英	钾长石	钠长石	方解石	铁白云石
QY-1-0517	6	10	8	33	10	10	20	3

分析数据可知:红黏土的黏土矿物含量为24%,主要成分为伊利石、绿泥石及伊蒙混层;粒状矿物含量为76%,主要成分为石英、钾长石、钠长石和方解石。由此可见红黏土中黏土矿物含量不多,而且黏土矿物中伊利石含量最高,蒙脱石只是占据极少一部分。

3)红黏土膨胀机理分析

膨胀土产生膨胀与收缩的原因是很复杂的,它是在膨胀土与水介质两相体中发生的一种物理化学—力学作用的过程。胀缩现象的发生,是膨胀土的特殊内因,在外部适当的环境条件下共同作用的结果。其中,组成膨胀土的特殊物质成分和结构特征,是产生胀缩变形的决定性因素,而水则是直接导致胀缩变形产生的重要诱发因素。其他环境条件,如地质地理条件、地形地貌条件、气候条件、水文条件和植被条件等,都是促使土体结构变化和湿度变化的间接外因,也将起着重要作用。土之所以产生膨胀与收缩,其一是必须具备土本身能够膨胀与收缩的内因,其二是要有水分转移的外部条件，两者缺一不可。

由于膨胀土的胀缩性质不完全一致，其过程也不尽相同，那么胀缩变形的结果也是有差异的。关于膨胀土的胀缩现象及本质原因，研究者们提出了多种理论假说。

(1)膨胀土胀缩的晶格扩张膨胀理论假说

该理论假说认为黏土晶格构造中存在着膨胀晶格构造，水易入晶层之间，形成水膜夹层而引起晶格扩张，从而导致土体积膨胀。

在黏土矿物的原子晶格构造中，有一种构造形式即膨胀晶格构造，是在各晶层之间由弱键相连接，晶层与晶层之间的结合很不牢固。在黏土—水体系相互作用时，由于同晶置换作用，水和其他极性分子容易渗入晶层之间，形成水膜夹层，引起晶格扩张膨胀。凡具有膨胀晶格构造的矿物(如蒙脱石类矿物)，都具有这种膨胀性。

研究表明，引起膨胀土中蒙脱石膨胀的主要原因是交换性阳离子(包括极化有机分子)和晶层层面的水化能。当单位晶层间没有极性分子时，晶面间距大约只有9.6A，但是随着含水率增加，晶层间水膜加厚，晶胞距离则随之增大。并且有资料证明，阳离子价数愈高，水化膜薄，则膨胀倍数低；相反，阳离子价数愈低，水化膜厚，则膨胀倍数高。

按晶格扩张膨胀理论，由同种矿物成分组成的膨胀土中，其膨胀潜势的大小，取决于交换性阳离子成分，同时与土的起始含水率密切相关。

当然，晶格扩张膨胀理论也有其片面性。它仅仅局限于晶层间吸附结合水膜的楔入作用，而没有考虑黏土颗粒及其集聚体的吸附结合水作用。实际上黏土的膨胀不仅发生在晶格构造内部晶层之间，同时也发生在颗粒与颗粒、集聚体与集聚体之间。据此观点，只有蒙脱石类具有膨胀晶格构造，才属亲水性矿物，具有膨胀性；而伊利石和高岭石类则不具备膨胀晶格构造，因此没有亲水性，是不产生膨胀的。而事实证明，由伊利石、高岭石矿物为主组成的膨胀土同样具有膨胀与收缩性，而且有的胀缩程度还较强烈，所以矿物晶格扩张膨胀理论不能完全解释膨胀土产生胀缩变形的原因。

(2)膨胀土胀缩的双电层理论假说

双电层理论假说认为，在土颗粒之间的接触面上，特别当土与水相互作用时在胶体颗粒表面上，由于晶格置换均可形成双电层。在双电层中的离子对水分子具有吸附能力，在黏土矿物颗粒周围，形成表面水化膜。由于结合水膜加厚将固体颗粒“锲”开，使固体颗粒之间的距离增大，从而导致土体积产生膨胀。当介质条件发生改变、使土中结合水膜变薄或消失时，颗粒间距离减小，从而使土体积收缩。

所以颗粒表面双电层中结合水膜厚度的变化是膨胀与收缩的主要原因。而扩散层的厚度则直接受电动电位所控制,电动电位又与土中黏土矿物成分以及介质中离子成分和浓度等密切相关。双电层的理论不仅仅局限于单一矿物颗粒表面,同时也存在于集聚体表面或集聚体间,并也存在于晶格构造内部,它补充了晶格扩张理论的不足,进一步发展了结合水膜在胀缩理论中的应用,使胀缩机理的理论更全面和充实。

以上是膨胀土胀缩机理的两种理论假说,都有其理论依据。对于银西高铁庆阳隧道红黏土和土壤的胀缩机理,需要将上述两种理论进行结合与完善,才能更好地解释红黏土的胀缩机理。

红黏土的主要黏土矿物成分为伊利石、绿泥石和伊蒙混层矿物,而且伊蒙混层矿物的蒙脱石含量相对较少。

蒙脱石矿物的晶胞是由两个硅氧四面体和一个铝氧八面体组成。由于八面体的部分铝离子 Al^{3+} 被镁离子所置换,导致正电荷缺失,晶层间以范德华键和可交换性阳离子形成的这些弱键,使水分子或其他极性分子容易进入晶格,引起晶层之间的膨胀,这也就是晶格扩张膨胀理论。另外,蒙脱石同晶置换程度很高,具有非常强的阳离子交换能力,其值为 60 ~ 150mg/100g,外比表面积在 50 ~ 120m^2/g 之间,总比表面积达 700 ~ 840m^2/g,可交换阳离子除吸附于蒙脱石晶层之间,还被吸附于颗粒表面,形成双电层。那么根据双电层理论,极性水分子被蒙脱石颗粒或者被交换性阳离子所吸引,在颗粒外围形成结合水膜,结合水膜的厚度是由电动电位决定的。蒙脱石在水介质中的电动电位比其他矿物都高,并且它的电动电位随离开颗粒表面距离的加大而缓慢下降,可以延伸至比较远的距离。也就是说,蒙脱石矿物颗粒表面双电层中扩散层的厚度较大,因而结合水膜也较厚,水膜"楔"开颗粒之间的距离增大,所以膨胀土的膨胀量必然要比其他土大得多。蒙脱石、伊利石晶格结构如图 2-2 所示。

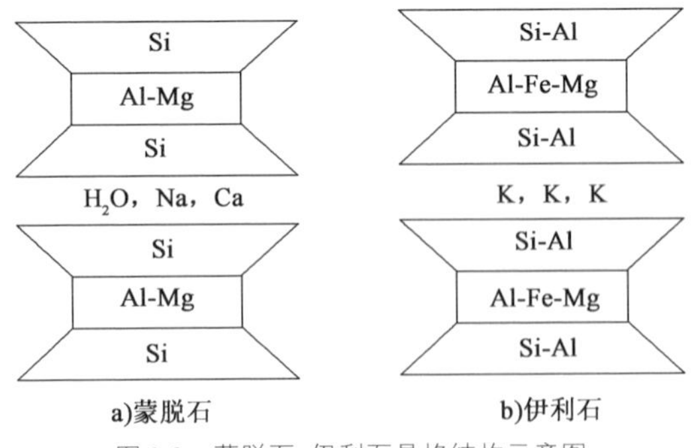

图 2-2　蒙脱石、伊利石晶格结构示意图

伊利石结晶格架与蒙脱石相似，也是由两个硅氧四面体夹一层铝氧八面体晶片形成。由于硅氧四面体中的 Si^{4+} 被 Al^{3+}、Fe^{3+} 离子置换，造成晶胞不足，晶层之间的钾离子 K^+ 弥补部分晶胞的不足，其余则由伊利石颗粒表面交换性阳离子来平衡。由于 K^+ 的存在，使得晶层连接力大为增加，晶格的活动性大大降低，不可能产生晶层的膨胀，因而伊利石对于膨胀土的膨胀，仅在于颗粒表面结合水膜的厚度变化。伊利石的阳离子交换当量为 10 ~ 40mg/100g 土，外比表面积为 65 ~ 100m^2/g，它们形成结合水膜的厚度远不及蒙脱石结合水膜的厚度大。这也就是红黏土的膨胀潜势比蒙脱石含量较高的膨胀土膨胀潜势小得多的原因。

2.1.2 红黏土化学成分分析

对于土体的化学分析，现阶段主要的研究方法是进行 X 射线荧光光谱分析。不同元素具有波长不同的特征 X 射线谱，而各谱线的荧光强度又与元素的浓度呈一定关系，测定待测元素特征 X 射线谱线的波长和强度就可以进行定性和定量分析。由原子物理学的知识我们知道，对每一种化学元素的原子来说，都有其特定的能级结构，其核外电子都以各自特有的能量在各自的固定轨道上运行，内层电子在足够能量的 X 射线照射下脱离原子的束缚，成为自由电子。我们说原子被激发了，处于激发态。这时，其他的外层电子便会填补这一空位，也就是所谓跃迁，同时以发出 X 射线的形式放出能量。由于每一种元素的原子能级结构都是特定的，它被激发后跃迁时放出的 X 射线能量也是特定的，称之为特征 X 射线。通过测定特征 X 射线的能量，便可以确定相应元素的存在，而特征 X 射线的强弱则代表该元素的含量。

1）化学分析样品处理

（1）取红黏土样品 4 个（QY-1、QY-4 各两个）盛于玻璃容器中。

（2）将样品放入烘箱中，温度设定 100℃，烘干 2h，取出后放入碎石机中初步粉碎，然后放入玛瑙研钵中研磨至 200 目。

（3）将研磨好的样品进行 X 射线荧光光谱分析。

2）化学成分及含量

利用 X 射线荧光衍射方法测定，得到红黏土中所含各化学成分及其含量见表 2-3。

化学元素含量(%)　　表 2-3

检测编号	001	002
土样编号	QY-1-05	QY-4-01
SiO_2	53.5007	54.0071
CaO	16.2957	16.3018
Al_2O_3	16.3844	15.6061
Fe_2O_3	5.3361	5.4492
MgO	4.3641	4.2565
K_2O	2.5965	2.5942
TiO_2	0.7617	0.8164
Na_2O	0.4103	0.5389
P_2O_5	0.1798	0.2433
SO_3	0.0277	0.0529
MnO	0.1032	0.0962
Cr_2O_3	—	—
SrO	0.0398	0.0375
ZrO_2	—	—
CO_2	—	—

为了更好地呈现红黏土中各种氧化物含量所占百分比，制作饼状图，如图 2-3 所示，可以更加直观地看到主要化学成分及其含量。

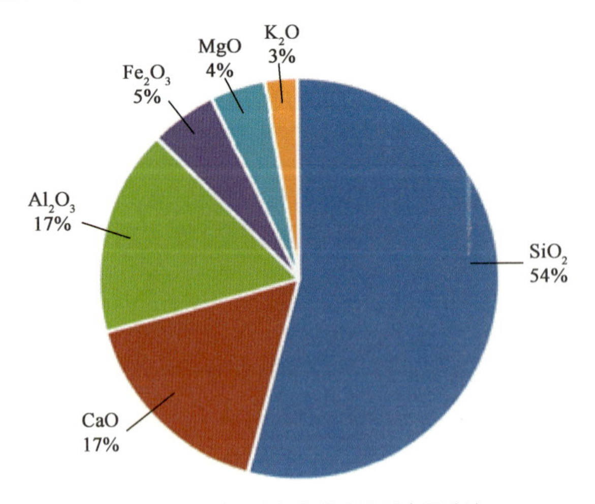

图 2-3　红黏土中各化学成分所占百分比

由表2-3及图2-3可知，红黏土的主要化学成分为SiO_2、CaO、Al_2O_3。其中Si、Al元素的含量主要来源于伊利石，Ca元素主要来源于方解石。因为红黏土中SiO_2、Al_2O_3含量较高，所以红黏土中硅酸铝盐黏土矿物含量普遍较高。另外，在红黏土中粒状矿物所包含的石英和长石矿物也使得土体整体的SiO_2含量较高。银西高铁庆阳隧道中的红黏土中CaO含量较高，占17%，高含量的CaO主要来自土体内方解石矿物的大量富集，这一结果也与现场取样观察到的红黏土内含有大量的钙质结核相符合。土体内MgO、K_2O、CaO碱金属含量较高，合计占54%，这也说明该膨胀土的化学风化程度并不大。在一定的外界环境作用下，如果在微酸性水介质、潮湿气候中，土体内方解石矿物将进一步淋滤分解、流失转化，而含K元素的伊利石矿物也有脱K并转化为蒙脱石矿物的可能，从而增加古土壤的膨胀性，严重时可能导致工程恶化。

2.1.3 红黏土的微观结构分析

1）分析方法介绍

（1）扫描电镜分析

扫描电镜，全称为扫描电子显微镜（Scanning Electron Microscope，SEM），是利用电子束作为照明源，将电子束变成电子探针，用电子探针在试样表面作扫描，与样品相互作用，激发出各种信号，用计算机对这些信号进行采集和处理，便可以获得样品表面的各种特征图像，如图2-4所示。工程地质学中，岩土的结构、构造与岩土的力学特性的关系一直受学者关注，利用含能谱仪的扫描电镜可以测定岩土的微观结构以及组成矿物的大致成分。

图2-4 扫描电镜仪器

(2)X 射线能谱仪(EDS)分析

EDS 可以对土体表面的化学元素进行定量和定性的分析。能谱仪是利用 X 光量子的能量不同来进行元素分析的方法,对于某一种元素的 X 光量子从主量子数为 n_1 的层跃迁到主量子数为 n_2 的层上时,有特定的能量 $\Delta E = E_{n_1} - E_{n_2}$。EDS 的分辨率高,分析速度快,但分辨本领差,经常有谱线重叠现象,而且对于低含量的元素分析准确度较差。

(3)Image-Pro Plus(IPP)图像分析

IPP 是美国 Media Cybernetics 公司开发的主要适用于医学、生物学、工业等专业领域的图像处理分析软件,支持图像采集、增强、标定、图像处理、计数、测量、分析、图像标注、图像数据库、报表生成器、宏记录、VBA 宏编程、V + + 、Vb 等软件进行功能扩展以及全面的 Internet 支持。

本书中利用 IPP 软件对红黏土的 SEM 图像进行微观结构的定量分析,主要涉及软件的图像采集、图像处理、计数、测量等功能。

2)扫描电镜样品的选择及处理

(1)样品的选择

打开保鲜膜包裹的土样之后,应仔细检查土样的均质性,初选合格的样品。本次试验共采用 6 个红黏土(QY-1-01、QY-1-01、QY-1-02、QY-2-01、QY-2-02)土样,在土样的中心部位切出边长为 1cm 的试样,此时应注意水平和垂直方向应和地层相一致,做好标志之后,放置在小铝盒中,准备脱水干燥。干燥的试样用小力在样品周围预先刻槽,按周槽用手指掰开,以避免在薄弱部位破裂,掰开的有代表性的破裂面在双目镜下做仔细反复的检查,直到选中合格破裂面为止。

(2)样品的处理

试验目的是为得到红黏土膨胀特性与微观结构之间的关系,膨胀性的变化主要体现在含水率的不同上,所以观察不同含水率下红黏土的微观结构成为试验的关键。目前观察土体的微观结构最常用的仪器为扫描电镜,扫描电镜的样品必须在真空环境下观察,所以要求样品干燥、无油、导电。如果样品中含有水分,水蒸气会加速电子枪阴极材料的挥发,从而极大地降低灯丝寿命;同时,水蒸气会散射电子束,增加电子束能量分散,从而增大色差,降低分辨能力。

但膨胀土具有遇水膨胀失水收缩的特性,所以用烘干法或者自然风干法样品的体积将会缩小,势必会影响对微观结果的观察。因此本次试验采用冷冻干燥法进行干燥。

本试验采用的是北京松源华兴科技发展有限公司生产的 LGJ-10(-80)普通型

冷冻干燥机,对长、宽、高均为 1cm 的正方体样品进行冷冻干燥。冷冻干燥机及样品如图 2-5 所示。

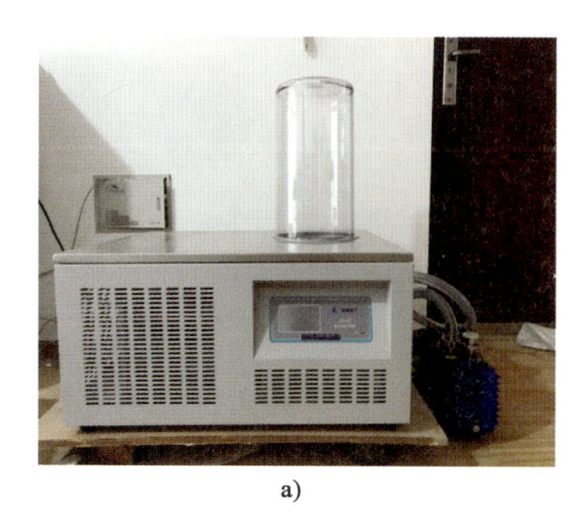

a)

b)

图 2-5 冷冻干燥机及样品

为了更好地区别冻干法和烘干法对土体的不同影响,验证采用冻干法的合理性,本次试验分别用冻干法和烘干法对样品进行处理。分别采用 8 倍显微镜和扫描电子显微镜放大 1000 倍,从细、微观角度观察两种不同的干燥方法对于土体的影响,观察结果如图 2-6 所示。

a)烘干法处理前

b)烘干法处理后

c)冻干法处理前

d)冻干法处理后

图 2-6

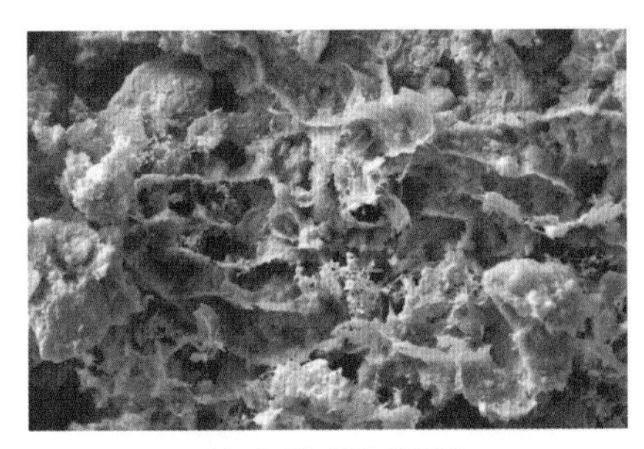

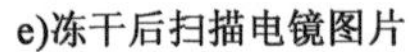

e)冻干后扫描电镜图片

f)烘干后扫描电镜图片

图 2-6　干燥前后对比

从图 2-6 中可以清楚地看出：土体在烘干前后发生明显的开裂现象，这种结果使得烘干法研究土体在不同含水率下的微观是无意义的；真空冷冻干燥法得到的干燥前后土体表面的结构基本上没有破坏，还可以保存着干燥之前的形态；利用扫描电镜来观察冻干法得到的土体图片，可以清楚地看到土体在微观结构上较好地保存了内部孔隙形态，在土体的表面有黏土矿物微观结构形态以及破裂气泡留下的形态，这种形态为内部空隙中的固态水升华为气体向外溢出形成的，而利用烘干法得到的土体在微观结构上已经看不到这种孔隙的形态。因此，本试验采用冻干法处理进行干燥是合理有效的。

(3) 不同操作对比分析

本次试验研究采用控制单一变量的方法对扫描电镜图片进行分析，分析方法包括两种：一是同一样品在不同放大倍数下进行观察描述；二是不同样品在同一放大倍数下进行观察描述。

①同一样品不同放大倍数

为了得到不同的观察效果，采用同一样品、放大倍数不同的方法进行观察，放大倍数分别为 300、500、1000、5000 的电镜图片如图 2-7 所示。为了观察土体在不同浸泡时间条件下土体表面微观结构的变化情况，采用相同放大倍数、不同浸泡时间的方法进行试验，浸泡时间分别为 0h、20h、50h。

由图 2-7 可以得出如下结果：

a. 放大倍数为 300：可观测到红黏土表面有黏土颗粒分布，颗粒大小不同，无规则地散落在土体表面；还可以观察到小孔隙局部聚集在一起、呈蜂窝状分布，大孔隙形状不规则、孔径较小。

b. 放大倍数为 500：可较为清晰地观测到土体的黏土主要以团聚体的形态均匀分布在土体表面，团粒直径为 0.2 ~ 1μm；还可以观察到土体中的硅质胶结体，方解石颗粒在空隙中隐约可见。

c. 放大倍数为1000：可观察到土体表面较为细致的微观特征。团聚体之间以丝状结构连接，方解石晶体以堆积体的形式分布于土体内部或土体的空隙中，表面被伊利石的发丝状结构所缠绕，还可以观察到伊利石少量的片状结构。

d. 放大倍数为5000：可以清楚地观察伊利石发丝状、网状结构的特征。伊利石以方解石晶体的顶点或者边为支撑点向外扩散，不同出发点的伊利石发丝相互交织在一起在土体表面形成网状结构。这些网状结构铺满土体表面，对土体宏观力学性质有一定的影响，同时也覆盖了土体表面孔隙，使得土体中一些较小的黏土可以附着在网中，对水的渗入起到了一定的阻碍作用。

图2-7　同一样品不同放大倍数电镜图片

②同一放大倍数不同样品

为了观察土体在不同浸泡时间条件下土体表面微观结构的变化情况，采用相同放大倍数、不同浸泡时间的方法，浸泡时间分别为0h、20h、50h。为了达到较好的观察描述效果，最终选定放大倍数为1000的扫描电镜图片，如图2-8所示。

a. 在浸泡0h即原状土的情况下对土体放大1000倍进行观察，可以看到土体表面有大量的伊利石发丝状、网状结构发育，同时还可以观察到较多黏土颗粒，结构较乱、无规律分布，还有少部分的硅质胶结物[图2-8a)]。

b. 将土体浸泡20h后看不到向空间展布的发丝状结构，表面光滑无杂质，清楚地观察到孔隙以及贯通的裂隙。内部的方解石晶体被包膜包裹，隐约可以看到内部方解石的轮廓。在有方解石痕迹的部位可以发现方解石完全被黏土所包裹[图2-8b)]。

c.浸泡50h后,被包裹的方解石晶体进一步裸露出来,土体裂隙进一步发育,小孔隙增加。推断是由于水的浸泡使得黏土矿物发生变化或者流失,方解石的主要化学成分为碳酸钙,不溶于水,所以可以被保留下来。残留的黏土矿物主要表现为鳞片状的形态,有一定的定向性[图2-8c)]。

a)0h　b)20h

c)50h

图2-8　同一放大倍数、不同样品的电镜图片

3)微观结构空间特征

为进一步对红黏土微观结构形态进行整体性概括描述,在不同放大倍数情况下得到如图2-9所示的微观结构形态,并从微观结构形态角度解释其对宏观力学性质的影响。

a)团聚体及孔隙

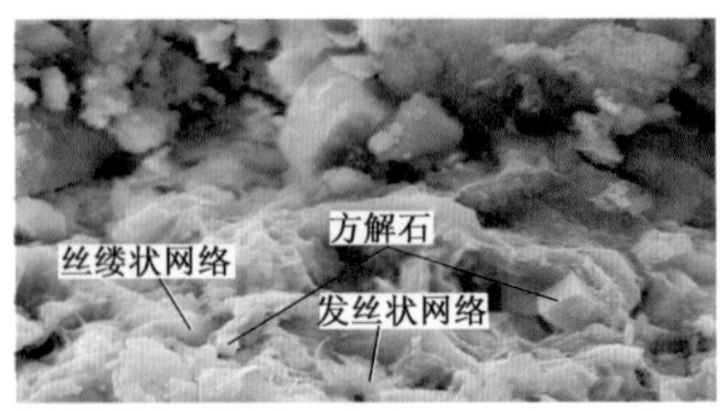

b)矿物形态

图2-9　土体微观结构形态

从图2-9a)中可以看出有着较多的团聚体结构单元的出现,这些团聚体大多以微集聚体的形式分布于土体表面,也可以在土体表面形成较大的团聚体。这种大的团聚体会增加土微观结构的稳定性。因为相对于片聚体来说,片聚体吸水膨胀是沿着片与片之间接触部位展开的,失水收缩也是沿着片与片之间接触部位进行的。由于水分进入团聚体内部比较困难,而且团聚作用呈现一定的强度和空间稳定性,所以有着团聚体结构单元的土体在宏观上所表现出的膨胀性较弱。同时还可以观察到土体中的微裂隙和孔隙,这些裂隙呈现出不连续的特点,也成为水分迁移的主要通道。孔隙大多是团聚体之间的孔隙,在土体浸水的过程中,水分沿着团聚体之间的孔隙迁移流动,所以仅是在团聚体的外部或者表面发生水化,而很难接触到黏土的基质,从而降低了红黏土的膨胀潜势。

从图2-9b)中可以清晰地看到在样品的表部有方解石矿物晶体生长在表面孔隙中,从微观结构观察到这些生长在土体空隙中的方解石晶体对于土颗粒骨架起到了一定的支撑作用,使得红黏土在宏观上表现为硬塑、压缩性小等特征,与通过化学成分的分析结果得到的红黏土中 CaO 含量较高是一致的。伊利石矿物在扫描电镜下常见的单体形态呈丝带状、条片状和羽毛状等贴附于颗粒表面或充填于粒间孔隙内,集合体形态呈蜂窝状、丝缕状和丝带状。伊利石往往在孔隙中形成搭桥式生长或构成丝缕状、发丝状网络。

从扫描电镜图片中所观察到的团聚体结构单元、孔隙分布以及矿物形态等性质,与物理力学试验所确定的该红黏土为弱膨胀性土的结果是一致的。

4)孔隙结构特征

在一般情况下,孔隙是土颗粒或基本单元体排列的结果,是重要的结构要素之一,它不仅直接影响土的工程性质,同时也控制土的渗透性。在普通土力学中,通常以表明土中孔隙的孔隙比、孔隙度或干重度等指标来衡量土的物理力学性质。在普通水力学中,把土的渗水性直接和土中孔隙相联系,并以达西定律来表达水在土孔隙中的流动规律。虽然这些假设和计算在一定程度上能够反映土的性质,但是土中的孔隙是相当复杂的,微观分析表明它们有各种性质的孔隙,有的孔隙极易变形和透水,但有的孔隙不易变形且不透水。根据相关文献,土中的孔隙可分为架空孔隙、单元体间孔隙、单元体内孔隙、大孔隙、溶蚀孔隙5种。以下结合电镜扫描结果,具体分析红黏土孔隙结构特征。

(1)架空孔隙

架空孔隙是由一定数量的骨架颗粒松散排列形成的孔隙。这种孔隙从空间结构力学原理来分析是不稳定的,有多余的自由度,按理想堆积排列的球体配位来衡量,称之为不正常配位排列。在一定的动、静应力作用下就会失去稳定,颗粒将重新排列,周围颗粒将落入孔内,土结构将产生不可恢复的突然变形。这种孔隙在黄土、新近堆积的轻亚黏土和粉砂土中存在。只有颗粒之间的结构连接有足够的强度(如水稳的胶结),才能保证这种孔隙的稳定性。

从放大3500倍的扫描电镜图片中可以看到孔隙是由周围的颗粒堆积形成,在架空孔隙(图2-10)中可以看到细小的黏土颗粒、片状结构的黏土矿物散落其中,这种孔隙结构在受到外力作用下不稳定,容易发生变形。

(2)单元体间孔隙

单元体经过多次重新排列,进入一个比较稳定的位置,这种排列接近理想球体堆积的配位排列,同时还存在着一定的孔隙,这种孔隙称为单元体间孔隙(图2-11)。和架空孔隙所不同的是,单元体的排列比较紧密,一般不易变形,只有在较高的应力下才会出现少量变形。

从图2-11中可以观察到不同凝聚单元体之间会存在单元体间孔隙,不同孔隙之间扩展会形成延伸长度较短的裂隙。

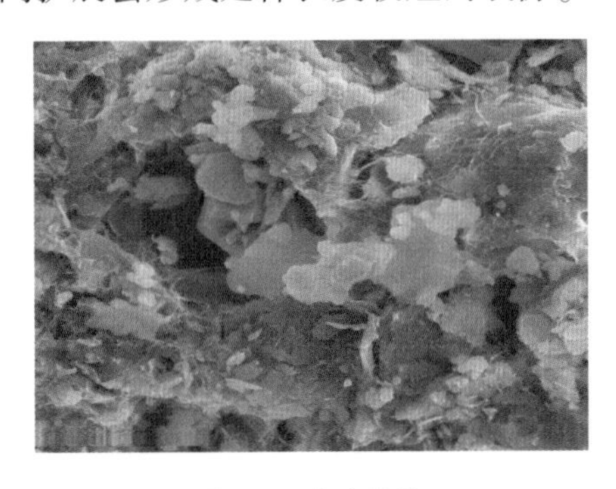

图2-10 架空孔隙

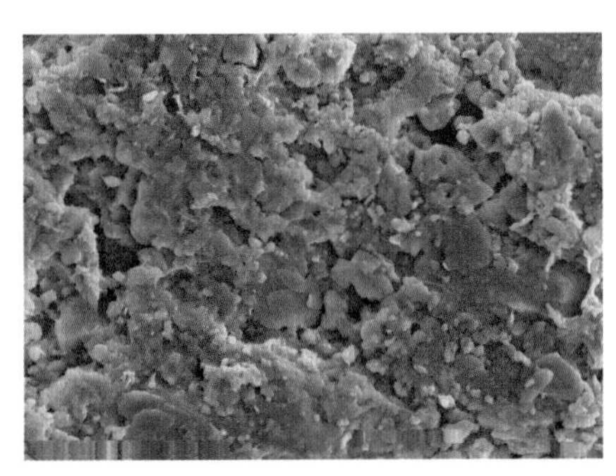

图2-11 单元体间孔隙

(3)单元体内孔隙

在形成基本单元体过程中,单元体内存在一定数量的微孔隙,有的和外部连通,但大部分是封闭的。由于基本单元体一般不变形,故这类孔隙不易变形。

在庆阳地区的红黏土结构中可以看到单元体内孔隙主要分布于凝聚体的表面,当单元体内的孔隙扩展变大连通,会将凝聚体单元切割分成较小的凝聚体单元,并形成单元间孔隙,如图2-12所示。

(4)大孔隙

大孔隙一般是由于植物根、蚯蚓等所引起的管状孔洞,直径较大,一般肉眼能观察到。这种孔隙常常是钙质或铁锰质淋溶物的通道,因此在孔壁上常常留有某些钙质、锰铁质沉淀物,从而加固了这些孔壁,即使土体结构被破坏,它还能被保留下来。在庆阳地区红黏土微观结构观察的扫描电镜照片中没有发现此类孔隙,对于土体表面用肉眼观察可以看到白色的钙质结核。

(5)溶蚀孔隙

溶蚀孔隙主要发生在热带、亚热带地区残积土中,由于这些地区剧烈的化学风化作用,矿物中的可溶性物质和被分解的物质不断地被淋溶而形成各种大小孔隙。这些孔隙与颗粒排列无关,孔隙是否稳定取决于剩余化学键力的多少。

从图2-13中可以看到在溶蚀孔隙中有大量的方解石晶体,所以有可能是土体中可溶性碳酸钙物质在淋滤作用下发生溶解,但没有发生迁移,碳酸钙离子大量聚集后在原地重结晶形成方解石晶体。

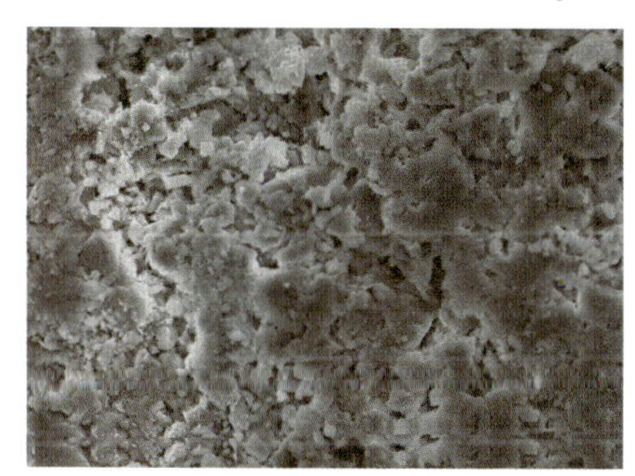

图2-12 单元体内孔隙

图2-13 方解石、伊利石微观结构形态

通过文献调研及综合分析,初步确定庆阳地区的红黏土中分布的主要孔隙类型有架空孔隙、单元体间孔隙、单元体内孔隙及溶蚀孔隙四类。

以下利用IPP软件进一步对孔隙分布量化分析。

根据提取出的测量结果,对面积频率和孔隙数目随孔隙直径的分布规律进行了分析,其中将面积频率定义为该孔隙直径下的孔隙面积与所有孔隙的面积之比。由于与进行SEM图像的分析时所选取的分析区域均基本相同,因此孔隙数目可以反映出岩石表面的孔隙含量,具体参数见表2-4。

红黏土孔隙结构参数 表2-4

土样编号	孔隙数目(个)	面孔率(%)	最大孔径(nm)	平均孔径(nm)	圆度(°)	分型维数
QY-01	489	28.670	356.236	16.879	2.749	1.114
QY-02	381	30.518	297.951	25.432	4.096	1.230

庆阳隧道红黏土孔隙结构特征如下:红黏土中以单元体间孔隙为主,孔隙形态受单元体控制且圆度较差,孔隙之间连通性较差,单元体内孔隙主要是单元体表面的微小空穴,对力学影响作用不大。根据IPP软件的定量分析,红黏土的平均孔径为20nm,面孔率为30%左右,微观结构紧密紧凑从而使得宏观上表现为较差的透水性和较高的力学强度。

2.2 红黏土基本物理力学特性

本节以银西高铁庆阳隧道取得的原状红黏土为试验材料，进行相关的室内试验。

红黏土取自银西高铁庆阳隧道，在现场利用保鲜膜和塑料袋严密封装，对土样进行编号并贴好标签，进行再次封装。将封装好的土样放在阴凉处，防止运送途中的水分损失，装箱运送到西安科技大学土力学实验室。

取回的土样表面呈棕红色，成分以黏粒为主，结构紧密，裂隙不发育，土质硬，可见大量黑色铁锰质斑点，属于富铁锰红黏土，断面可见夹杂深色条带，如图2-14所示。

a)取样现场

b)土样情况

图2-14　红黏土取样情况

2.2.1 红黏土基本物理参数指标测定

试验采用“烘干法”测定土样的天然含水率，采用“环刀法”测定土样的密度。为获得较为准确的试验结果，试验过程严格按照《铁路工程土工试验规程》（TB 10102—2010）的试验步骤进行操作。试验土样需要取自隧道不同的位置，共采用8个试样进行试验。

1）含水率测定

试验步骤：

（1）选用高为2cm，截面积为30cm^2，体积为60cm^3的标准环刀来取土样，在环刀内壁涂一层凡士林进行润滑。

(2)利用电子秤称量环刀质量,精确到0.01g。

(3)用环刀切取原状红黏土土样,用削土刀修平环刀两端,称量出环刀和土总质量,减去环刀质量得到土样质量,精确到0.01g;质量和体积相比得到研究区域红黏土的密度。

(4)取环刀中的湿土5~10g放入称量盒内,盖上盒盖,一起称量盒加湿土的质量,如图2-15所示。

(5)打开盒盖,将称量盒置于烘箱内,105~110℃的恒温下烘8h,如图2-16所示。

(6)取出称量盒并盖上盒盖,置于干燥环境中,待温度降至室温时,一起称量盒加干土的质量。

(7)计算天然含水率。

图2-15　称量湿土质量

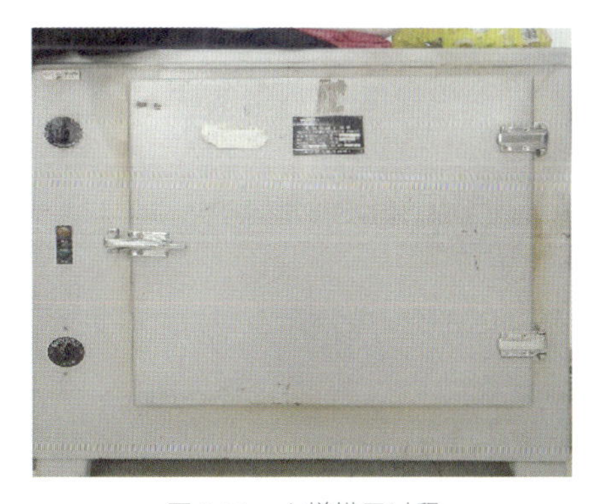

图2-16　土样烘干过程

为了减少水分的损失,土样到达实验室后立刻进行含水率测定,本试验得到的含水率统计值为17.1%。

2)土体密度测定

采用环刀法进行试验,选用两个环刀分别记录质量,并依次用环刀制取原状样编号1、2,称其质量,采用密度公式计算其密度。本试验所得密度值为2.30g/cm^3。

3)颗粒级配及液塑限试验

通过筛析法对干燥红黏土颗粒粒径分布情况进行测试,取样300g,在橡皮板上进行充分碾压,进行在不同孔径分筛中进行筛分试验,其中粗孔径筛(>2mm)冲洗筛分悬浊液,细孔径筛(<2mm)利用带有橡皮头的研磨杵进行反复加清水研磨过筛,并记录筛分后质量。筛分质量通过下式进行数据处理。

$$X = \frac{m_A}{m_B} d_S \tag{2-1}$$

式中：X——小于某粒径的试样质量占总质量的百分比（%）；

m_A——小于某粒径的试样质量（g）；

m_B——试样总质量（g）；

d_S——细筛及粗筛分析土质量百分数（%）。

在试验过程中发现细颗粒含量较高，筛分法不能有效地区分较细颗粒在红黏土中的质量分布，需利用智能激光粒度分析仪对试验用土样进行了细颗粒级配测试。红黏土颗粒级配是指各种粒径土颗粒所占总质量的百分比，颗粒级配可以反映土体沉积环境与沉积历史，土体微观组合结构取决于颗粒级配。颗粒级配影响了土体孔隙特征、压缩性、渗透性、强度等工程特性，是土体性质的重要指标之一。红黏土中黏粒与细粒的占比决定了毛细水水势差异。从筛析试验结果中可以看出本试验所用土样中黏粒与胶粒较多，筛析试验不能很好地描述小颗粒所占比例，因此同时采用激光粒度仪对土样进行粒度试验，筛析试验结果见表2-5。红黏土颗粒级配曲线如图2-17所示。

红黏土筛析试验结果　　表2-5

孔径（mm）	质量（g）	所占百分比（%）
5	300.00	100
2	294.25	98
1	291.31	97
0.5	273.26	91
0.25	268.99	89
0.075	263.50	87

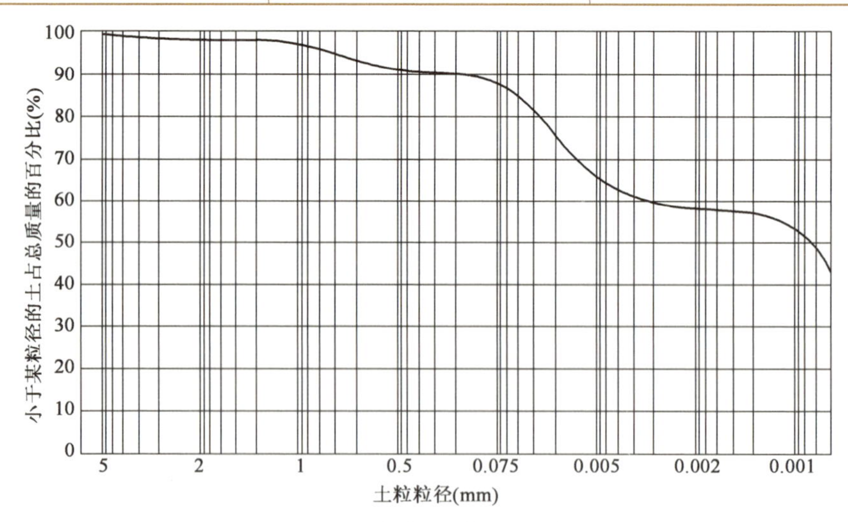

图2-17　红黏土颗粒级配曲线

从图 2-17 可以看出，本试验所采用土样总体颗粒级配良好，土体颗粒整体偏细，大颗粒之间空隙由小颗粒填充密实，毛细水吸力强，因此其透水性较低，沉积固结过程中稳定所需时常较长。

4）土样界限含水率试验

本试验的目的是测定土的液限和塑限，计算塑性指数、液性指数，对研究区红黏土进行评价。

以含水率为横坐标，下沉深度为纵坐标，在双对数坐标纸上绘制“圆锥下沉深度与含水率”关系曲线。三点应连成一条直线，当三点不在一条直线时，则通过高含水率这一点与其余两点连成两条直线，在圆锥下沉深度为 2mm 处可查得相应的两个点的含水率。这两个点的含水率差值小于 2% 时，应以这两个点的含水率平均值与高含水率的点连成一条直线。否则，应重新补做试验。

（1）试验设备

液塑限联合测定仪：圆锥质量为 76g（±0.1g）。

盛土杯：直径 5cm，深度 4 ~ 5cm。

电子秤：称量 1000g，分度值 0.01g。

其他：筛（孔径 0.5mm）等。

（2）试验步骤

①取风干土样 800g 并过孔径 0.5mm 的土壤筛。

②取 200g 左右筛过的风干土样，加水分别配制含水率在液限、塑限和液塑限之间的土样，静置 24h，为防止水分损失，采用湿布将调土皿进行包裹。

③将静置 24h 后的土样压入盛土杯中。

④用调土刀压密试样并刮平盛土杯表面土样，调平仪器，接通电源。

⑤打开开关，提起锥体，并在锥头上涂少量凡士林。

⑥按照规范要求安装光电联合式液塑限测定仪，调整升降旋钮，使得锥尖和试样表面恰好接触。释放锥体使其下沉，5s 后读出锥入深度 h_1，如图 2-18 所示。

图 2-18　试验设备

⑦转动盛土杯，使锥尖对应另一位置重新进行试验。记录锥入深度 h_2，h_1、h_2 允许误差为 0.5mm，否则应重做。取 h_1、h_2 平均值作为该点的锥入深度 h。

⑧在盛土杯中取 2 份各 5 ~ 10g 的土样，测

定其含水率并计算平均含水率。

⑨重复进行以上操作，测定其余两个含水率下土样的锥入深度和含水率。

(3)试验结果

试验结果按以下公式计算。

①塑性指数

$$I_p = w_l - w_p \tag{2-2}$$

式中：I_p——塑性指数；

w_l——液限(%)；

w_p——塑限(%)。

②液性指数

$$I_l = \frac{w - w_p}{I_p} \tag{2-3}$$

式中：I_l——液性指数，计算至0.01；

w——天然含水率(%)。

试验结果统计见表2-6。

红黏土界限含水率试验结果　　表2-6

液　限	塑　限	塑性指数	液性指数
44.53%	23.17%	21.36	-0.14

从表2-6中可以看出，红黏土塑性指数较大，土处于可塑状态的含水率范围也较大。可以看出研究区域红黏土比表面积大、矿物成分活性强，红黏土呈坚硬状态。

2.2.2 红黏土抗剪强度测定

直接剪切试验是测定土抗剪强度的一种常用方法。通常采用4个试样，分别在不同的垂直压力下，施加水平剪切力进行剪切，测出破坏时剪应力，然后根据莫尔—库仑定律确定土的抗剪强度指标：内摩擦角φ和黏聚力c。

1)试验方案

(1)试验仪器

①应变控制式直剪仪。

②百分表：量程为10mm，分度值为0.01mm。

③透水石、电子秤、削土刀、滤纸。

(2)试验步骤

①制备两组原状土试样，每组4个，共8个。

②按要求安装上下两个剪切盒并插入固定销。将环刀样刀背卡入剪切上盒的凹槽中,用力将试样压进剪切盒。

③调整螺栓,使上盒的前端钢珠刚好和百分表接触,并对百分表调零。

④每组 4 个试样分别施加 100kPa、200kPa、300kPa、400kPa 的压力。

⑤立即拔取固定销,将百分表调零,然后以 0.8mm/min 的剪切速度对试样进行剪切。试样每产生 0.4mm 位移时,读数一次,直到剪损为止,记下破坏值。试验过程如图 2-19 所示。

a)准备试验

b)试验进行中

c)试验结束

图 2-19 试验过程

2)试验结果

试验结果使用下式计算:

$$\tau = \frac{C \cdot R}{A_0} \times 10 \tag{2-4}$$

式中:τ——剪应力(kPa),计算至 1kPa;

C——测力计率定系数;

R——测力计读数(0.01mm);

A_0——试样面积(cm^2)。

图2-20所示为部分剪切破坏后的土样。

a)破坏后土样1

b)破坏后土样2

c)破坏后土样3

图2-20 部分剪切破坏后的土样

以抗剪强度 S 为纵坐标,垂直压力 p 为横坐标,绘制 S-p 关系图。根据图上各实测点,绘制一条实测直线。直线在纵坐标上的截距为土的黏聚力 c,直线的倾角为土的内摩擦角 φ,试验结果见表2-7。

抗剪强度指标　　表2-7

土体名称	黏聚力 c(kPa)	内摩擦角 φ(°)
红黏土	55.5	21.6

2.2.3 红黏土膨胀力、膨胀率试验

1)试验步骤

根据《铁路工程土工试验规程》(TB 10102—2010)加荷平衡法进行膨胀力测

试,确定不同初始含水率土样膨胀特性。试验主要步骤为:

(1)制备土样并于烘干箱内完全烘干,并利用酒精燃烧法测试烘干样的含水率。

(2)计算补水量,利用滴管加水并静置48h待水分扩散均匀。

(3)将土样放置于固结仪中预加1kPa固结压力,千分表调零自下而上注入纯水。

(4)待指针表开始转动时不断进行加载使得指针表回归零位。为保证不出现反向压缩的情况,将加载盘进行了改进,以铁砂代替砝码。

(5)当某荷载作用下2h百分表指针不再发生变化,所测得的加载力即为土样膨胀力。

整理测试结果并通过下式计算膨胀力:

$$p_{\mathrm{p}} = \frac{W \cdot r}{A} \tag{2-5}$$

式中:p_{p}——膨胀力(kPa),计算至1kPa;

W——施加在试样上的总平衡荷载(N);

A——试样面积(mm^2);

r——固结仪杠杆比。

根据《铁路工程土工试验规程》(TB 10102—2010),测试原状土样及重塑土样的无荷膨胀率。重塑土样通过筛分土按照原状土配制,并加水调制至目标含水率,再通过击实器压密,静置24h。试验主要步骤为:

(1)制备土样并于烘干箱内完全烘干,利用酒精燃烧法测试烘干样含水率。

(2)计算补水量,利用滴管加水并静置48h待水分扩散均匀。

(3)将原状、重塑土样放置于固结仪中,保证土样底面接触固结仪底透水石,放置透水板并保证千分表与固结仪器上表面紧贴。

(4)在固结仪中注水淹没土样,按照一定时间间隔读取千分表度数,先采取15min、30min、60min、80min、120min,后采取60min间隔,至480min停止读数。记录所读数据,按照下式计算膨胀率:

$$V_{\mathrm{H}} = \frac{R_{\mathrm{t}} - R_0}{H_0} \tag{2-6}$$

式中:V_{H}——时间t时刻的无荷膨胀率(%),计算至0.1%;

R_{t}——时间t时刻的百分表读数(mm);

R_0——试验开始时刻的百分表读数(mm);

H_0——试验开始时刻的土样高度(mm)。

2)试验结果

(1)原状土样试验结果

膨胀性红黏土膨胀过程中释放的膨胀力与体积变化,受到干密度、初始含水率、增湿程度、裂隙情况等一系列因素影响。图2-21～图2-23所示为3%、6%、9%、12%、15%、18%、21%及饱和初始含水率下原状土样膨胀率曲线。

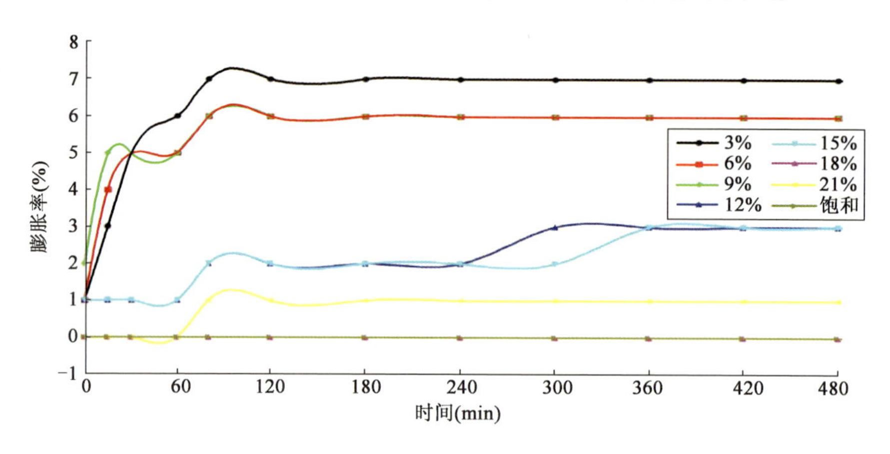

图2-21 不同初始含水率原状土样膨胀率曲线

由图2-21可以看出:不同初始含水率原状土样膨胀规律根据含水率明显分为三种模式。初始含水率为3%的土样膨胀率最大达到7%;初始含水率为21%及以上饱和土样几乎不膨胀,属于弱膨胀性围岩。

①3%、6%及9%土样膨胀模式为“快速膨胀—慢速膨胀—稳定”。土样在浸水时间为0～30min范围内快速膨胀,后膨胀速率减缓;在浸水时间为30～120min范围内膨胀速率降低,120min后膨胀停止。考虑红黏土在含水率波动情况下的干缩—湿胀特性,在含水率低于9%的情况下,干缩过程形成的裂隙是水分快速入渗的通道。

②12%、15%及18%土样膨胀模式为“缓慢膨胀—稳定”。整个膨胀过程经历了420min才完全停止。可以认为:与低于天然含水率6%以内的土样均符合该模式,土体初始含水率配制过程中,膨胀潜势已经部分释放,残余膨胀潜势在土体颗粒充分沁润后轻微释放。

③21%及饱和样不膨胀。整个试验过程中大于天然含水率原状土样没有膨胀释放的现象。从取样位置远低于地下水位线可以看出,在接近饱和状态下该土样的膨胀潜势已经释放完全。

(2)重塑土样试验结果

图2-22所示为不同初始含水率下重塑土样膨胀率曲线。

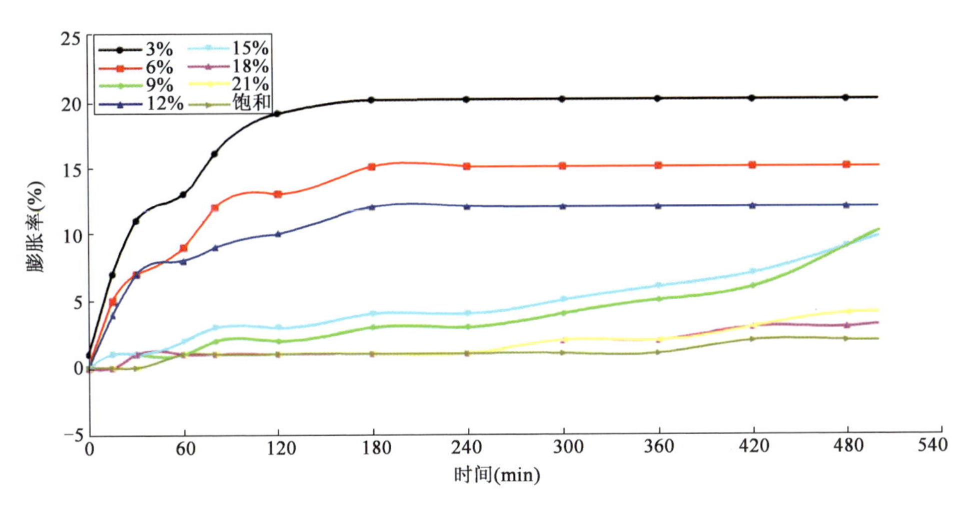

图 2-22　不同初始含水率重塑土样膨胀率曲线

从图 2-22 中可以看出：经重塑过程破坏土体自身结构特性后，膨胀潜势与初始含水率呈现明显线性关系，初始含水率越低，膨胀潜势越大。与原状土样试验结果不同的是，初始含水率 21% 与饱和土样仍有 2% 左右的膨胀率释放过程，这说明土体本身的结构性制约了膨胀的释放。膨胀过程可划分为快速膨胀、稳定两个阶段。值得注意的是，在 9% 与 15% 土样呈现出了后期膨胀持续缓慢增长后达到稳定的规律，这与已有的规律不符，需考虑制样过程中存在的缺陷。

对比图 2-21 与图 2-22，可以看出，该泥岩增湿过程中膨胀过程经历快速膨胀—慢速膨胀的过程。这种现象出现的原因是浸水初期水分沿着土颗粒团块间裂隙快速渗透，膨胀力释放迅速，60min 为两个膨胀阶段的界限值，后一个膨胀阶段可以认为是水分缓慢渗入土颗粒团块，残余膨胀力缓慢释放。从图 2-22 中可以看出，大于天然含水率的原土样（18%、21%、饱和）增湿到饱和状态其膨胀率几乎为零。这表明膨胀土除了考虑干密度、增湿梯度、约束情况外也应考虑土样所处自然环境中的含水率的大小，在土体处于天然含水率时，膨胀—固结—孔隙结构达到了自然平衡的状态。小于天然含水率的土样（3%、6%、9%）初期膨胀率远大于天然含水率土样，是由于制备样品干燥过程实际是一个失水干缩的过程，在这个过程中土体团粒间水作用胶结体失效，微裂隙扩展，为增湿膨胀过程中水分入渗提供通道。

图 2-23 所示为不同初始含水率—饱和膨胀率、膨胀力曲线。从图中可以看出，该地区红黏土膨胀力、膨胀率受天然含水率影响明显，小于天然含水率的原状土样膨胀潜势随含水率的减小而明显增大；重塑土样也在对应含水率处存在拐点。其中各种初始含水率的原状土样膨胀力明显小于重塑土样，这是由于本试验所取

土样饱和度较高，在自然状态下固结时间长，其膨胀力已在高含水率下释放充分，大于天然含水率的土样膨胀潜势释放完成，膨胀力迅速减小至30kPa以下。膨胀率受土体天然含水率影响较小，始终与初始含水率增长呈现负相关。

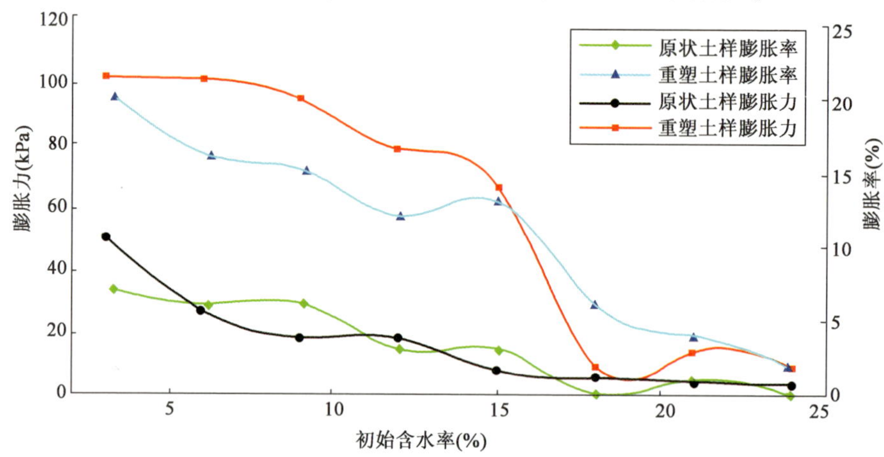

图2-23　不同初始含水率—饱和膨胀率、膨胀力曲线

据此，拟合不同初始含水率与膨胀率关系曲线公式如下：

$$\begin{cases} V_{HU} = 0.089 - 0.0051w + 5.29w^2 \\ V_{HR} = 0.21 - 0.006w - 9.26w^2 \end{cases} \tag{2-7}$$

式中：V_{HU}——原状土样膨胀率(%)；

V_{HR}——重塑土样膨胀率(%)；

w——初始含水率(%)。

拟合不同初始含水率与原状、重塑土样膨胀力关系曲线公式如下：

$$\begin{cases} P_{PU} = 61.38 - 5.63w + 0.14w^2 \\ P_{PR} = 117.66 - 2.66w - 0.098w^2 \end{cases} \tag{2-8}$$

式中：P_{PU}——原状土样膨胀力(kPa)；

P_{PR}——重塑土样膨胀力(kPa)；

其余符号含义同前。

原状土样膨胀潜势的计算可以按照下式表示：

$$\begin{cases} \Delta P_{PR} = -5.63\Delta w + 0.14\Delta w^2 \\ \Delta P_{PU} = -2.66\Delta w - 0.098\Delta w^2 \end{cases} \tag{2-9}$$

式中：ΔP_{PR}——重塑土样膨胀力的变化量(kPa)；

Δw——含水率的增加量(%)；

ΔP_{PU}——原状土样膨胀力的变化量(kPa)。

矿物成分对红黏土物理力学特性的影响

土体的物理力学特性、膨胀特性等受到土体中含水率、黏土矿物含量以及微观结构等因素的影响。且土体的微观结构往往会受到土体中黏土矿物的含量、结构形态等因素有关。因此,本节将在前述研究的基础上,进一步分析红黏土各主要矿物成分对其物理力学特性、膨胀特性以及微观结构的影响。

2.3.1 黏土矿物含量对其自由膨胀率的影响

1)伊利石对其自由膨胀率的影响

经前期X射线衍射试验,测得原状土伊利石含量13%,蒙脱石含量极少,只是极少量存在于伊蒙混层矿物之间,故试验中认为原状土中蒙脱石含量为零。

试验步骤如下:

(1)取代表性风干土样碾碎,使其全部通过0.5mm的筛,将筛下的土样拌匀,配制成试验样品。本次试验共配制5组样品,伊利石配合比梯度分别为13%、16%、19%、21%、23%。

按式(2-10)进行矿物成分配制:

$$(50 - M) \times 13\% + M = 50 \times N \tag{2-10}$$

式中:M——各组试样需加入伊利石的质量;

N——配合比梯度。

将5组样品均移入烘箱,在105~110℃温度下烘至恒量,取出,放在干燥器内冷却至室温。

(2)将无颈漏斗放在支架上,漏斗下口对准量土杯中心,并保持距离10mm。

(3)从干燥器中取出土样,用取土匙取适量试样倒入漏斗中,倒土时取土匙应与漏斗壁接触,并尽量靠近漏斗底部,边倒边用铁丝轻轻搅动,当量杯装满土样并溢出时,停止向漏斗倒土,移开漏斗刮去杯口多余的土称量土杯中试样质量,将量土杯中试样倒入匙中,再次将量土杯放置在漏斗下,将匙中土样按上述方法全部倒回漏斗里并落入量土杯中,刮去多余土,称量土杯中试样质量。

(4)在量筒中注入30mL纯水,加入5mL浓度为5%的分析纯氯化钠(NaCl)溶液,将试样倒入量筒中,用搅拌器上下搅拌悬液各10次,用纯水冲洗搅拌器和量筒壁至悬液达50mL。

(5)待悬液澄清后,每2h测读1次土面读数(估读精度0.1mL)。读数时要求视线与土面在同一平面上,如土面倾斜,取高低面读数平均值。直至两次读数差值不超过0.2mL,即认为膨胀稳定。用此稳定读数计算自由膨胀率。

(6)结果整理:

按式(2-11)计算土样的自由膨胀率。

$$\delta_{ef} = \frac{V - V_0}{V_0} \times 100\% \tag{2-11}$$

式中:δ_{ef}——自由膨胀率(%),计算至1%;

V——土样在量筒中稳定膨胀后的体积(mL);

V_0——量土杯容积,即干土自由堆积体积(mL)。

为直观显示,将试验所得伊利石含量与自由膨胀率之间的关系整理成图,如图2-24所示。

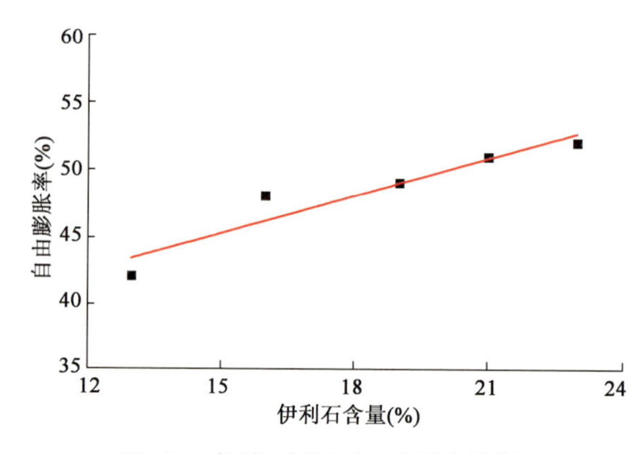

图2-24　伊利石含量与自由膨胀率关系图

从图2-24可以看出,随着伊利石含量的增加,红黏土的自由膨胀率呈现不断增加的趋势,但是增长速度较慢。这是由于土体中的黏粒含量增加,使其表现出的膨胀潜势增加,但是伊利石的膨胀性较弱,所以增长趋势较慢。

2)蒙脱石对其自由膨胀率的影响

蒙脱石对其自由膨胀率的影响试验方法同伊利石。但是由于土体中所含蒙脱石较少,暂且认为原状土中蒙脱石的含量为零。同时为了更好地比较相同含量的蒙脱石、伊利石对于土体自由膨胀率的影响,故此次试验中对蒙脱石的配合比初始含量为13%。其他试验流程完全与不同含量伊利石对其自由膨胀率的影响的试验流程一致。通过试验得到蒙脱石与自由膨胀率关系图,如图 2-25 所示。

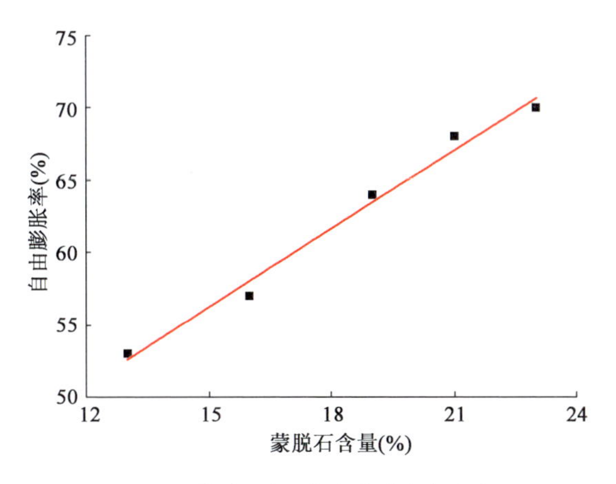

图 2-25 蒙脱石含量与自由膨胀率关系图

从图 2-25 可以看出,随着蒙脱石含量的增加,红黏土的自由膨胀率呈现不断增加的趋势,且蒙脱石含量每增加 3%,则其自由膨胀率增长量较大,可以看出蒙脱石的膨胀潜势较大。由于其膨胀变形是蒙脱石晶格之间的膨胀,所以其膨胀势能较大,最终导致其随蒙脱石含量增加而增长趋势较快。

3)不同矿物对其自由膨胀率对比分析

通过前两节的试验对比绘制伊利石与蒙脱石自由膨胀率对比图,如图 2-26 所示,可以得出,相同的伊利石和蒙脱石含量下,其自由膨胀率蒙脱石的要远大于伊利石的自由膨胀率,而且伊利石和蒙脱石以相同的 3% 的含量梯度增加时,蒙脱石自由膨胀率的增长速率要远高于伊利石的增长速率。

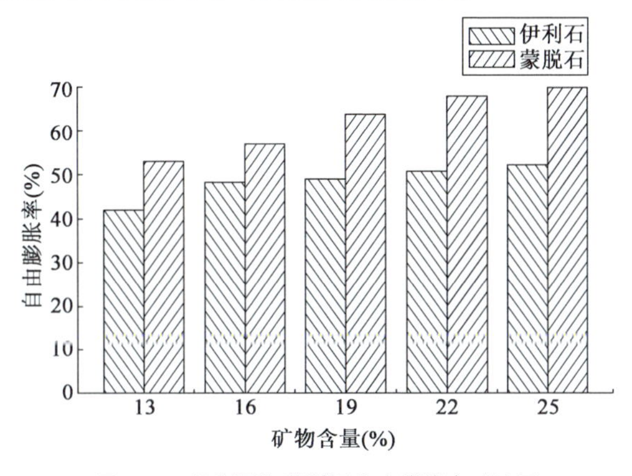

图 2-26 伊利石与蒙脱石自由膨胀率对比图

故可以得出相同含量的蒙脱石的膨胀潜势要比伊利石大得多，而且增长速率也快于伊利石。这与前面分析庆阳地区红黏土的膨胀机理中认为蒙脱石是晶格膨胀，伊利石是黏土颗粒之间水膜厚度的增加膨胀的分析结果是一致的。因此得出膨胀性黏土中，对膨胀起主导作用的矿物是蒙脱石。

2.3.2 黏土矿物含量对其无荷载膨胀率的影响

在本小节中，将进一步阐述研究土体中黏土矿物含量对其无荷载膨胀特性的影响，通过改变土体中不同矿物的含量进行重塑土制样，随后进行无荷载膨胀率试验，将重塑土样扫描电镜观测，得到土体的黏土矿物对其微观结构的影响，以及微观结构与其膨胀性之间的关系。

1）试验流程

通过 X 射线衍射试验，测得原状土样的伊利石含量为 13%，蒙脱石含量极少，只有极少量存在于伊蒙混层矿物之间，可以认为原状土样中蒙脱石含量为零。故在本次试验中，重塑土样的黏土矿物配合比分别为 13%、16%、19%、22%、25%、28%。为分析重塑土样膨胀性与原状土样膨胀特性的区别，本次重塑土样的含水率保持与原状土样的天然含水率一致。不同黏土矿物含量的重塑土制样流程如下：

（1）将野外所采土样碾碎，全部过 2mm 细筛，然后在 105～110℃ 恒温烘箱中烘干，冷却至常温。

（2）由试验设置土的干密度和体积可以计算所需制样样品的质量，计算公式如下：

$$m = m_1 + m_2 = \rho_d V \tag{2-12}$$

式中：m——试样质量（g）；

m_1——试样制备所需干土质量（g）；

m_2——试样制备所需黏土矿物的质量（g）；

ρ_d——试样的目标干密度（g/cm^3），取 $1.50g/cm^3$；

V——土的体积（cm^3）。

（3）根据试验所需制样样品的质量计算需向土中加入黏土矿物的质量，土中加黏土矿物（伊利石）的质量计算公式如下：

$$m_y = mw_1 - m_1 w_0 \tag{2-13}$$

土中加黏土矿物（蒙脱石）的质量计算公式如下：

$$m_m = mw_2 \tag{2-14}$$

上述式中：m_y——试样制备中加伊利石的质量（g）；

w_1——样品目标的伊利石含量(%);

w_0——样品中原有伊利石含量(%);

m_m——试样制备中加蒙脱石的质量(g);

w_2——样品目标的蒙脱石含量(%);

其余符号意义同式(2-12)。

(4)试验中为保证达到原状土的天然含水率,参考重塑土中不同含水率的制样经验,采用含水率为13%的重塑土制样。其余步骤与重塑土的制样方法一样。

2)伊利石对其无荷载膨胀率的影响

将不同伊利石含量的重塑土样按照无荷载膨胀率试验过程进行无荷载膨胀率试验,得到不同伊利石含量下土体的无荷载膨胀率与随膨胀时间的关系图,如图2-27所示。

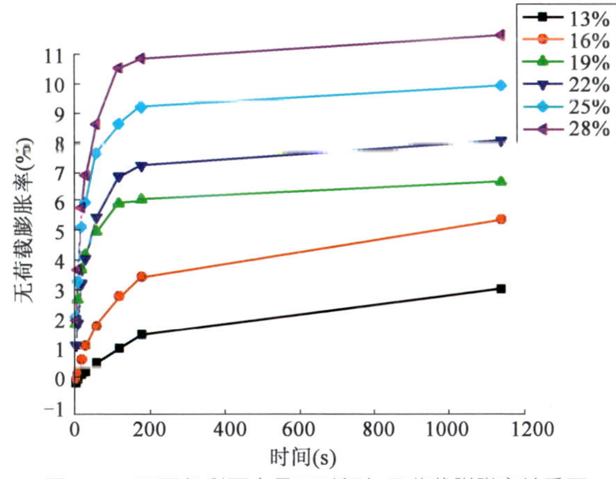

图2-27 不同伊利石含量下时间与无荷载膨胀率关系图

从图2-27可以看出:随着伊利石含量的增加,土样的无荷载膨胀率出现显著的变化。土样的无荷载膨胀率随着土体中伊利石含量增加,无荷载膨胀率的增加速率也会随着伊利石含量增加而增加。土样经过24h的膨胀观测读数之后发现土样的最终膨胀量有一个按梯度增加趋势,这与土样中伊利石含量的梯度变化相一致。在排除其他条件因素的影响下,可见土样的膨胀性与其黏土矿物含量呈现正相关的关系。在膨胀观测进行到200s时,黏土矿物含量较小的土样随后还会发生一定量的膨胀,黏土矿物较多的土样随后发生的膨胀量较小。

3)蒙脱石对其无荷载膨胀率的影响

将不同蒙脱石含量的重塑土样按照无荷载膨胀率试验过程进行无荷载膨胀率试验,得到不同蒙脱石含量下土样的无荷载膨胀率与随膨胀时间的关系图,如图2-28所示。

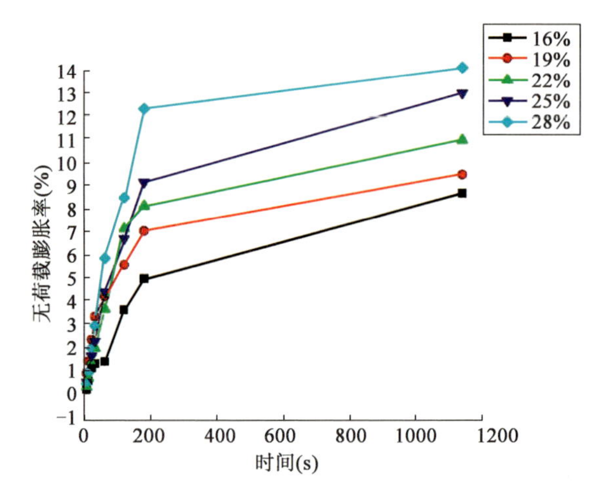

图 2-28　不同蒙脱石含量下时间与无荷载膨胀率关系图

从图 2-28 可以看出:土样的无荷载膨胀率随土样中蒙脱石含量增加而增加,最终膨胀量与蒙脱石含量呈正相关关系。在膨胀观察进行到 200s 后土样中的膨胀势能还比较大,而伊利石膨胀观察进行到 200s 时基本上已经趋于膨胀稳定。在膨胀初始阶段,不同蒙脱石含量的重塑土都表现出较强的膨胀趋势,土样的膨胀速率远大于伊利石的膨胀速率,膨胀速率与蒙脱石矿物含量之间的关联性并没有伊利石明显。所以综上所述,蒙脱石含量与土样膨胀性能存在明显的关系。

4)不同矿物对其无荷载膨胀率对比分析

通过对不同伊利石和蒙脱石含量的重塑土样进行无荷载膨胀率试验,得到土体的无荷载膨胀率随着黏土矿物含量的增加而增加,而且在膨胀速率和最终的膨胀量上都表现出较大的不同。下面通过对比相同伊利石、蒙脱石含量下重塑土样的最终膨胀量,得到伊利石和蒙脱石对土体宏观膨胀性的影响强度,如图 2-29 所示。

从图 2-29 可以看出:随着土体中伊利石和蒙脱石含量的增加,土体的无荷载膨胀率呈现出增加的趋势。相同含量的伊利石和蒙脱石,在膨胀量上表现出较大的不同,蒙脱石的无荷载膨胀率要明显高于伊利石的无荷载膨胀率。由于以上试验是在控制相同含水率的情况下进行的,且土体是通过静压法制样,原状土的结构已经受到完全的扰动,即相同含水率、矿物含量、土体结构的条件下,蒙脱石的膨胀量要远大于伊利石的膨胀量。此试验结论与之前膨胀机理分析部分是一致的,即蒙脱石产生的膨胀是发生在矿物晶格之间和黏土颗粒之间的,而伊利石的膨胀只发生在黏土颗粒之间。因此在所有条件相同的前提下,蒙脱石膨胀量要远大于伊利石膨胀量。

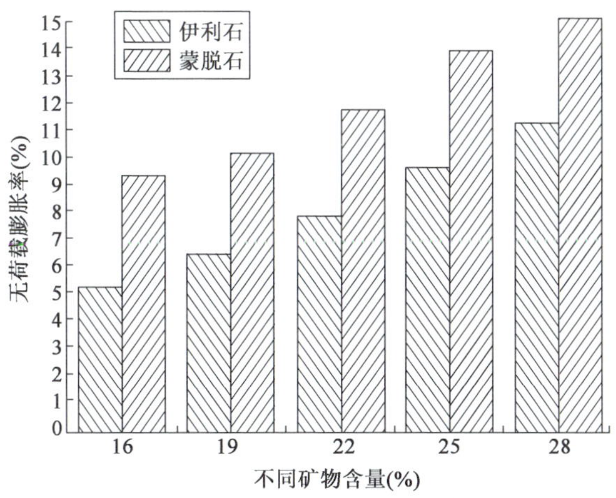

图 2-29　伊利石与蒙脱石无荷载膨胀率对比图

2.3.3 黏土矿物对其微观结构形态的影响

在上一小节中,主要探讨了伊利石和蒙脱石对土体无荷载膨胀率的影响,试验结果表明黏土矿物含量对土体存在较大的影响,而且相同含量的黏土矿物,由于矿物成分不同,土体膨胀性同样表现出较大的差异性。接下来本小节通过对不同矿物含量的土体进行扫描电镜观察,得到不同矿物种类及含量条件影响下,土体微观结构出现的变化特点。

1)伊利石含量对微观结构的影响

将制备完成的不同伊利石含量的重塑土样放入冷冻干燥机中,进行冷冻干燥,随后进行喷金和扫描电镜观察,从微观结构角度分析造成不同伊利石含量的重塑土样所表现出的膨胀性不同的原因。不同伊利石含量的重塑土样微观结构如图 2-30 所示。

a)伊利石含量13%

b)伊利石含量16%

图　2-30

图 2-30 不同伊利石含量的重塑土样微观结构

在伊利石含量为13%的重塑土样[图2-30a)]中,即原状土经过粉碎烘干配水静压之后的样品,可以观察到土体的结构中单元体形态以凝聚体为主,单元体外部有包膜存在,孔隙大多呈单元体内孔隙,很少有片状结构,少量的片状结构形状较小,碎片分布;在伊利石含量为16%的重塑土样[图2-30b)]中,片状结构明显增多,且片状结构的大小有一定程度的增加,结构形态以点面接触为主,孔隙有片片堆积体构成的单元体间孔隙;在伊利石含量为19%的重塑土样[图2-30c)]中,片状结构的厚度和宽度都有增加,形成少量片片叠聚在一起的结构形态,凝聚体单元与片状结构单元以点面接触的形态存在;在伊利石含量为22%的重塑土样[图2-30d)]中,片状结构零散分布于土体表面,碎屑颗粒填补在其中;当伊利石含量增加到25%时[图2-30e)],重塑土样出现大量的叠聚体单元,基本上以面面接触的形式存在,不同位置的叠聚体单元同时又以边面的形式接触,总体定向较差;当伊利石含量达到28%时[图2-30f)],可以观察到片状结构延续性较好,基本结构形态与之前低伊利石含量的结构形态大致相同。

由此可以得出,随着伊利石含量的增加,土体内部的片状结构的数量呈现增加的趋势,并且片状结构的形态,(如片状大小、延展性、连续性)明显增强。通过之前的无荷载膨胀率试验,得到随着伊利石含量的增加,土体的无荷载膨胀率呈现增加的趋势。可见当伊利石含量增加时,片状结构发育,土体膨胀时沿着片状结构增加,片与片之间的距离增加,造成土体在宏观上呈现出膨胀的现象。当土体中的水分较少时,土体内部片与片之间的水量减少,土体出现收缩。

2)蒙脱石含量对微观结构的影响

将制备完成的不同蒙脱石含量的重塑土样放入冷冻干燥机中,随后进行喷金和扫描电镜观察,从微观结构角度分析造成不同蒙脱石含量的重塑土样所表现出的膨胀性不同的原因。不同蒙脱石含量重塑土样微观结构如图2-31所示。

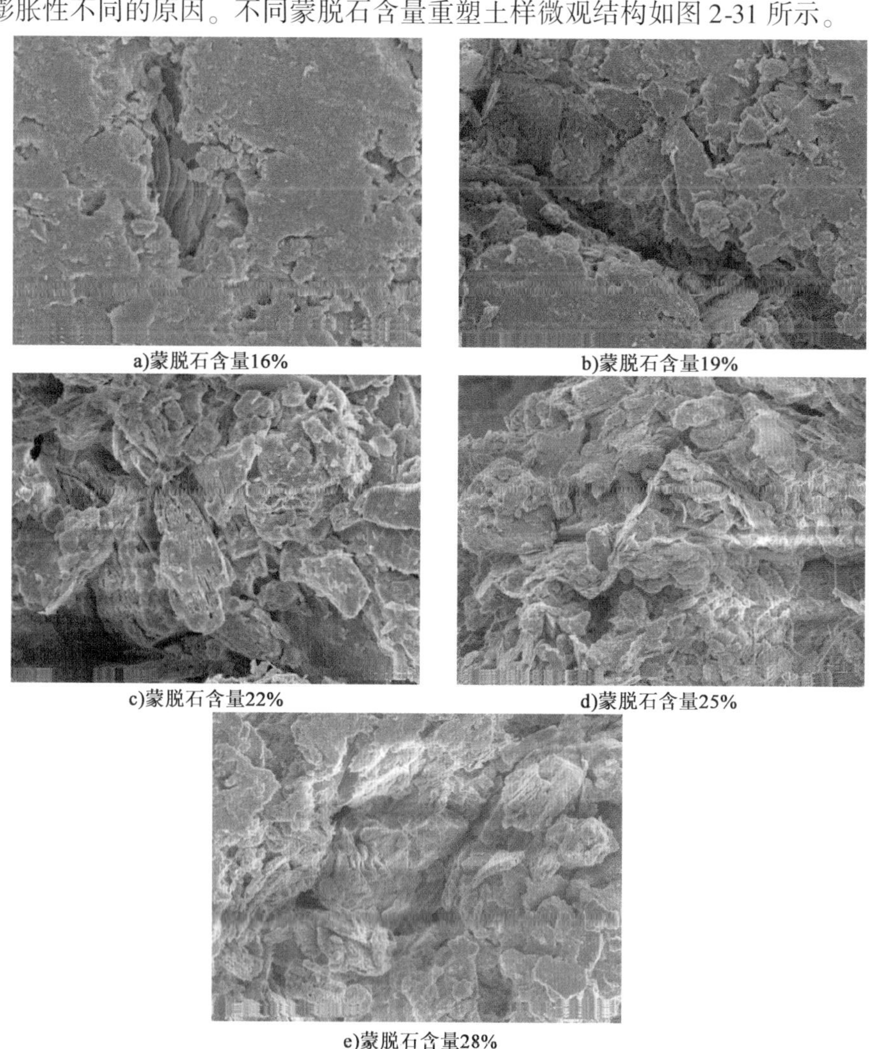

a)蒙脱石含量16%　b)蒙脱石含量19%　c)蒙脱石含量22%　d)蒙脱石含量25%　e)蒙脱石含量28%

图2-31　不同蒙脱石含量的重塑土样微观结构

从图2-31a)中可以看到在土体表面形态较平整,这可能是由于在制样过程中对土体的切割时间间隔较长造成的影响,在空隙中有片与片接触的结构形态,排列具有一定的定向性;当蒙脱石含量达到19%时[图2-31b)],土体表面的裂隙发育,连续性较差,土体内部的孔隙基本上以单元体间的孔隙存在;当蒙脱石含量达到22%时[图2-31c)],土体中出现大量的叠聚体单元,这些单元体独立分布,成型较好,同时也存在一些碎片状的叠聚体;当蒙脱石含量增加到25%时[图2-31d)],土体中的叠聚体数量继续增加,并且有较大的孔隙出现;当蒙脱石含量达到28%时[图2-31e)],孔隙以大孔隙的形式存在,并且裂隙发育。

由此可以得出,土体无荷载膨胀率随着土体内蒙脱石含量的增加而增加,同时土体中叠聚体的数量随着蒙脱石含量的增加而增加,土体中叠聚体的发育程度是土体膨胀主要因素。土体中的叠聚体受到水的作用,水进入叠聚体之间的裂隙中,使叠聚体片片结构之间的距离增大,叠聚体的体积增加,不同叠聚体的体积膨胀累加,造成宏观上土体的膨胀变形。所以土体中叠聚体数量越多,则叠聚体片与片之间的孔隙越多,相互堆积累加量较大,所表现出来的膨胀性越强。

2.4 含水率对红黏土物理力学特性的影响

土体的力学特性与含水率是密切相关的,在施工过程中含水率处于动态变化的过程中。因此,掌握含水率对于对红黏土物理力学特性的影响是非常必要的。

2.4.1 原状土含水率对其工程性质的影响

土体含水率是影响土体工程性质的主要因素,通常情况下土体的强度随含水率的增加而减小,土体的膨胀性随初始含水率的减小而增大。为探究原状红黏土的初始含水率对其强度和膨胀性的影响情况,分别进行不同含水率下红黏土的直剪试验和无荷载膨胀率试验。

1)土体试验

试验的目的是探究原状土初始含水率对其膨胀性的影响,故在不破坏土体结构的前提下控制土体的初始含水率是关键。庆阳地区的红黏土属三趾马红土,具有较差的渗透性,在地层结构中是良好的隔水层。在试验过程中发现,通过对土体表面进行补水来达到预期的初始含水率是十分困难的,往往土体表面含水率已经达到饱和状态,而内部含水率还保持在天然状态下。

为了更好地划分不同初始含水率的梯度值,在增加红黏土含水率的同时减小土体内部的含水率,并尽可能不改变土体结构形态。本试验将土样埋入一定深度的石英砂中来固定土样,并通过石英砂介质来控制土体内部的含水率。

(1)无荷载膨胀率试验

①按工程需要取原状土样,整平其两端。在环刀内壁涂一薄层凡士林,刀刃口向下,放在土样上。用修土刀将土样修成略大于环刀直径的土柱,将环刀垂直下压,边压边修,直至土样进入环刀内的厚度超过1cm时为止。

②齐环刀刃口将土样修平,用顶土块从刃口端顶入,齐环刀钝口将顶出的余土修去,制成厚度宜为20mm的试样,取出顶土块,擦净环刀外壁,称环、土总质量,精确至0.01g。

③为达到更好的试验目的,更加清晰地区分不同初始含水率的试验结果,本试验设置5%的含水率梯度,从3%的初始含水率为基础,分别制备初始含水率为3%、8%、13%、18%的试样。

试样制备过程如下:

称取一定质量的石英砂,放入100℃的烘箱中烘10h,直至石英砂完全干燥。将用环刀切好的标准环刀样用滤纸包裹严实,埋入完全干燥的石英砂中,使石英砂和土体进行水分交换,每隔一段时间对石英砂中的土样进行称量,直到土体达到预期含水率(3%、8%)为止,拿出土样,用保鲜膜包裹备用。

称量一定质量完全烘干的石英砂,放入玻璃容器中。根据含水率公式,将干燥的石英砂配制目标含水率(18%),用保鲜膜覆盖,浸润24h。考虑到配制过程中和浸润过程中水分的挥发,本次配制目标含水率为20%。同样,将用环刀切好的标准环刀样用滤纸包裹严实,埋入配置好的石英砂中,使石英砂和土体进行水分交换,每隔一段时间对石英砂中的土样进行称量,直到土体达到预期含水率(18%)为止,拿出土样,用保鲜膜包裹备用,如图2-32所示。

④将制备完成的试样按照第2.3.2节中无荷载膨胀率试验步骤进行。

(2)直剪试验

①试样准备与制备过程同无荷载膨胀率试验。

②直剪试验不同于无荷载膨胀率试验,为了更精确地得出含水率与其强度的关系,直剪试验减小含水率梯度,尽可能保证土体中含水率的增加,增加含水率的方法同无荷载膨胀率试样的制备方法相同。故本试验设置2%的含水率梯度,以11%的初始含水率为基础,分别制备初始含水率为11%、13%、15%、17%、19%的

试样。试样制备完成后，进行含水率测试，得到其最终的含水率分别为 11.2%、14.7%、16.4%、18.7%、20.8%。

a)

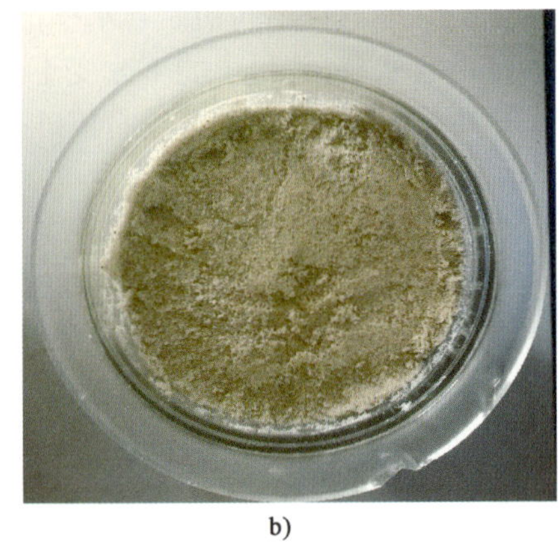
b)

图 2-32　石英砂配制试验土样

③将制备完成的试样按直剪试验步骤进行。

2）原状土初始含水率对其膨胀性的影响

按照以上试验步骤进行试验，得到土体无荷载膨胀率同膨胀时间的关系图，如图 2-33 所示。

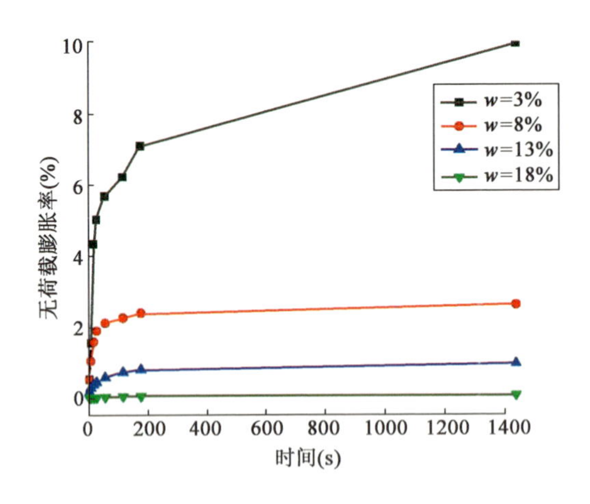

图 2-33　红黏土时间与无荷载膨胀率关系图

从图 2-33 中可以看出：当红黏土的初始含水率较低时，土体经历缓慢膨胀、急速膨胀、膨胀稳定三个阶段；当含水率较高时，土体基本上无膨胀趋势。含水率较低的土体膨胀时间比含水率较高的土体膨胀时间更久，膨胀量也更大。

为了更直观地看出土体初始含水率与其最终无荷载膨胀率的关系，对最终无荷载膨胀率和初始含水率进行曲线拟合，得到红黏土初始含水率与最终无荷载膨胀率的关系图，如图2-34所示。

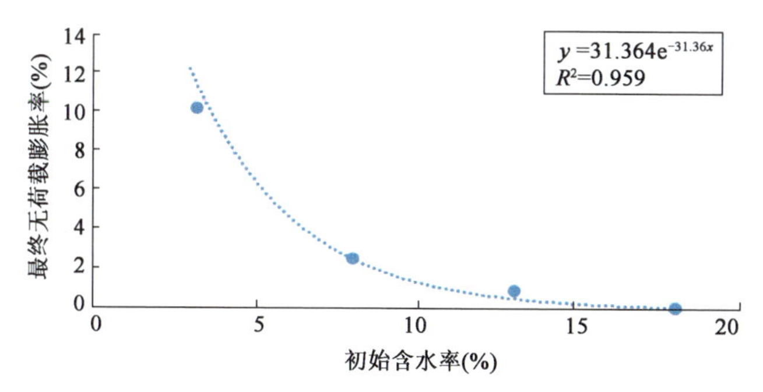

图2-34　红黏土初始含水率与最终无荷载膨胀率关系图

从图2-34中可以看出，红黏土初始含水率与最终无荷载膨胀率之间存在指数关系。初始含水率越低，无荷载膨胀率越高，随着初始含水率的降低，无荷载膨胀率的最终值呈现指数增加，由此可见初始含水率的大小可以直接影响其无荷载膨胀率的大小。所以在膨胀土体中含水率较低的情况下一定要注意土体遇水之后膨胀性的变化情况，通过加强防排水措施，防止含水率较低的膨胀土遇水造成隧道衬砌变形以及底鼓等现象发生。

3）原状土初始含水率对其抗剪强度的影响

按照上述试验结果，得到红黏土抗剪强度与垂直压力直剪的关系图，如图2-35所示。

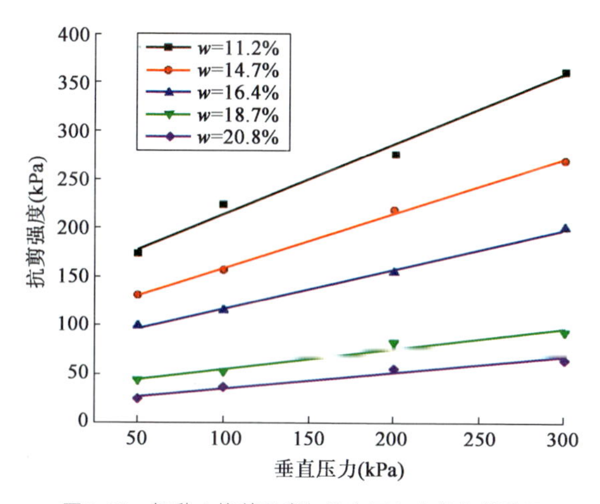

图2-35　红黏土抗剪强度与垂直压力直剪的关系图

由图2-35可以看出:随着红黏土中含水率的增加,红黏土抗剪强度曲线的起始位置降低,斜率降低,即红黏土的黏聚力和内摩擦角均减小;含水率达到16%左右,红黏土的黏聚力和内摩擦角出现突变。不同含水率下黏聚力、内摩擦角的变化关系如图2-36所示。

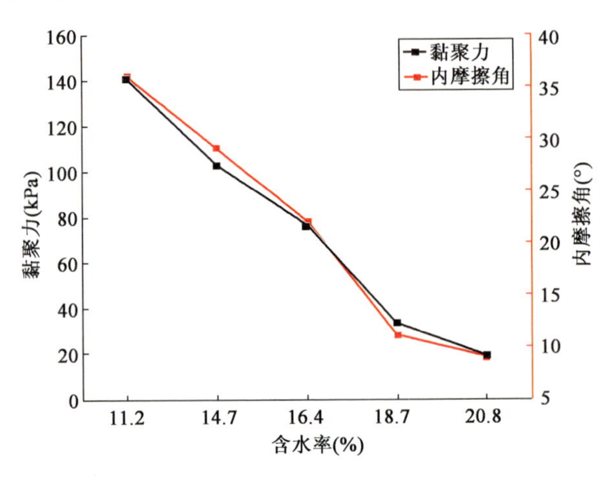

图2-36 不同含水率下黏聚力、内摩擦角的变化关系图

从图2-36中可以看出黏聚力和内摩擦角均出现了显著下降,说明黏聚力和内摩擦角对其强度的影响是显著的。根据黏聚力和内摩擦角变化曲线的斜率可以明显地看出,在含水率从16.4%~18.7%的过程中黏聚力和内摩擦角出现突变。根据前期的土工试验,得到庆阳地区红黏土的塑限为17%左右,所以当土体的含水率接近塑限的时候会出现强度的骤降。

4)微观结构变化定性分析

通过前期对于红黏土原状土不同含水率条件下直剪、无荷载膨胀率试验可以看出:红黏土的强度随初始含水率的降低而降低,内摩擦角和黏聚力的大小与含水率的大小呈正相关,当土体含水率接近其塑限的时候,其内摩擦角和黏聚力出现突变;土体无荷载膨胀率的大小随初始含水率的降低而增高,最终的膨胀率与初始含水率呈现指数关系。所以研究红黏土的微观结构形态随其宏观力学性质的变化关系就显得十分重要。

对于原状土不同含水率的直剪试验,微观结构照片选取特征比较明显的三组进行分析,如图2-37所示。

从图2-37a)中可以看出:红黏土由粒状颗粒体堆积形成主体支撑骨架,凝聚体形成土体基本结构单元。粒状矿物主要以方解石为主,图中可见方解石晶体在土体空隙中堆积,这是因为土体中碳酸盐矿物在沉积后发生了风化淋失,顺着土体中的孔隙进行迁移,最后在孔道内发生再沉积结晶作用;红黏土中的凝聚体由微晶碳酸钙把大量的微碎屑和黏粒胶结而成,这种凝聚体增加土体微结构的稳定性,相对于片聚体来说膨胀和收缩过程都是沿着“片—片”进行,而凝聚体则达不到这种效果,主要由于水分进入凝聚体内部比较困难,而且凝聚作用呈现一定的强度和空间稳定性,使得该地区的红黏土表现为较弱的膨胀性。

a)含水率11.2%,放大1000倍

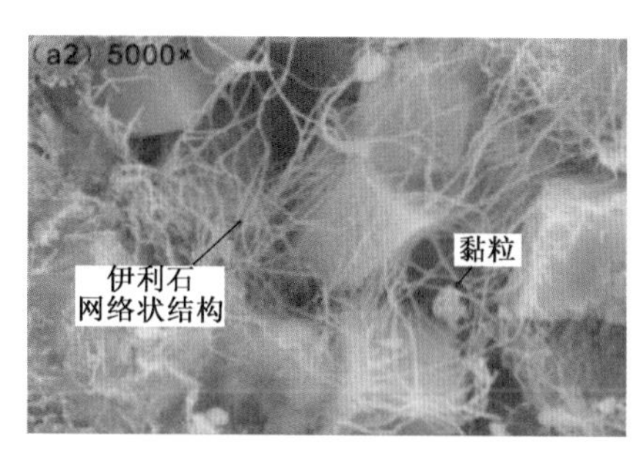

b)含水率11.2%,放大5000倍

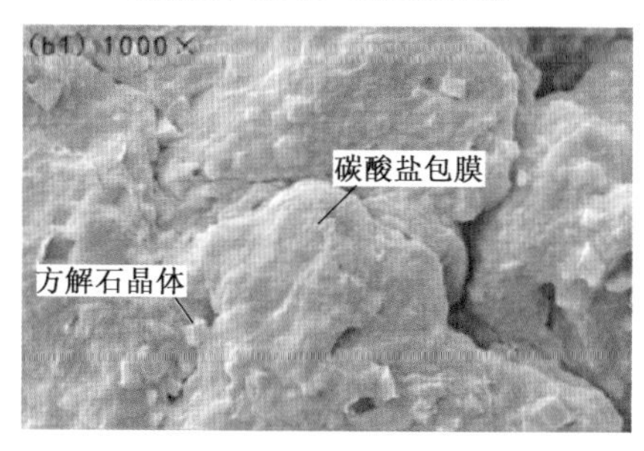

c)含水率16.4%,放大1000倍

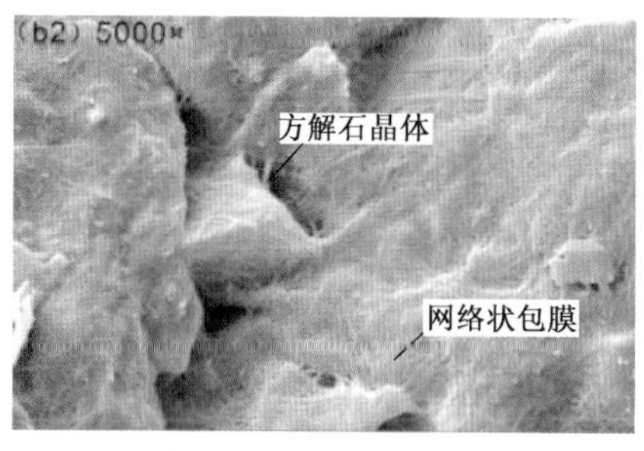

d)含水率16.4%,放大5000倍

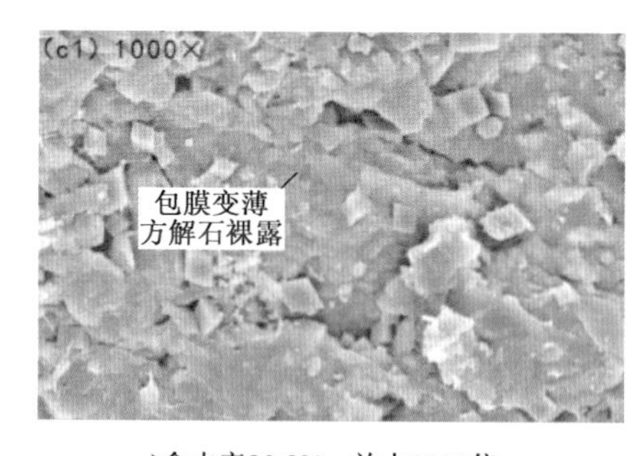

e)含水率20.8%,放大1000倍

f)含水率20.8%,放大5000倍

图2-37 不同含水率微观结构变化

从图2-37b)可以看出:本地区伊利石矿物集合体主要以网络状搭接与颗粒相间,这种网络会对细小的黏土颗粒形成包裹,使其固定在孔隙中,对土体中孔隙的贯通性形成一定的阻碍作用。同时这些产状的伊利石将土体中的大孔道分割成小孔道，形成大量微孔，这些微孔内吸附大量水分子形成水膜，使土体中有效孔隙半径和孔喉尺寸缩小，引起通道堵塞，形成水锁，大大降低土体渗透率，使黏土矿物不能很好地和水分子接触，在一定程度上降低土体膨胀性。伊利石的丝缕状结构可能在水的作用下发生解体，经过浸泡之后在图 2-37c）中已经观察不到这种结构。

由矿物化学分析得知土体中含有大量的碳酸盐类矿物，碳酸盐类矿物在土中的形态有离子态、大分子聚合的溶胶态、无定形凝胶态和微晶态的碳酸盐以及品质方解石，它们的溶解度随着分子排列有序度地增加而逐渐不容易溶解。当土体含水率增高，使可溶性碳酸盐矿物发生溶解，经过冷冻干燥，土体中的水分快速挥发，溶盐很快结晶析出，像网络一样包裹在土颗粒的外面，如图 2-37d）所示。随着含水率的增加，土体中可溶性碳酸盐矿物减少，网络包膜形态变得模糊，包膜厚度减小[图 2-37f）]，使土体中的品质方解石更加明显的裸露出来，如图 2-37e）所示。

从图 2-37 中可以看出：随着土体中含水率的增加，红黏土基本单元之间以钙质盐晶胶结的胶结物逐渐溶解，包膜厚度减小，胶结强度降低，所以在含水率较高的土体中钙质盐晶溶解较多，对土体胶结作用降低，从而使土体的黏聚力和内摩擦角减小，强度降低。

5）微观结构变化定量分析

现阶段关于不同含水率下微观结构变化主要从孔隙结构变化来进行定量的统计。利用 IPP 软件从土体的 SEM 图像中提取出孔隙面积、孔隙数目、孔隙率、孔隙直径、孔隙分形维数、圆度。

红黏土的膨胀特征受矿物成分和结构特征的控制，其中不同含水率的红黏土之间矿物成分大致相同，因此不同含水率红黏土膨胀特性的变化是因结构特征的变化而改变的。在构成结构特征的三要素中，最易受到含水率变化而变化的是孔隙排列。因此本小节利用 IPP 软件分析不同含水率下红黏土的孔隙排列变化情况。在孔隙的众多量化指标中，孔隙数量和孔径是对水分迁移影响最大的两个因素，因此提取孔隙的数量以及同孔径孔隙的面积频率进行分析，最后得到红黏土的孔隙数量及孔隙面积统计图，如图 2-38、图 2-39 所示。

通过定量化分析可知，初始含水率越小，其小孔隙分布越多，基本无大孔隙存在。随着初始含水率的增加，大孔隙逐渐增加，小孔隙数目减少。结合不同初始含水率下无荷载膨胀率的变化规律可见，土体的膨胀性预期与初始含水率有着密切的关系。从微观结构分析可知，当含水率较低时，小孔隙数目较多，会使水进入土体后与黏土矿物结合更加充分，造成土体无荷载膨胀率更高；当含水率较高时，土体中大孔隙数量较多，水顺着大孔隙进入土体，不能完全和黏土矿物结合，故土体无荷载膨胀率较低。

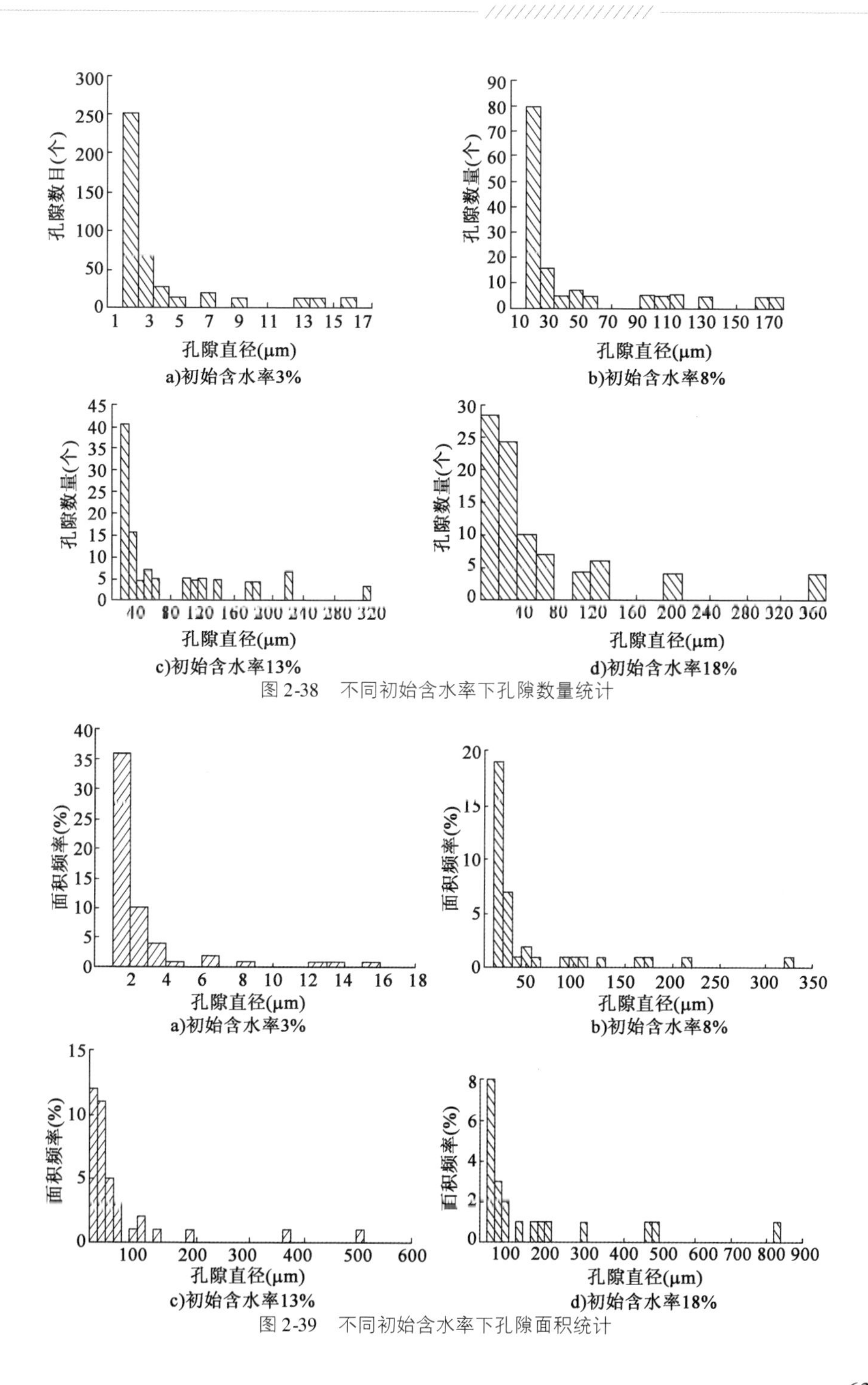

图 2-38　不同初始含水率下孔隙数量统计

图 2-39　不同初始含水率下孔隙面积统计

土体的膨胀体积有一定的范围，当含水率较高时，土体已经发生了一定程度的膨胀，所以后续膨胀潜势较低；当含水率较低时土体收缩到一定程度，具有较大的膨胀潜势。所以本区域红黏土的膨胀性大小不但要考虑到所含矿物成分及含量，含水率也是一项重要的指标。当含水率较高时，要考虑其后期土体收缩给工程带来的影响；当含水率较低时，要考虑后期土体膨胀给工程带来的影响。

2.4.2 重塑土含水率对其工程性质的影响

1）试验流程

本小节着重针对重塑土不同含水率下进行直剪试验，分析重塑土的含水率与其强度之间的关系。不同含水率的重塑土制样流程如下：

（1）将野外所采土样碾碎，全部过 2mm 细筛，然后在 105～110℃ 恒温烘箱中烘干并冷却至常温。

（2）由试验设置土的干密度和体积可以计算所需烘干土的质量，所需烘干土的质量计算公式为：

$$m_0 = (1 + 0.01\rho_0)\rho_d V \tag{2-15}$$

式中：m_0——试样制备所需干土质量（g）；

ρ_d——样品的目标干密度（g/cm^3），取 1.50g/cm^3；

ρ_0——土的初始干密度（g/cm^3），干土的 $\rho_0 = 0$；

V——土的体积（cm^3）。

（3）根据试验所需样品的质量和含水率来计算需向土中加入水量，土中加水量计算公式为：

$$m_w = \frac{m_0}{1 + 0.01w_0} \times 0.01(w_1 - w_0) \tag{2-16}$$

式中：m_w——试样制备的加水量（cm^3）；

w_1——样品的目标含水率（%）；

w_0——样品的初始含水率（%）。

（4）称取适量的干土试样 m_0，考虑到制样过程中水分的挥发，以及静压过程中水分的溢出，暂按照目标含水率（3%、8%、13%、18%、23%、28%、33%、38%）配土。计算加入水量 m_w，将干土铺满和土盘，用喷雾水壶将纯净的蒸馏水向土表面均匀喷洒，并时刻注意加水量，用抹子和铲子等工具充分均匀搅拌，再将搅拌好的土样置于保鲜袋内密封充分润泽 24h，如图 2-40 所示。

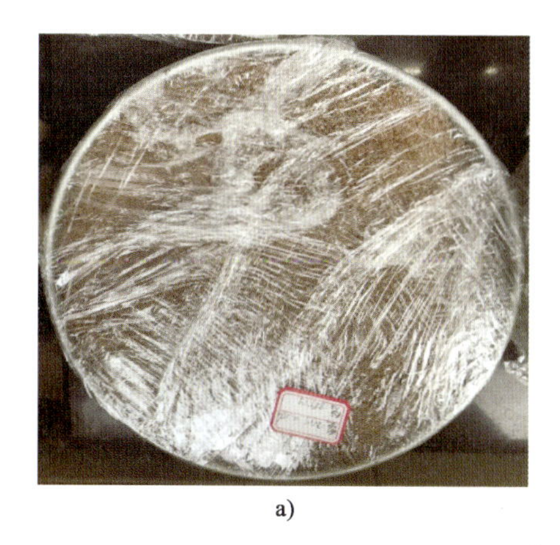
a)

b)

图 2-40　重塑土制样过程

(5)固结仪制样。本试验采用固结仪静压制样法制样。在含水率较低情况下,土体黏聚力较小,为保证土样压缩的密实度宜采用较大的固结压力;当含水率增加较高时使用较高的固结压力会使配土中的水溢出,此时宜采用较小的固结压力。因此在整个固结制样过程中要根据含水率的大小,实时调整固结压力的大小。试验前要注意调整好固结仪力臂杠杆的平衡性,当固结仪上百分表读数保持不变时则固结制样结束,如图 2-41 所示。

图 2-41　重塑土固结制样

为保证固结后的试样体积满足一个标准环刀的体积($60cm^3$),在将环刀装满土样的同时向环刀上方的导环中也装上土样,以此来保证即使在体积压缩后,仍足够一环刀的体积。制样时环刀内侧应均匀涂抹少量凡士林,以利于后期将土样取出环刀,固结后将超出环刀的土用削土刀沿环刀壁削平,即为一标准环刀样。随后即可做直剪、膨胀率和扫描电镜等试验。

2)重塑土含水率对其强度的影响

重塑土的含水率不易控制,试验遵循含水率依次增加的趋势配置不同含水率的重塑土,试验结束后立马进行烘干测量其含水率的大小。重塑土的含水率分别是 16.42%、18.56%、21.31%、23.45%、25.63%。重塑土不同含水率直剪试验结果如图 2-42 所示。

重塑土的黏聚力和内摩擦角随着含水率的变化情况如图 2-43 所示。

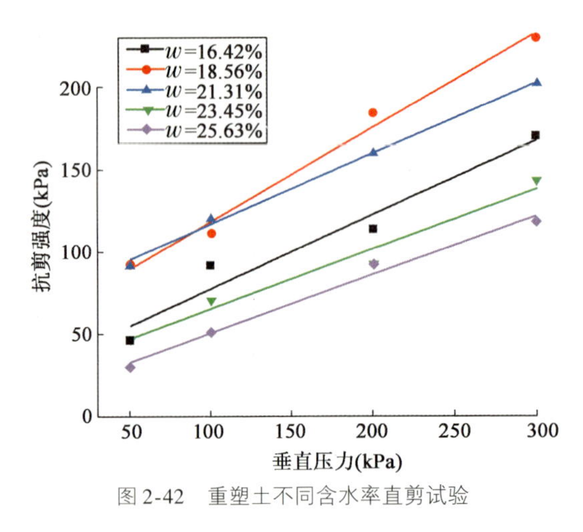

图 2-42　重塑土不同含水率直剪试验

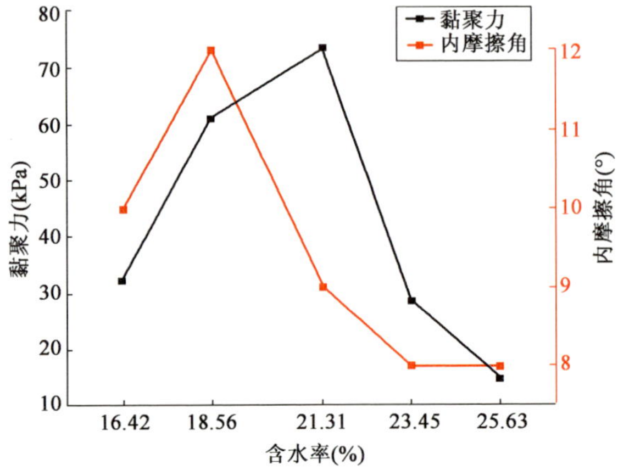

图 2-43　重塑土黏聚力、内摩擦角随含水率变化图

重塑土的黏聚力和内摩擦角都经历了先增后减的过程，不同的是重塑土的黏聚力和内摩擦角峰值所对应的含水率值不同。土体黏聚力的峰值对应的含水率为 21.31%，内摩擦角对应峰值的含水率为 18.56%，在峰值之后黏聚力和内摩擦角都出现了骤降。当含水率达到 23.45% 时内摩擦角基本保持不变，而黏聚力依然继续下降。

3）重塑土含水率对其膨胀性的影响

图 2-44 所示为重塑土时间与无荷载膨胀率随含水率变化的趋势。

从图 2-44 中可以看出重塑土的无荷载膨胀率随着含水率的增加而减小。当土体初始含水率较高时膨胀量较小，在膨胀时间达到 200s 左右土体基本上已经不再发生变化；初始含水率较低时膨胀量较大，而且膨胀速率也更快，在膨胀观测记录到 24h 时仍有少量的膨胀，可见当土体初始含水率越低时土体的膨胀潜势也越大,所以土体中的含水率是影响土体膨胀潜势的主要因素,若单独将土体中的蒙脱石含量或者阳离子交换量作为膨胀土的判定标准是不太准确的。

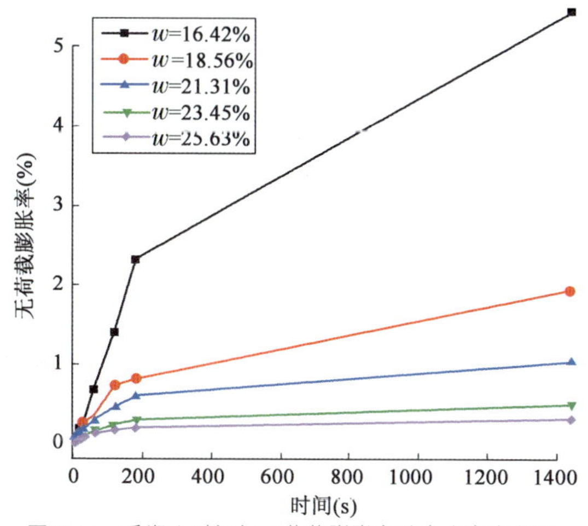

图 2-44　重塑土时间与无荷载膨胀率随含水率变化图

为了更直观地得到土体初始含水率与其最终无荷载膨胀率的关系,对最终无荷载膨胀率和初始含水率进行曲线拟合,得到红黏土重塑土初始含水率与最终无荷载膨胀率的关系图,如图 2-45 所示。

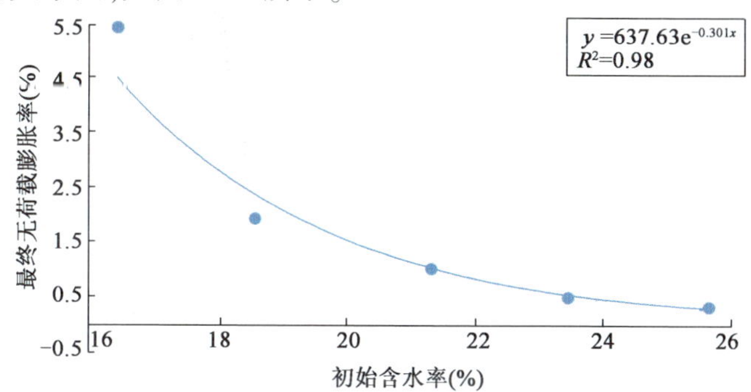

图 2-45　红黏土重塑土初始含水率与最终无荷载膨胀率关系图

从图 2-45 中可以看出重塑土初始含水率与无荷载膨胀率之间的关系与原状土一样,初始含水率与无荷载膨胀率之间存在指数关系。重塑土和原状土之间唯一不同的是土体结构的不同,重塑土与原状土表现为相同的性质,可见这种性质与土体结构是无关的。导致这种现象的主要原因是当土体中含水率较高时,土体内部的黏土矿物已经发生了一定的膨胀,所以当含水率增加时土体剩余的膨胀量也是较小的;当土体中含水率减少时,土体剩余的膨胀量较大,所以其最终的膨胀率也就较高。

4)微观结构特征分析

图2-46所示为不同初始含水率重塑土的微观结构特征。

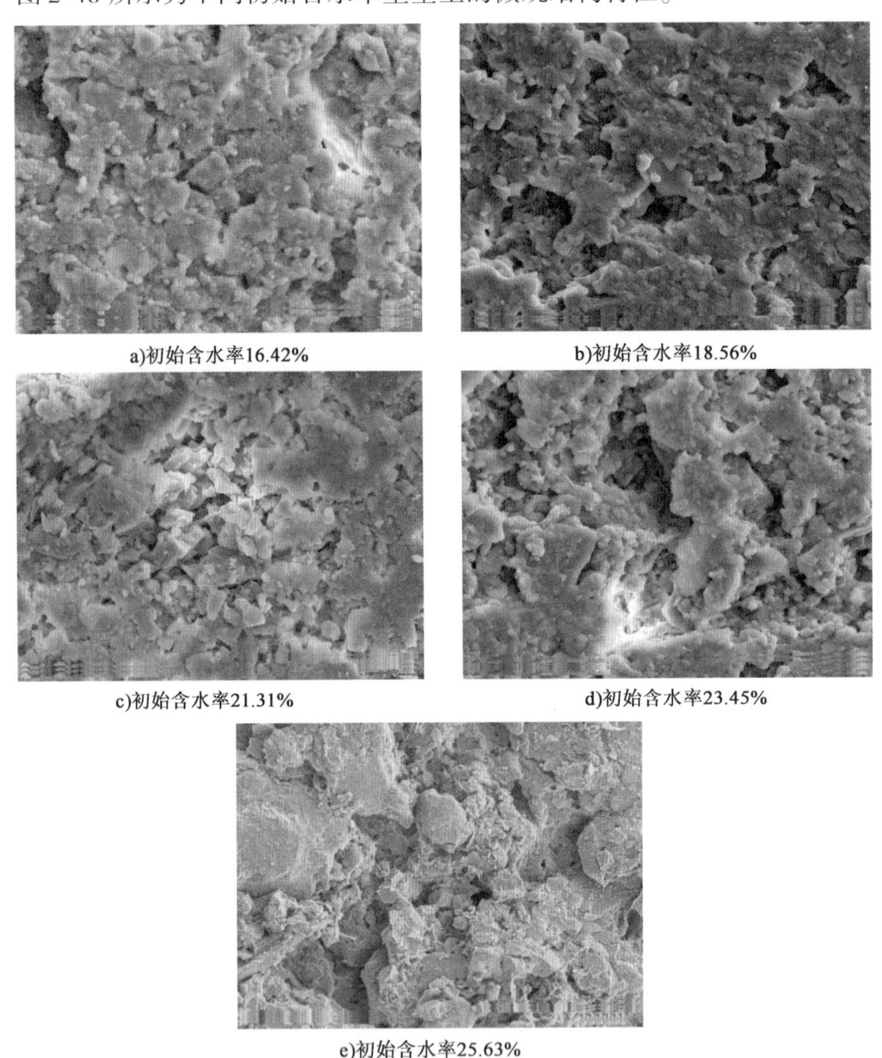

a)初始含水率16.42%

b)初始含水率18.56%

c)初始含水率21.31%

d)初始含水率23.45%

e)初始含水率25.63%

图2-46　不同初始含水率下重塑土微观结构

当初始含水率为16.42%时[图2-46a)],土体表面的孔隙大多是以小孔隙为主,在凝聚体表面有大量的碎屑颗粒存在,孔隙大多以单元体内孔隙存在,凝聚体表面积较大,连续性较好。随着含水率的增加,当重塑土初始含水率达到18.56%时[图2-46b)],可见单元体内孔隙数量减小,且小孔隙数量不及含水率为16.42%的土体,单元表面上的碎屑颗粒数量减小。当初始含水率为21.31%时[图2-46c)],土体表面的单元体间孔隙继续减小,形成架孔隙,在架空隙内部可以看到少量碳酸盐矿物的形态。当初始含水率达到23.45%时[图2-46d)],在含水率增加的过程中架空隙不断扩展,当相邻的两个架空隙彼此相互连接时形成微小裂隙,故此时土体内部裂隙发育,被裂隙分割的单元体表面有鳞片状结构形态的黏土矿物,有一定的定向性。当初始含水率达到25.63%时[图2-46e)],大孔隙表现得更明显,裂隙宽度变大,单元体被裂隙切割成较小的单元体。

通过以上分析可知,随着土体中初始含水率的增加,土体表面的孔隙以及裂隙呈现明显的增加趋势,并且单元体内孔隙、单元体间孔隙以及裂隙等都表现出一定的关联性。当初始含水率较低时,孔隙大多以单元体内孔隙的形式出现,随着含水率增加,单元体内孔隙不断增大,当单元体内孔隙扩展到一定程度时彼此连通,形成单元体间孔隙,单元体间孔隙继续扩展彼此连接,形成微小裂隙,微小裂隙继续发展,形成较大的裂隙。

重塑土的膨胀量随着初始含水率的增加而减小。从微观结构分析得知,当初始含水率较小时,土体孔隙的比表面积较大,水进入土体内部更加充分,与黏土矿物接触也更加充分,表现出的膨胀率更大;当含水率较大时,土体中裂隙较发育,水大多存在于土体的裂隙之中,而且水与黏土矿物结合的量是一定的,即黏土矿物晶格之间能够存在的水分子的数量是一定的,当初始含水率较高时,黏土矿物晶格中已经有一部分的水分子存在,即土体已经发生的一定量的膨胀,故其剩余的膨胀量较小。所以随着重塑土中初始含水率的增加,土体的膨胀量减小,且初始含水率与其最终膨胀量呈现良好的指数函数关系。

本章小结

本章基于室内物理力学性能试验、X射线衍射分析及扫描电镜试验对红黏土地层的工程特性进行了研究,并测定了红黏土基本物理力学参数,明确了红黏土的矿物组成成分、化学组成成分及微观结构。在此基础上从原状土与重塑土两方面,分别研究了矿物成分及含水率对于红黏土物理特性的影响,明确了围岩的工程特性,对于施工具有重要的指导意义,也为优化围岩支护体系结构、施工工法等提供了重要的参考依据。

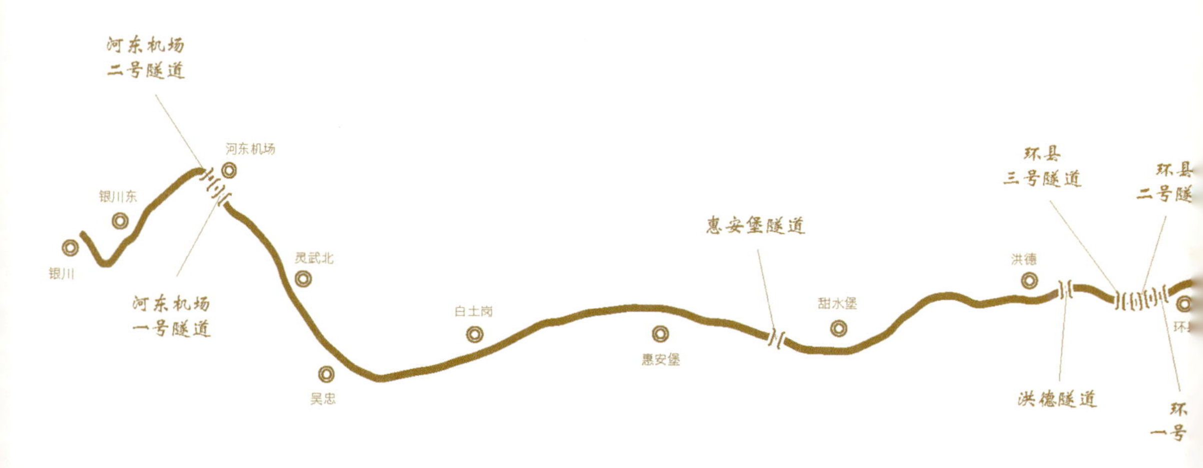

河东机场
二号隧道
河东机场
银川东
银川
灵武北
河东机场
一号隧道
吴忠
白土岗
惠安堡
惠安堡隧道
甜水堡
洪德
环县
三号隧道
洪德隧道

第3章

红黏土隧道围岩—支护结构受力特性及变形规律

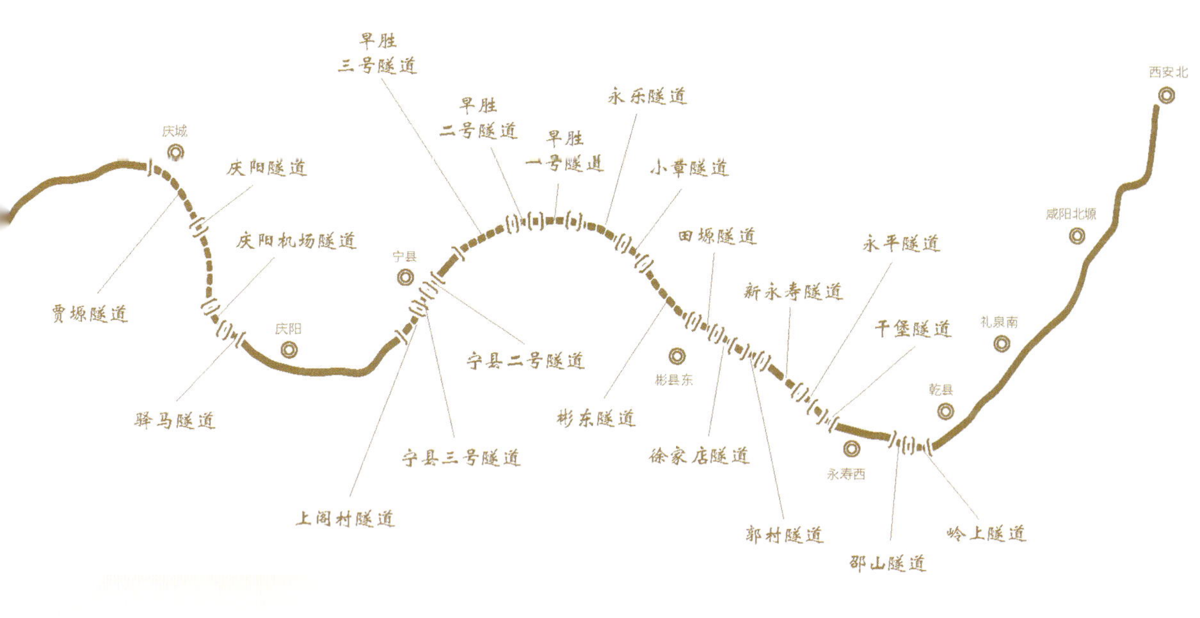

围岩—支护结构监测技术

3.1.1 围岩—支护结构受力监测方法

1）围岩及初期支护与二次衬砌间的接触压力

（1）监测目的

了解初期支护与二次衬砌之间的接触压力的量值及分布状态；判断围岩和支护的稳定性；分析二次衬砌的稳定性和安全度。

（2）监测方法

先用水泥砂浆将固定点找平，然后将压力盒用水泥钉和铁丝固定在喷射混凝土表面，不要使喷射混凝土与压力盒之间有间隙，保证喷射混凝土与压力盒受压面贴紧。

2）衬砌钢筋应力

（1）监测目的

了解衬砌内钢筋的应力状态；检验衬砌设计的合理性，并与其他形式测试结果相互验证，积累资料。

（2）监测方法

钢筋应力计的直径应与衬砌结构采用的钢筋直径一致。钢筋应力计两端配有拉杆，采用"姊妹杆法"将结构主筋与应力计的拉杆焊接。在焊接前应对钢筋应力计的初始频率进行测试，测试结果和标定表的零点频率相同时，才可进行焊接。在焊接时必须对钢筋应力计进行水冷却，以免由于焊接时的高温扩散到钢筋应力计上，损坏钢筋应力计内部的电气元件。当钢筋应力计拉杆与钢筋焊接完成后，用二次仪表测试钢筋应力计初始频率是否准确，如准确便可将其安装到工程部位。二次衬砌内的钢筋应力计埋设如图3-1所示。

3）围岩压力

（1）监测目的

了解围岩压力的量值及分布状态；判断围岩和支护的稳定性。

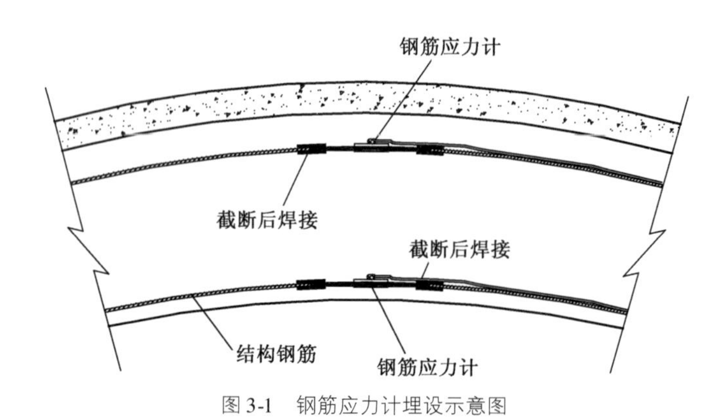

图 3-1　钢筋应力计埋设示意图

(2)监测方法

当明洞衬砌钢筋绑扎完毕,将压力盒的电缆引线沿着主筋引下,并将其线集中到距离水沟电缆槽盖板 1m 处,在该处将预留一个 10cm × 10cm × 6cm 的铁皮箱,将预留线和接头放在其中,以便日后集中测量及长期管理。

当明洞模板铺设完毕后,将压力盒与引线提前伸出模板,以免将其浇筑在衬砌中。当明洞衬砌结构浇筑完毕拆除模板后,用胶带将压力盒固定于测点处。

4)混凝土应变

(1)监测目的

了解衬砌混凝土的应变状态;检验衬砌设计的合理性,与其他形式测试结果相互验证,积累资料。

(2)监测方法

通过预先将仪器绑扎在钢筋上埋入混凝土中进行监测。

5)钢架应力应变

(1)监测目的

了解钢架的受力状态;根据钢架的受力状态,为判断隧道空间的稳定性提供可靠地信息;了解钢架的工作状态,评价钢架的支护效果。

(2)监测方法

采用表面应变计测量。表面应变计应在钢架内外侧翼缘上对称安置;安装应变计时,先将底座与钢架焊接,焊接时应注意采用点焊;焊好底座后,安装传感器时,先拧上螺钉,但不要拧紧,然后在底座与上部连接部位处滴几滴瞬干胶,接着用手按住传感器两端(切勿按中间部位)使其黏结,最后拧紧螺钉。

3.1.2 围岩—支护结构体系受力测点布置情况

为了明确隧道围岩压力及支护结构受力的空间分布规律,结合现场实际情况,在相同里程不同位置布置10个测点(图3-2),主要监测内容见表3-1。

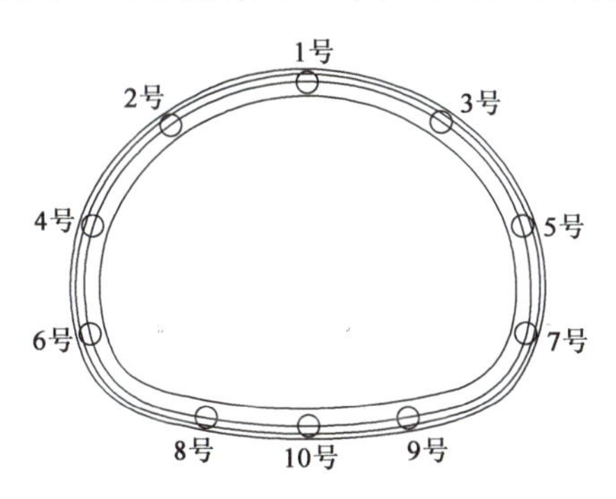

图3-2 围岩—支护结构体系受力测点布置

监测内容 表3-1

序号	监测仪器	监测内容
1	土压力盒	围岩及初期支护与二次衬砌间压力
2	钢筋应力计	相邻拱架间压力
3	混凝土应变计	混凝土变形
4	表面应变计	钢拱架变形

3.2 围岩—支护结构受力监测与分析

3.2.1 围岩压力

1)围岩压力随时间发展规律

图3-3、图3-4分别为DK256+457.1(1号)和DK267+731(2号)两个测试断

面作用于初期支护结构上的围岩压力曲线，其中 2 号测试断面的 2 号、7 号测点测值异常，考虑损坏。

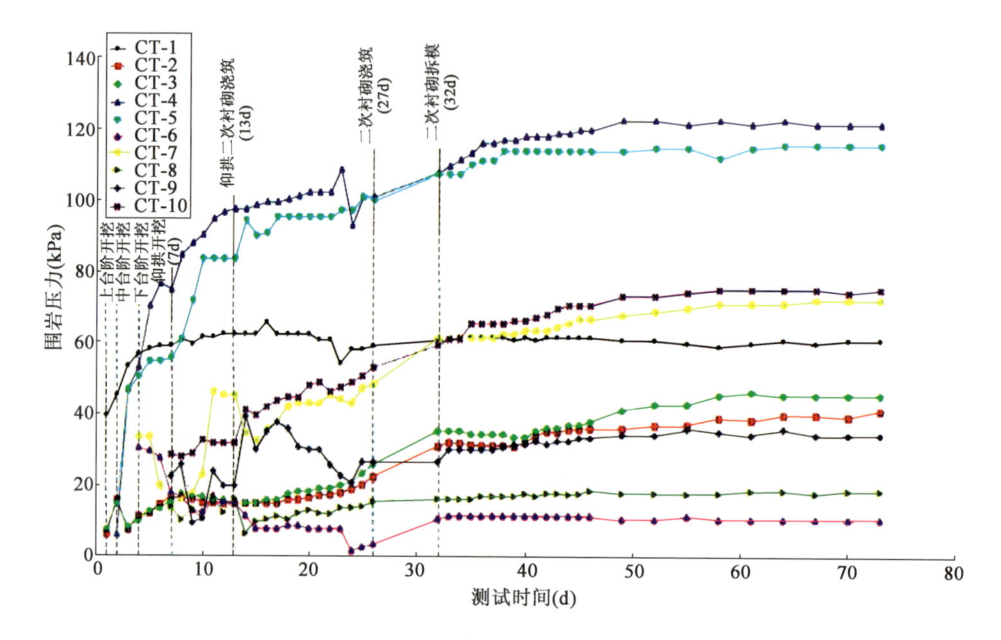

图 3-3　1 号测试断面围岩压力变化曲线

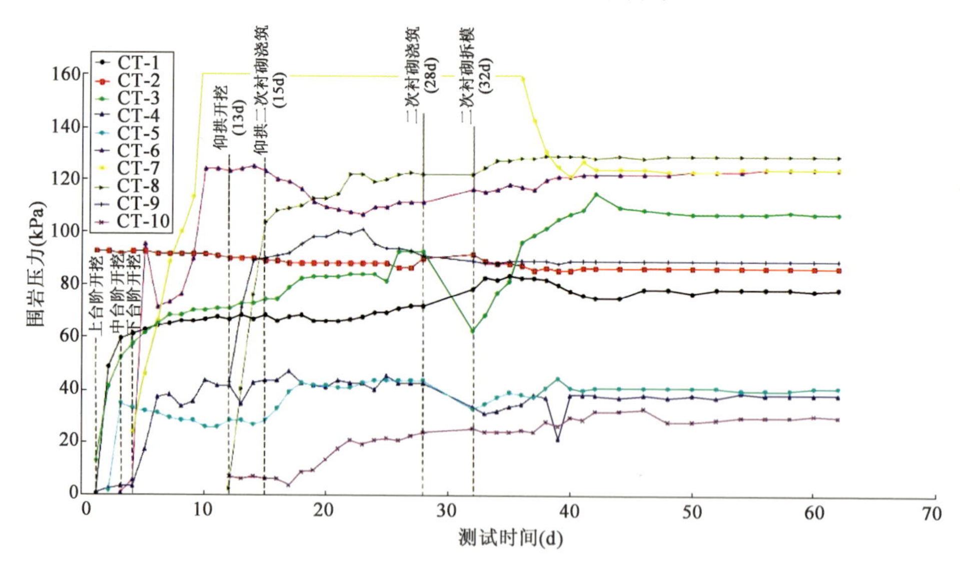

图 3-4　2 号测试断面围岩压力变化曲线

从图 3-3、图 3-4 中可以看出：

(1)围岩压力随时间的增长呈现出快速增长→剧烈波动→缓慢增长的规律，快速增长与剧烈波动的临界时刻在下台阶开挖—仰拱开挖时，剧烈波动与缓慢增长的临界位置在仰拱二次衬砌闭合时。

在围岩压力释放过程中，除了围岩压力的持续增长，衬砌结构对围岩变形的约束情况也是决定围岩压力的关键因素，初期支护未闭合前，可以认为初期支护是拱顶端为固定支座，拱脚处为塑性铰支座的曲梁，在围岩压力变化过程中，围岩压力调整多次达到平衡，从而产生围岩压力急剧变化的现象。初期支护闭合后，可以认为初期支护是具有三次超静定的承压环，围岩压力增长转化为初期支护结构的内力增长。

(2)在隧道各个台阶开挖过程中，围岩压力明显波动。其原因：一方面由于在开挖施工对衬砌结构的扰动；另一方面是由于开挖过程相当于初期支护拱脚轴向支座的卸荷，卸荷前围岩压力是由锁脚锚管、拱架下方支座、锚喷混凝土共同约束的，卸荷后拱架下方变为临空面，产生应力重分布，直到下方锚喷结束，拱架间隙压密重新回归卸荷前受力模式，如图 3-5 所示。

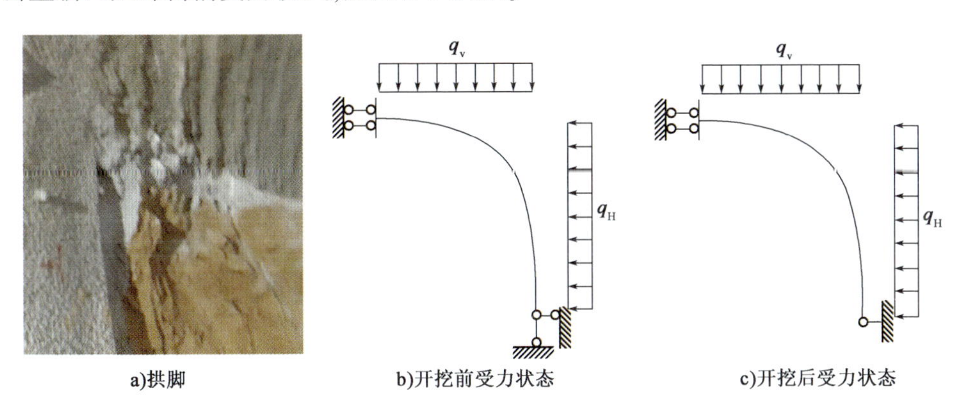

图 3-5　开挖过程对衬砌结构受力模式影响

(3)二次衬砌闭合后，各个测点的围岩压力仅有小幅度增长。这种现象是由于围岩在二次衬砌施作时变形尚未完全结束，围岩持续变形过程中较柔的初期支护与围岩协同变形，加载于二次衬砌上导致的。

2)围岩压力空间分布规律

图 3-6、图 3-7 所示为两个测试断面围岩压力随空间变化规律，其中 2 号测试断面的 7 号测点测值异常增大后异常减小，考虑测点损坏。

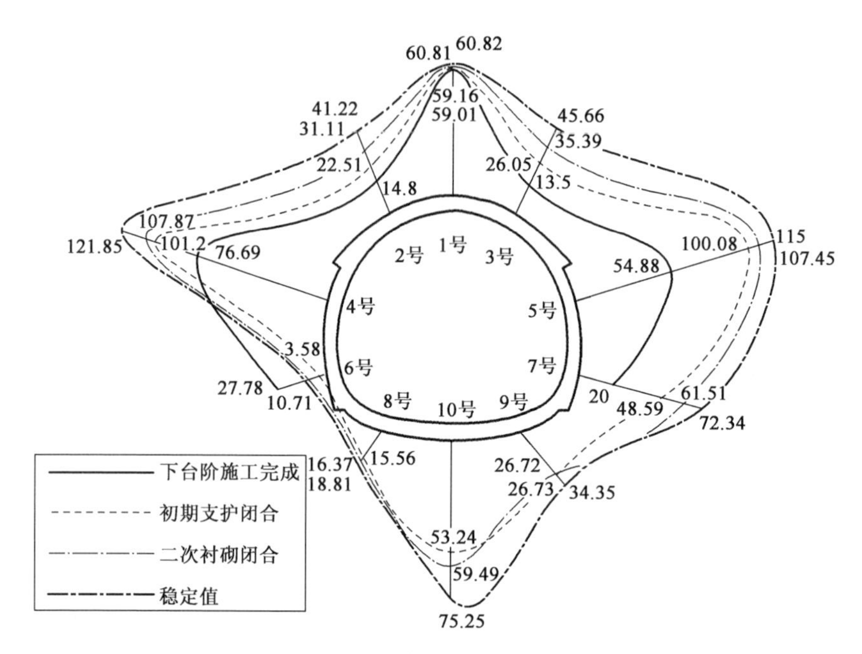

图 3-6　DK256 +457.1(1 号)测试断面围岩压力空间分布图(单位:MPa)

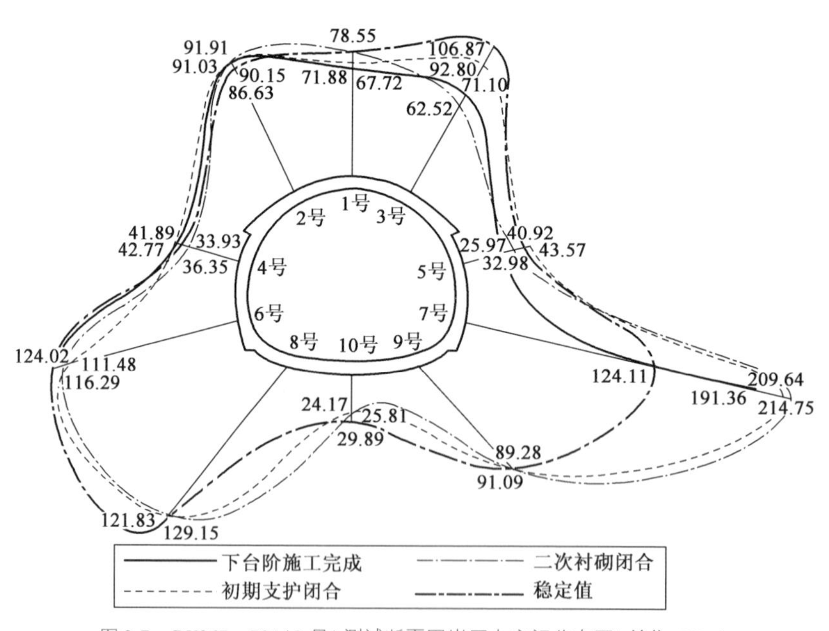

图 3-7　DK267 +731(2 号)测试断面围岩压力空间分布图(单位:MPa)

从图 3-6、图 3-7 中可以看出：

(1)作用于衬砌结构上的围岩压力空间分布呈现出两侧较大(4～7 号测点)，拱顶(1～3 号测点)及仰拱部位(8～10 号测点)较小的特点。其中 1 号测点衬砌结构受到围岩压力为垂直向下，8～10 号测点位于仰拱内，曲率较小可近似为垂直向上，4～7 号测点安装位置近似水平围岩压力方向，可近似认为垂直向地应力与水平向地应力，可得实际围岩压力比例为 0.28～6.47，见表 3-2。考虑设备损坏、部分测点测值偏小的情况，平均值为 1.32，取侧压力系数 2，可以较好地描述实际受力情况。

两侧测点与拱顶及仰拱测点围岩压力比值　　表 3-2

两侧测点	拱顶测点	仰拱测点		
	1 号	8 号	9 号	10 号
4 号	2.01(0.48)	6.47(0.29)	3.54(0.42)	1.61(1.28)
5 号	1.91(0.52)	6.15(0.31)	3.37(0.46)	1.53(1.36)
6 号	0.17(1.57)	0.56(0.96)	0.31(1.38)	0.14(4.14)
7 号	1.18(1.57)	3.84(0.97)	2.11(1.39)	0.96(4.15)

注：括号内为 2 号测试断面各测点比值。

这说明在该地层条件下，围岩压力主要体现为水平地应力大于垂直地应力的特点，考虑到该处为新近纪—第四纪水平层状沉积且构造应力较小的情况，该埋深下的隧道围岩压力呈现出静水压力的状态。

(2)拱顶及仰拱部位的围岩压力在衬砌施作初期到稳定后增长不明显，围岩压力的增长主要集中在边墙位置，初期支护闭合前后初期支护受力有明显改善。这种现象产生的原因是开挖后掌子面为围岩卸荷松动压力与回弹压力主导，后期增长主要为衬砌后部围岩应力重分布过程中的塑性挤出压力。

(3)初期支护的闭合时间影响着两侧围岩压力最大值出现位置，1 号测试断面闭合较早，围岩压力最大值出现在 4 号、5 号测点。2 号测试断面由于施工进度的影响闭合延后 4d，最大值出现在 6 号、7 号测点。且 1 号测试断面围岩压力分布较 2 号测试断面围岩压力分布均匀。产生这种现象的原因是初期支护闭合后，围岩压力的增长转化为弹性地基梁模型中初期支护—围岩的支反力二次平衡，延迟未闭合的支护结构，其下端未能产生足够沿掌子面半径方向的约束，属于单纯的部分约束悬臂梁模型。可以推断，增强拱脚处对衬砌结构的约束，可以有效改善围岩压力分布状态。

3.2.2 初期支护混凝土内力

初期支护中混凝土是锚喷支护体系重要的组成部分,喷射混凝土起到连接相邻两榀拱架、约束围岩向内挤出、承担部分围岩压力的作用。在喷射混凝土内增加速凝剂,喷射到围岩上后 8h 即可达到 70% 设计强度,这与开挖工班工作时间间隔相比较短。因此,本小节分析不考虑喷射混凝土凝结滞后导致的内力测值增长滞后的问题。

1)初期支护混凝土内力随时间发展规律

图 3-8、图 3-9 所示为 DK256 +457.1(1 号)和 DK267 +731(2 号)两个测试断面初期支护混凝土内力曲线图,其中 2 号测试断面 1 号测点损坏,7 号测点在 13d 与 19d 出现测值异常波动,认为测值为无效数据。从图中可以看出,除仰拱测点在测试初期出现了短暂受拉的情况,其余测点均为受压,各个测点测值增长过程可以分为三种类型:快速增长—缓慢增长、剧烈波动—缓慢增长、受拉—受压—缓慢增长。现根据实际施工过程中衬砌结构的受力状态分析这三种类型产生的原因。

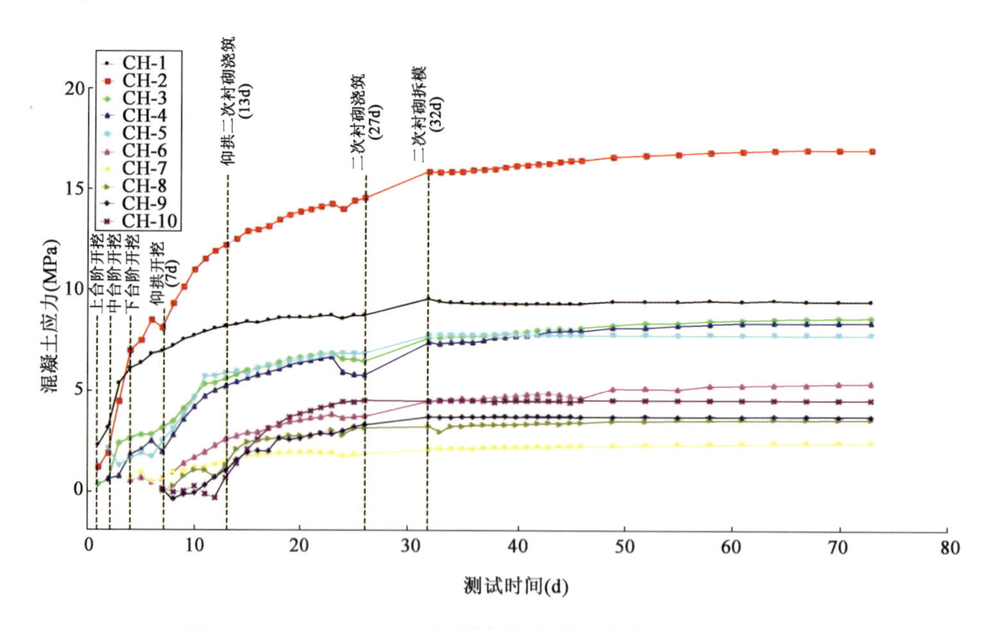

图 3-8　DK256 +457.1(1 号)测试断面初期支护混凝土内力变化曲线

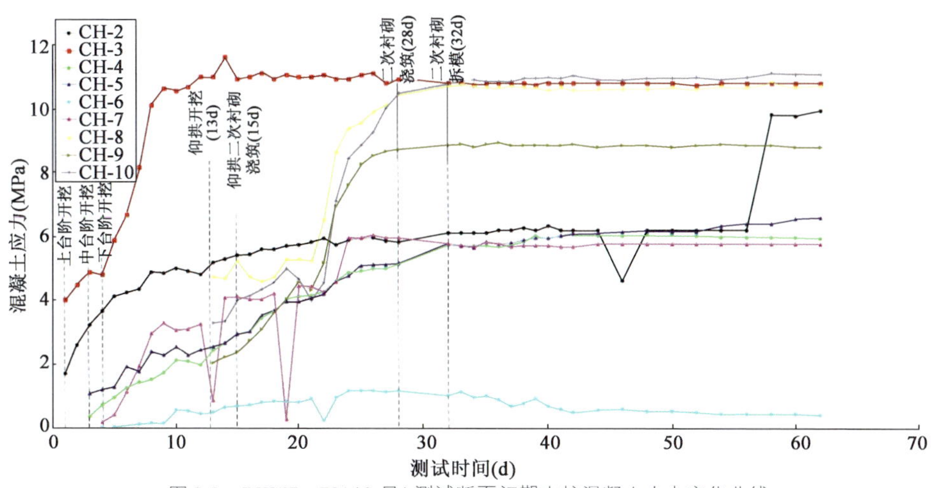

图 3-9 DK267 +731(2 号)测试断面初期支护混凝土内力变化曲线

(1)快速增长—缓慢增长

拱顶 1 ~3 号测点均呈现出快速增长—缓慢增长的规律,拱顶开挖后深部围岩塑性区发展过程中逐渐成拱发挥自承能力,结构层内荷载层形成的松动圈松散岩土压力作用在拱顶位置,拱顶初期支护结构承担拱顶压力的同时,将压力传导至洞周两侧位置,拱顶拱架承载的围岩压力可以通过牛腿分散至拱脚围岩,中台阶开挖对拱顶混凝土内力增长的影响力小于下台阶开挖。根据这种现象可以判断中台阶开挖前拱顶拱架荷载及位移状态由牛腿和锁脚锚管共同承担。中台阶开挖后拱脚处出现暂时临空的状态,荷载由牛腿、锁脚锚杆承担转化为拱架、牛腿、锁脚锚杆共同承担,这两种承担模式造成了整个拱部开挖过程中,每一次拱脚支撑土开挖都会造成整个拱部已有衬砌结构承载模式的改变。仰拱未闭合前,竖向围岩压力由拱脚及混凝土与围岩切向黏结力共同承担。仰拱闭合后,承载模式转化为一个闭合的压力环,内力增长速率降低。

(2)剧烈波动—缓慢增长

边墙两侧 4 ~7 号测点内力增长规律呈现出剧烈波动—缓慢增长的规律。台阶开挖过程中呈现剧烈波动的过程,在拱部施工完成后 3d 该过程结束进入缓慢增长阶段。通常情况下认为逐次开挖的台阶拱脚处会反复出现拱脚悬空的现象,尤其在抗压强度较小的土质隧道中,拱脚垫板与锁脚锚杆往往不能提供足够的支反力约束钢拱架变形,因此每次开挖后,都会经历围岩—衬砌结构应力重分布的过程。随着初期支护闭合成环,由于应力重分布、拱脚下沉、拱架间连接部位压密等一系列过程的影响,支护结构所受到的围岩压力还会增加,导致其内力在闭合成环后仍然存在较长缓慢增长的过程。

(3)受拉—受压—缓慢增长

两个断面内仰拱部位 8 ~ 10 号测点内力出现了短暂受拉(不受力)—受压—缓慢增长的趋势,其中 1 号测试断面该趋势明显。拱部开挖完成到仰拱开挖一般有 5 ~ 7d 的时间间隔。这个时段内仰拱处于无约束状态,不仅有基底超固结土卸荷回弹,同时存在围岩深部塑形挤出。等到仰拱开挖时,仰拱部位的围岩松动圈范围相对于拱顶和边墙偏大,同时围岩压力偏小,开挖过程中可以理解为广义的超挖。这就造成了初期支护闭合后仰拱部分受力较小或不受力的现象,1 号测试断面 9 号、10 号测点受拉,说明拱部拱架传递的压力与仰拱内围岩形成的支持力在仰拱部分产生了较大的弯矩。这种现象在仰拱二次衬砌与填充浇筑后得到改善,说明仰拱底部存在向上隆起局部挤出的现象,这可以认为是整个初期支护承压环式结构的薄弱位置,在二次衬砌与填充的自重约束下,该薄弱部位的受力状态得到了有效的改善。后期缓慢增长,说明整个初期支护内力在软弱围岩持续内力调整的作用下,内力逐渐增长。

2)初期支护混凝土内力空间分布规律

图 3-10、图 3-11 为两个测试断面初期支护混凝土内力空间分布图。2 号断面中 6 号测点虽然测值随时间增长,但从空间分布上可以判断测值严重偏小,考虑损坏、固定不当或由于安装位置距施工作业面较近造成位移。

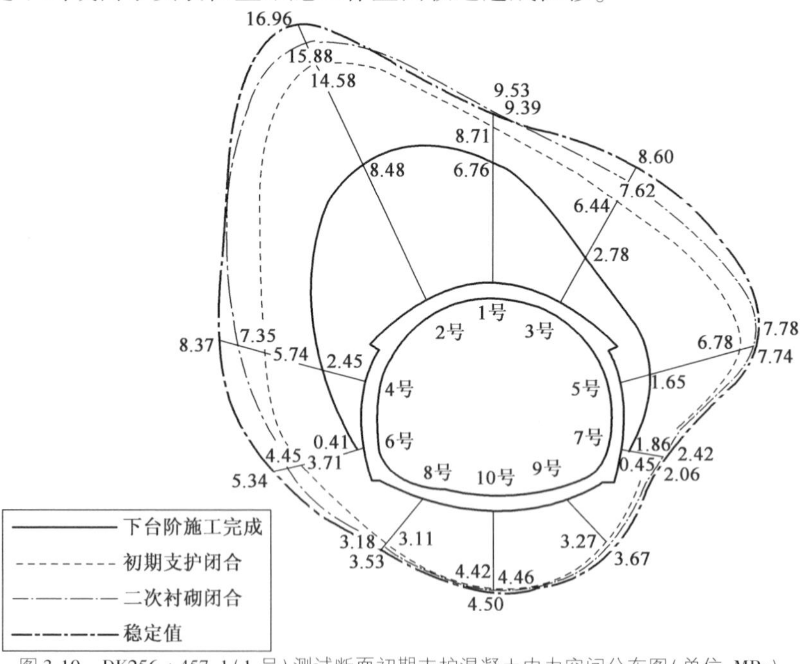

图 3-10　DK256 +457.1(1 号)测试断面初期支护混凝土内力空间分布图(单位:MPa)

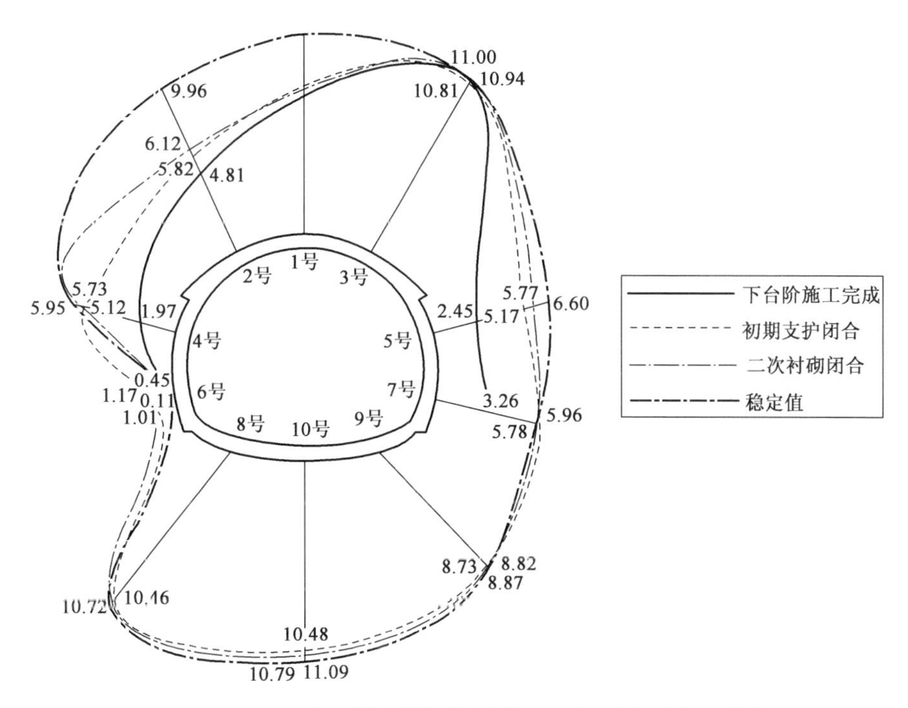

图 3-11　DK267 + 731(2 号)测试断面初期支护混凝土内力空间分布图(单位:MPa)

从图 3-10、图 3-11 中可以看出,初期支护混凝土内力呈现出拱顶大于仰拱大于边墙的分布趋势。拱顶位置的混凝土内力最大值分别为 16.9MPa、11MPa;从分布均匀程度来看,仰拱闭合前初期支护混凝土内力分布极不均匀,往往出现局部应力集中的现象,仰拱闭合后衬砌结构内力分布明显有改善的趋势,甚至某些测点出现了测值轻微减小的现象。仰拱内 8 ~ 10 号测点在各个施工过程中内力变化不大,这种现象产生的原因有二:一是由于二次衬砌施工紧贴开挖,仰拱施作完成后内力主要由二次衬砌承担;二是由于仰拱开挖前暴露时间较多,回弹应力释放较完全,内力的传递途径为拱部内力—仰拱初期支护—围岩压力。

2 号测试断面仰拱部分内力远大于 1 号测试断面,1 号断面位于两个二次衬砌循环中间,2 号测试断面位于一个二次衬砌循环内部,根据断面位置,可以推断已施作完成的二次衬砌对紧邻一榀仰拱内拱架内力有改善作用。

针对隧道的衬砌结构,目前多采用《铁路隧道设计规范》(TB 10003—2016)中衬砌结构由抗压、抗拉强度作为主控因素安全系数进行计算,该方法对复合式衬砌结构中二次衬砌及盾构隧道衬砌结构计算较为完备,锚喷支护多采用工程类比的方法。其截面安全系数可由下式计算：

$$KN \leqslant \varphi \alpha R_c bd \tag{3-1}$$

$$\alpha = 1 - 1.5\frac{e}{d} \tag{3-2}$$

式中：K——安全系数值，见表3-3；

N——截面实际轴力(N)；

φ——构件纵向弯曲系数，对于回填密实的衬砌可取$\varphi=1$；

α——轴力偏心影响系数；

R_c——混凝土极限抗压强度(Pa)；

b——结构的纵向计算宽度(m)；

d——截面厚度(m)；

e——偏心距(m)。

衬砌承载力安全系数 ***K*** 　　表3-3

材　料	主要荷载		主要荷载加附加荷载	
	抗压	抗拉	抗压	抗拉
混凝土	2.4	3.6	2.0	3.0

初期支护结构钢拱架作为复合式衬砌结构承载围岩压力的主体之一，式(3-1)不能很好地描述初期支护的安全系数，工程类比法计算不够精确，误差较大，通常会造成设计、施工措施偏保守，材料浪费、工期较长。对比图3-8～图3-11可以看出，初期支护内钢拱架与混凝土在进行围岩压力分担过程中，并非传统设计中考虑为黏接整体，而存在一定程度的“错动”现象。因此可针对初期支护内钢拱架及喷射混凝土内力进行分别演算，并基于等效截面应变条件提出修正过初期支护安全系数计算公式。

定义钢材屈服应变为钢材极限抗压强度、混凝土破坏应变为混凝土极限抗压强度，不考虑轴向受力构件偏压情况。

(1)钢拱架与喷射混凝土等应变的情形

由于初期支护内钢拱架与喷射混凝土共同承担轴向压力，通过等效截面法修正式(3-1)，被测截面安全系数可以表示为：

$$KN \leqslant \varphi \alpha R_c bd + R_s A \tag{3-3}$$

式中：R_s——钢拱架极限抗压强度(Pa)；

A——钢拱架横截面积(m^2)；

其他符号含义同前。

(2)钢拱架与喷射混凝土部分脱开的情形

钢拱架与喷射混凝土存在部分脱开的现象,其受力状态最为复杂,可以通过折减混凝土承载力进行近似估计,此时作为主要承载构件的钢拱架承载力受到平面外约束强度及个数的影响,提出修正如下:

$$KN \leqslant C_c \varphi \alpha R_c bd + R_s A \tag{3-4}$$

$$C_c = \frac{l_c}{l} \tag{3-5}$$

式中:C_c——混凝土承载力修正系数;

l_c——某台阶脱开区长度(m);

l——某台阶总长度(m);

其他符号含义同前。

钢拱架承载力修正多采用欧拉稳定方程,但欧拉稳定方程只能用于弹性杆件,往往实际工程中杆件工作在弹塑性状态,欧拉方程失效,实际临界应力可通过引入折减弹性模量 E_r 表示:

$$R_s = \sigma_{cr} = \frac{\pi^2 E_r}{\lambda^2} \tag{3-6}$$

式中:σ_{cr}——临界应力(MPa);

λ——柔度系数,可用 $\lambda = \dfrac{u_l}{\sqrt{i/n}}$计算;

u_l——长度系数;

n——固定端个数。

(3)钢拱架与混凝土完全脱开的情形

根据现场观测,部分位置的钢拱架与喷射混凝土存在脱开的情形,此时该位置的衬砌轴力完全由钢拱架承担,此时安全系数可以根据材料力学中许用应力表示为:

$$[\sigma] = \frac{\sigma_p}{n} \tag{3-7}$$

$$\varepsilon = \frac{\sigma}{E} \tag{3-8}$$

式中:$[\sigma]$——许用应力(MPa);

σ_p——弹性阶段极限应力(MPa);

n——安全系数。

将式(3-8)带入式(3-7)可得:

$$[\sigma]=\frac{\varepsilon_E}{n} \tag{3-9}$$

式中：ε_E——弹性应变；

其他符号含义同前。

考虑最不利工作状态为状态(3)，可对比实测最大应力与钢拱架不考虑平面外失稳许用应力计算安全系数，见表3-4、表3-5。

材料许用应力与实测最大应力　　表3-4

项目	喷射混凝土(受压)	喷射混凝土(受拉)	钢拱架	二次衬砌混凝土
许用应力(MPa)	19.0	2.0	300	26
实测应力(MPa)	16.96	0.37	339.52	22.18
安全系数	2.02	5.4	<1	1.17

初期支护混凝土安全系数计算表　　表3-5

测点位置	1号测试断面实测应力(MPa)	安全系数	2号测试断面实测应力(MPa)	安全系数
1号	9.39	2.02	(坏)	(坏)
2号	16.96	1.12	10.81	1.76
3号	8.60	2.21	5.95	3.19
4号	8.37	2.27	6.60	2.88
5号	7.78	2.44	0.41	4.67
6号	5.34	3.56	5.78	3.29
7号	2.42	7.85	10.72	1.77
8号	3.53	5.38	8.82	2.15
9号	3.67	5.17	11.09	1.71
10号	4.50	4.22	9.96	1.91

从表3-4中可以看出，初期支护与二次衬砌均有大于1的安全系数，考虑到实际应力集中等因素，该测试断面基本满足材料许用应力的要求，同时，极值多出现在拱顶位置，从设计角度考虑可以相应增大材料截面或改善施工工

艺,优化拱顶位置的受力状态。从表3-5中可以看出,1号测试断面除2号测点外各测点安全系数均大于2,2号测试断面均大于1.5。两侧边墙及仰拱内4~9号测点混凝土安全系数较大,可以适当降低对应部位的喷射混凝土厚度,节约材料。

同时根据测试结果,应考虑加强拱部与仰拱衔接位置衬砌结构抗剪强度。推荐增加配筋、改变拱部与仰拱接触位置或通过拱脚处增厚衬砌避免应力集中发生冲切/剪切破坏。

仰拱部位拱顶位置内侧存在部分张拉应力,因此考虑增强该位置配筋或增加仰拱深度,以期使衬砌结构形成完备的压力拱受力模式,充分利用混凝土材料的抗压性能。

3.2.3 初期支护钢拱架内力

拱架是初期支护承担围岩压力的主要部分,目前隧道中常用有型钢拱架、钢筋格栅拱架,在台阶法开挖过程中过,钢拱架间通过螺栓连接,临空位置支座采用拱架端混凝土垫板与锁脚锚管共同约束。

1)初期支护钢拱架内力随时间发展规律

图3-12、图3-13所示为DK256+457.1(1号)和DK267+731(2号)两个测试断面初期支护内钢拱架随时间增长曲线,图中压应力为正值。

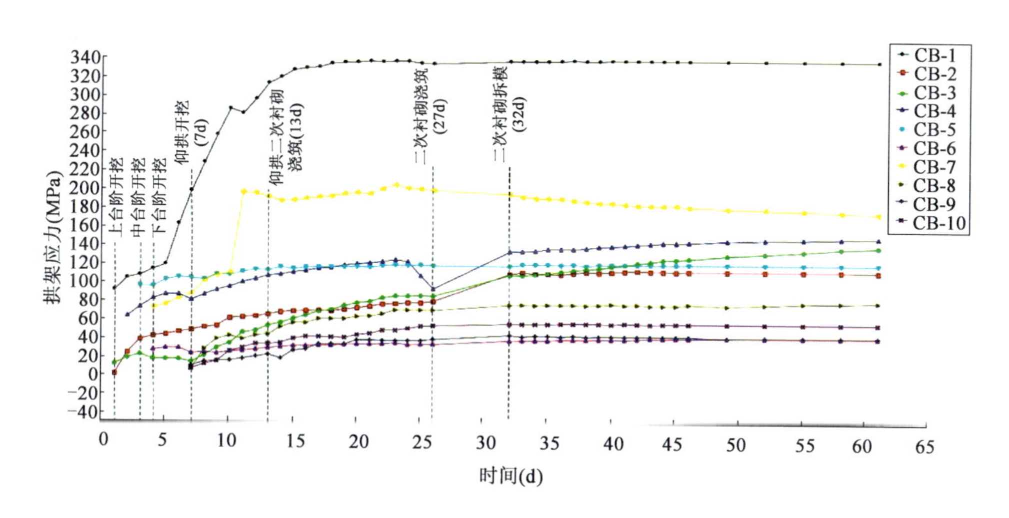

图3-12 DK256+457.1(1号)测试断面初期支护钢拱架内力变化曲线

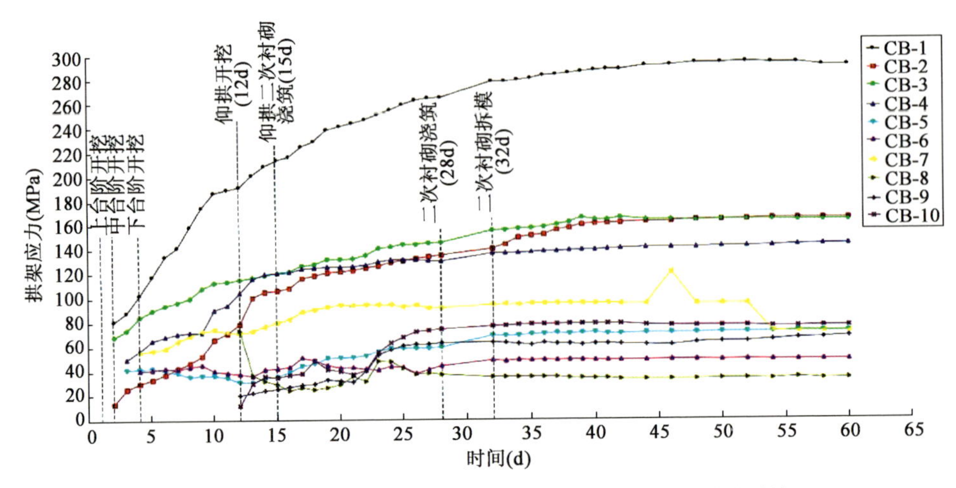

图 3-13　DK267 + 731(2 号)测试断面初期支护钢拱架内力变化曲线

从图 3-12、图 3-13 中可以看出,拱架内力增长过程中未出现剧烈波动的情况,仰拱二次衬砌浇筑前后,拱架内力的内力增长基本结束。

初期支护内拱部钢拱架内力增长经历了缓慢增长—快速增长—稳定调整三个阶段,考虑到拱架安装过程中存在安装间隙,且并不能安装于完全理想的位置,缓慢增长阶段对应着拱架间隙压密、位置调整的过程,当位置调整结束后,形成有效承载模式,内力即进行快速增长。由于各个位置的安装并非一致,各个位置钢拱架内力增长第一阶段与第二阶段的分界点不尽相同。稳定调整阶段是拱架内力不再发生剧烈变化后,呈现出的一个受力增长(减小)阶段,该阶段表明了拱架内力并非类似于混凝土内力增长过后较难调整。这表明衬砌结构与围岩的切向约束主要由初期支护内混凝土承担。

二次衬砌结构闭合后钢拱架内力增长基本收敛,二次衬砌闭合后,二次衬砌相对初期支护刚度较大,初期支护的变形被约束,围岩压力持续增长部分主要由初期支护结构承担。

钢拱架拱顶 1 号测点(CB-1)内力远大于其他位置,尤其是在初期支护未闭合前,增速远大于其他位置,这里考虑到未闭合成环衬砌结构呈现"n"字形受力状态,拱顶处应力集中,仰拱施作完成后内力增速减少。同时可以从曲线图中看出增速变化位置迟于初期支护闭合,可以认为这个现象体现了拱架闭合初期间隙压密的过程。

2)初期支护钢拱架内力空间分布规律

图 3-14、图 3-15 为 DK256 + 457.1(1 号)和 DK267 + 731(2 号)两个测试断面钢拱架内力空间分布图。

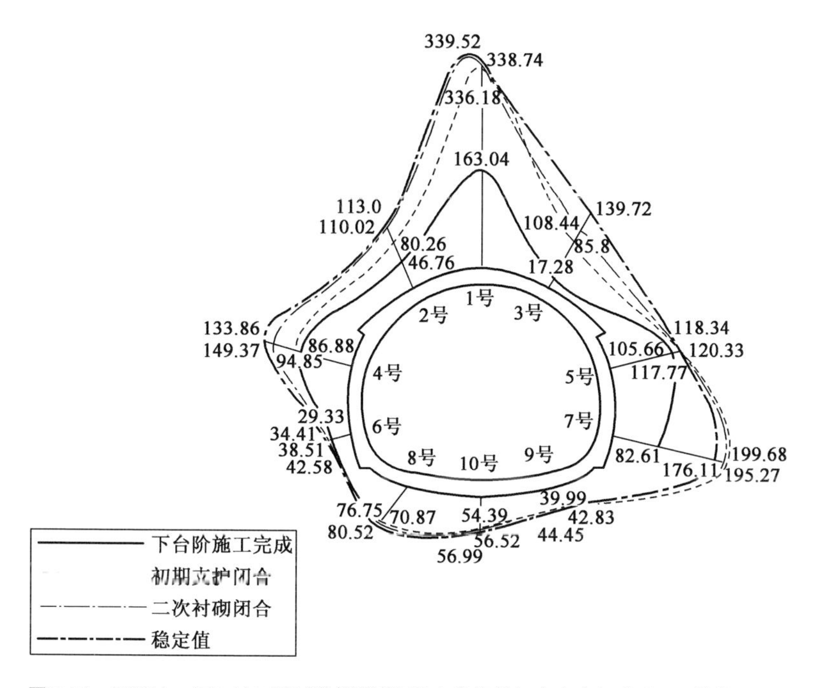

图 3-14 DK256 +457.1(1 号)测试断面初期支护钢拱架内力空间分布图(单位:MPa)

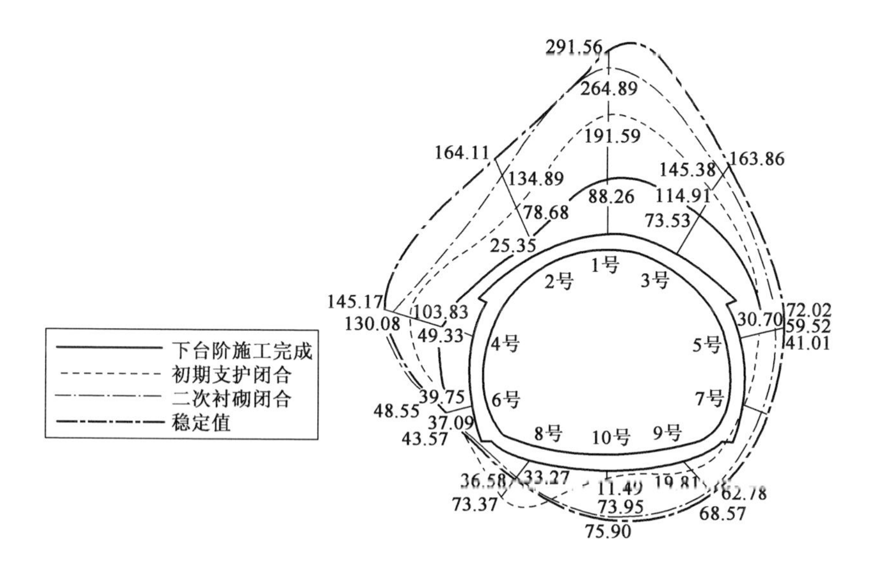

图 3-15 DK267 +731(2 号)测试断面初期支护钢拱架内力空间分布(单位:MPa)

从图3-14、图3-15中可以看出,拱架结构内力呈现出上大下小的“椭圆”形分布,断面内各测点均受压,最大值在拱顶1号测点,达到了339.52MPa(291.56MPa),最小值出现在仰拱内为44.45MPa(68.57MPa),拱架内力空间分布均匀,除拱顶测点外,剩下位置均小于安全许用应力。考虑到实际拱架测力计安装于拱架外侧翼缘,所受超过许用应力的压应力应为拱架轴力与所受弯矩共同作用的结果。此外可以发现,二次衬砌闭合前仰拱内钢拱架内力不均匀,二次衬砌闭合后,空间分布曲线趋于平缓。结合两个断面测试结果空间分布规律可以看出,初期支护钢拱架内力分布规律受到施工步骤影响较小,初期支护闭合后2号、3号测点测值有明显增长,其他位置测点变化不明显。

拱顶两侧2号、3号测点测值偏小,4号、5号测值偏大,对比图3-14、图3-15可以看出,1号测试断面的“脱离区”位于两侧拱肩偏上的位置,2号测试断面“脱离区”位于两侧拱肩偏下的位置,这说明即使在同一地层中相同工程环境下的衬砌结构的受力模式也不尽相同,仅存在总体规律近似的情况。两个测试断面内仰拱内拱架内力在整个施工过程中变化不大,2号测试断面初期支护闭合前内力波动较大,二次衬砌施作后内力有明显的调整过程。

初期支护内钢拱架内力与混凝土内力分布规律有较大差异。这种现象表明,在初期支护内钢拱架与混凝土受力状态并非完全一致,钢拱架与混凝土存在轻微“脱开”的情形。

表3-6为钢拱架安全系数,该安全系数为许用内力与实际内力之比,从表中可以看出,除1号测点外,各点安全系数均小于许用应力,安全系数均大于1.5。由此可以判断各点均处于安全的状态。

钢拱架安全系数计算表　　表3-6

测点位置	1号测试断面实测应力(MPa)	安全系数	2号测试断面实测应力(MPa)	安全系数
1号	339.52	0.88	291.56	1.03
2号	113.00	2.65	164.11	1.83
3号	139.72	2.15	163.86	1.83
4号	149.37	2.01	145.16	2.07
5号	120.33	2.49	72.02	4.17
6号	42.58	7.05	48.55	6.18

续上表

测点位置	1号测试断面实测应力(MPa)	安全系数	2号测试断面实测应力(MPa)	安全系数
7号	176.11	1.70	(坏)	(坏)
8号	80.52	3.73	33.26	9.02
9号	42.83	7.00	68.57	4.38
10号	56.99	5.26	75.90	3.95

通过以上分析对比可以看出钢拱架各个受力阶段内力与围岩压力各个阶段分布规律相符,这说明初期支护中混凝土与围岩、拱架的黏结作用导致拱架受力模式并非传统计算模型中的“承压环”,而是在各个阶段维持内应力平衡后随着施工进度的推进,各个部分的约束情况形成新的内力平衡。因此,在隧道衬砌结构设计优化过程中,既要考虑整体拱架结构的设计,也应考虑对应位置局部的截面内力优化。

3.2.4 初期支护拱架间作用力

初期支护结构拱架间作用力维持两榀相邻拱架相对稳定性,常见于偏压及特殊地层隧道中,本试验所处地层仅有垂直自重应力场,构造应力较小。但为了研究初期支护结构受力,通过钢筋应力计对两个被测断面拱架间作用力进行监测。

1)初期支护拱架间作用力随时间发展的规律

图3-16所示为DK256+457.1(1号)和DK267+731(2号)两个被测断面拱架向掌子面方向的拱架间作用力状态。

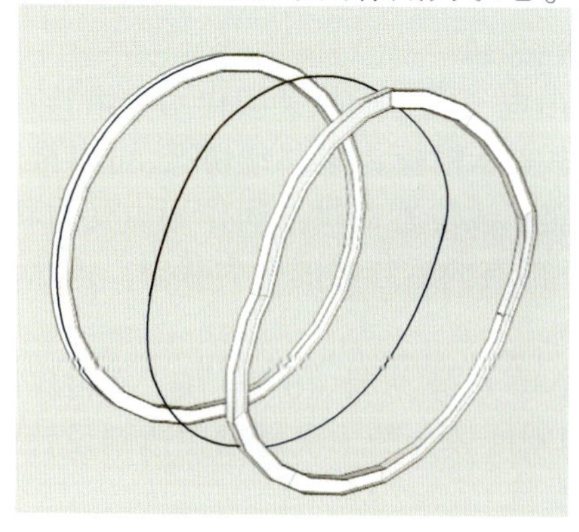

a)DK256+457.1(1号)

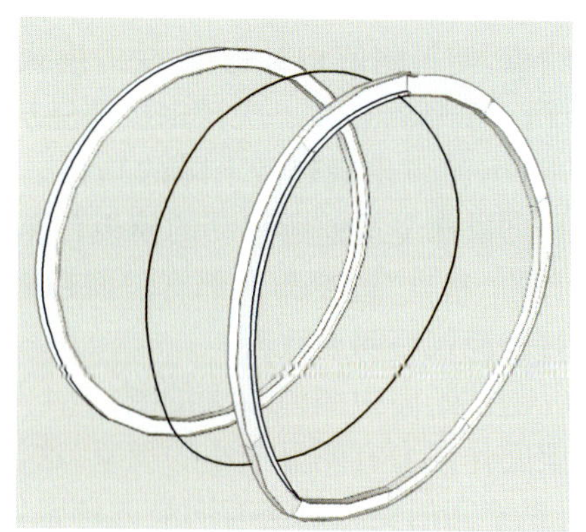

b)DK267+731(2号)

图3-16 DK256+457.1(1号)与DK267+731(2号)测试断面拱架间作用力状态

因1号测试断面与2号测试断面所选定的位置不同,可对比分析两个测试断面测试结果如下:

(1)DK256+457.1(1号)测试断面

该测试断面位于两个二次衬砌循环中间,所测断面前一榀拱架位于前一组二次衬砌内,后一榀拱架位于下一组二次衬砌内,如图3-17所示。

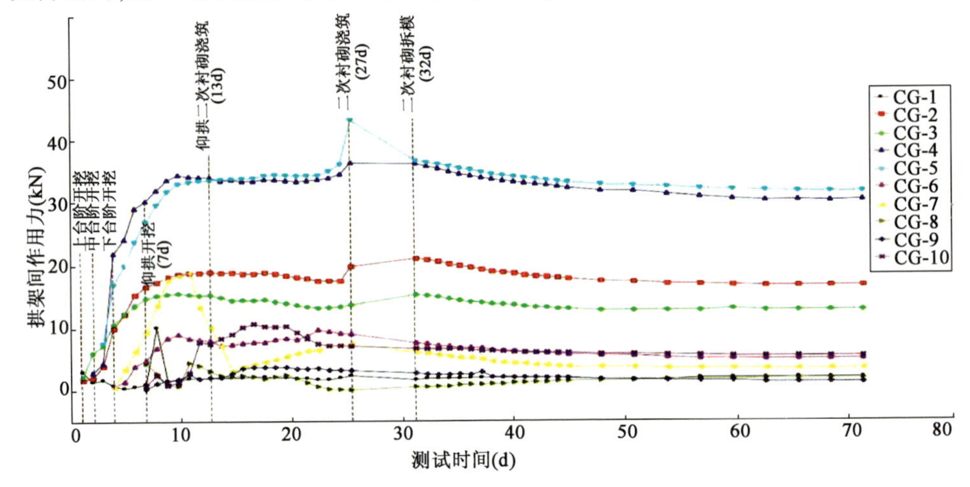

图3-17　DK256+457.1(1号)测试断面初期支护钢拱架内力变化曲线

①各测点测值稳定增长,拱顶1~3号测点及仰拱内8~10号测点在仰拱闭合前测值有轻微波动,在仰拱闭合成环后(7d)各测点拱架间作用力几乎不增长或轻微减少,后续13~27d等待拱部二次衬砌浇筑的过程中测值稳定,4号、5号测点有明显的减小的趋势。这个测试断面向掘进方向为已闭合的初期支护,逆掘进方向是已闭合且达到对应强度的二次衬砌,紧邻前一组二次衬砌可以为该断面提供有效的约束,使得测值相对稳定,受力模式简单。

②1~5号测点在二次衬砌拱部浇筑前出现了明显的拱架间作用力增长、同时6号与8号测点出现轻微下降的趋势。考虑实际模板台车移动情况,可以推断在二次衬砌拱部浇筑前所移动的模板台车改变了该位置的拱架间作用力受力状态,由原有的“垂直”改变为上部有向前趋势,下部有向后趋势的受力状态。该状态在二次衬砌浇筑后明显改善。

③测试断面中测值较大的测点(4号、5号、6号、7号、10号)在二次衬砌拆模后拱架间作用力有明显减小的现象,这说明刚度较大的二次衬砌在达到设计强度后,对拱架间的受力状态有明显的调整作用。

(2)DK267 +731(2 号)测试断面

该测试断面位于一组二次衬砌循环中间,所测断面的两榀拱架均位于该组二次衬砌内,如图 3-18 所示。

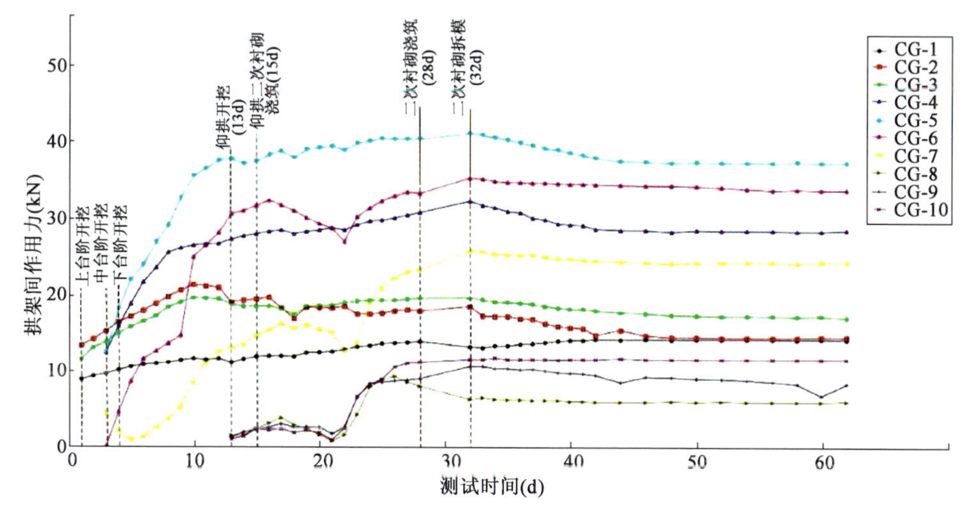

图 3-18 DK267 +731(2 号)测试断面初期支护钢拱架内力变化曲线

①本测试断面内钢拱架间作用力增长速率小于 1 号测试断面,且增长收敛晚于 1 号测试断面,整个测试过程中测值波动幅度较大,二次衬砌浇筑完成后测值才趋于稳定,这个规律可以反映一组二次衬砌循环内部中间部分拱架间作用力的规律。这种现象表明:即使在不具有偏压的隧道中,也存在尚未施作二次衬砌的初期支护拱架内部有较大的拱架间作用力。

②与 1 号测试断面不同的是该测试断面仰拱内拱架间作用力在仰拱二次衬砌浇筑完成后经历了先减小后增大的过程,同时在 2 号、3 号、6 号、7 号测点出现了减小的现象,与 1 号测试断面第 2 条所分析的结果产生了相反的现象,对比可以推断,未施作二次衬砌的闭合初期支护内,拱架同时具有斜向前挤出或斜向后倾倒趋势不规则的情况。

③到第 21d 时,仰拱三个测点出现了一个明显增长规律的变化,从几乎不增长到快速增长至 10kN 左右并保持稳定,一般认为仰拱二次衬砌浇筑后,初期支护拱架位置保持相对不变,其拱架间的内力也维持相对稳定,这种现象表明仰拱二次衬砌浇筑后仍存在拱架间作用力大幅调整的过程。

2)初期支护拱架间作用力空间分布规律

图 3-19、图 3-20 所示为两个测试断面初期支护钢拱架间作用力空间分布图。

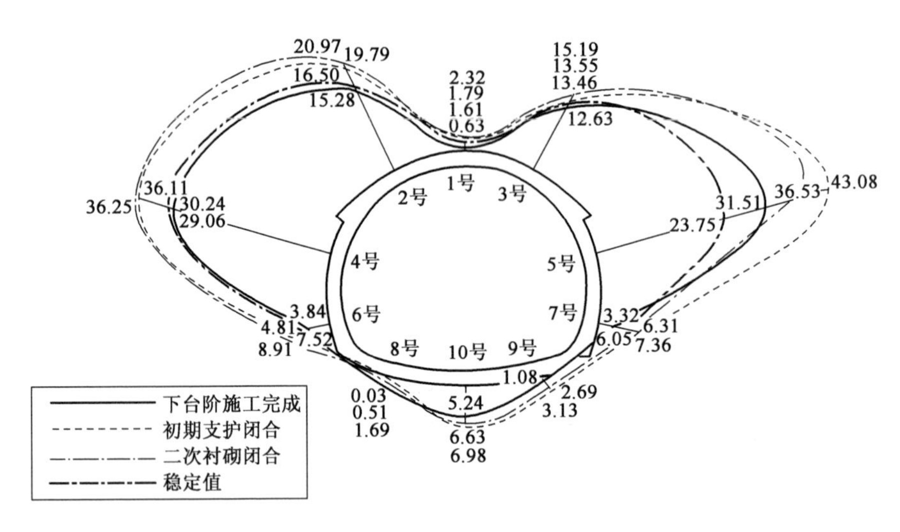

图 3-19　DK256 +457.1(1 号)测试断面初期支护钢拱架间作用力空间分布图(单位:kN)

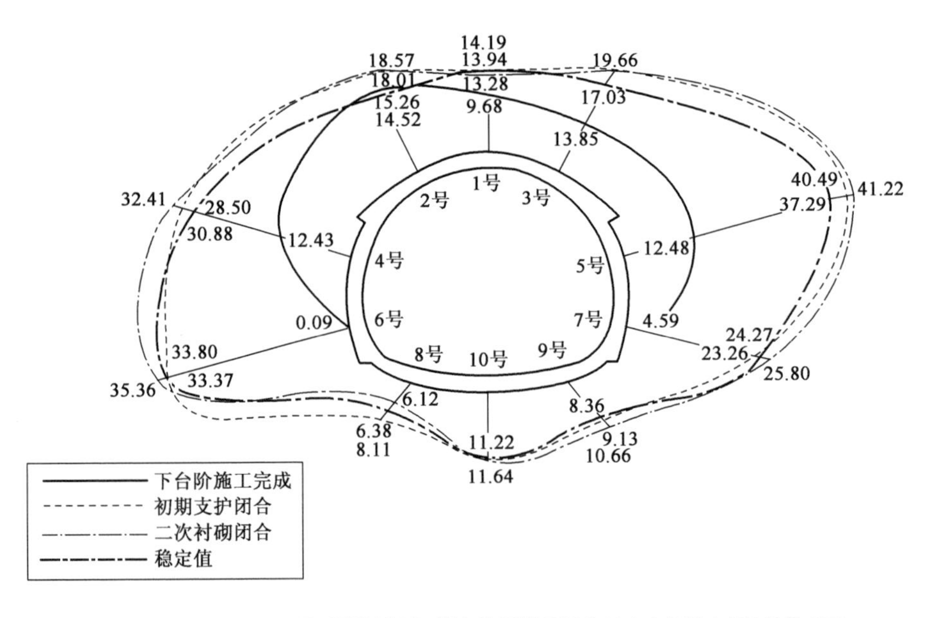

图 3-20　DK267 +731(2 号)测试断面初期支护钢拱架间作用力空间分布图(单位:kN)

从图 3-19、图 3-20 中可以看出:

(1)测试断面拱架间作用力最大值均出现在边墙位置 5 号测点,达到 43.08kN 和 41.22kN;两个断面测值最小值出现在仰拱内 8 号测点(0.03kN 和 6.38kN);整个测试断面呈现出边墙位置2~5号测点测值较大,拱顶1号测点、边墙6~10号测点测值较小的分布规律。

(2)各个施工步骤对仰拱内三个测点(8~10号)拱架间内力影响较小,对边墙部位测点影响较大,尤其以下台阶施作完成到初期支护闭合这个过程增长最为明显。拱架拱脚处约束不足,在衬砌结构未闭合前,上部传递来的拱架自重与围岩压力均由拱脚锁脚锚杆及喷射混凝土与围岩间的切向摩擦力承担,拱架拱脚部位呈现出相对向下位移的趋势,其内力可以认为由已成环部分钢架呈现为伸出的广义悬挑的受力状态,如图3-21所示。

a)拱脚实物图

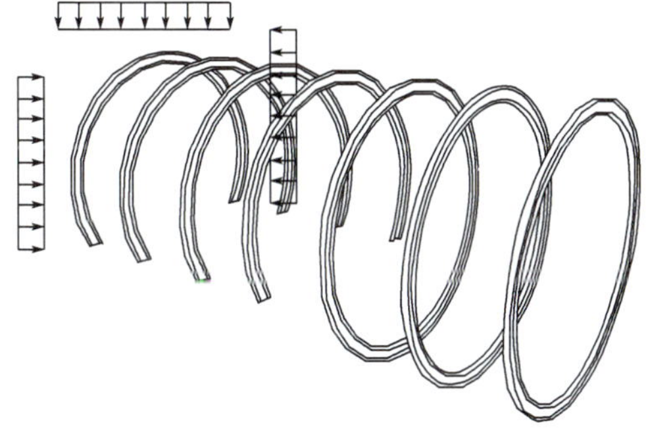

b)受力状态

图3-21 未闭合前拱架间作用力示意图

(3)1号断面边墙靠上位置拱架间作用力较大、2号断面整个拱部拱架间作用力较大,说明初期支护的拱架间作用力并非具有一致性规律,而是在不同位置有不同的力学状态,该状态取决于相邻拱架约束效果的强弱及施工状态。

3.2.5 初期支护—二次衬砌间接触压力

软弱围岩复合支护体系中二次衬砌不仅作为安全储备,也同时承担了部分围岩压力,研究初期支护—二次衬砌间接触压力能更好地分析二次衬砌的受力状态,为衬砌结构优化提供依据。

1)初期支护—二次衬砌间接触压力随时间发展的规律

图3-22、图3-23所示为DK256+457.1(1号)和DK267+731(2号)两个测试断面的初期支护—二次衬砌间接触压力监控量测结果,其中1号测试断面的6号测点,2号测试断面的3号、4号测点测值异常,经分析认为该测点损坏。

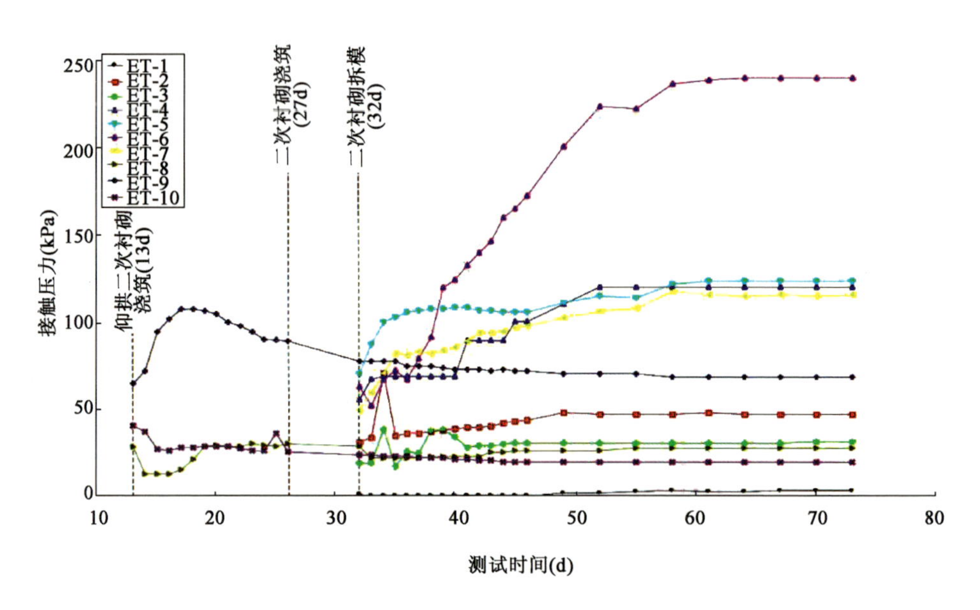

图 3-22　DK256 + 457.1(1 号)测试断面初期支护—二次衬砌间接触压力变化曲线

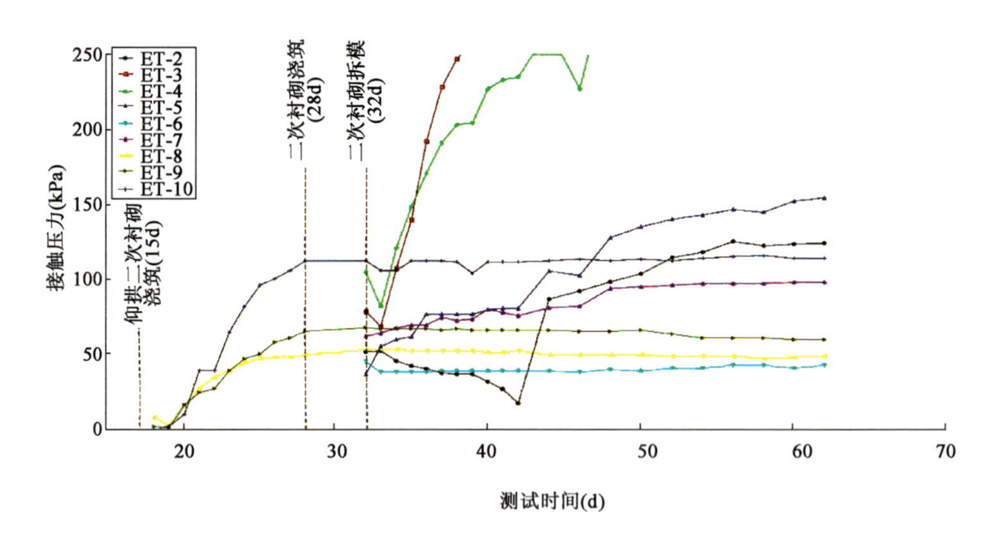

图 3-23　DK267 + 731(2 号)测试断面初期支护—二次衬砌间接触压力变化曲线

从图 3-22、图 3-23 中可以看出：

(1)整个测试断面内接触压力处于 20 ~ 150kPa 之间，最大值位于边墙测点,各测点测值在整个测试过程中未出现较大波动,呈现出“增长—稳定”的规律。于49d(1号测试断面)、45d(2号测试断面)各测点接触压力趋于稳定。仰拱位置测点在二次衬砌施作后增长停止,其中1号断面6号测点、2号断面3号、4号测点测值在二次衬砌拆模后不久异常增大,认为这三个测点损坏。

(2)两个测试断面的接触压力在二次衬砌拆模后2d后有一个明显波动,后快速恢复,结合施工进度考虑,该时刻为二次衬砌模板台车移动时,这说明施工机械的移动对衬砌结构受力也有较大影响。

(3)围岩压力围岩开挖后的应力释放呈现出初期迅速,而后达到一个初期稳定值的规律。当二次衬砌施作完成,混凝土达到设计强度时,初期支护与二次衬砌间由于变形协调条件重新分配内力。这时的初期支护承担的围岩压力呈现部分测点增大,部分测点减小的趋势;后经过10~15d,初期支护与二次衬砌之间的接触压力测值达到基本稳定。

2)初期支护—二次衬砌间接触压力空间分布规律

图3-24、图3-25所示为DK256+457.1(1号)和DK267+731(2号)两个测试断面初期支护—二次衬砌间接触压力空间分布规律。

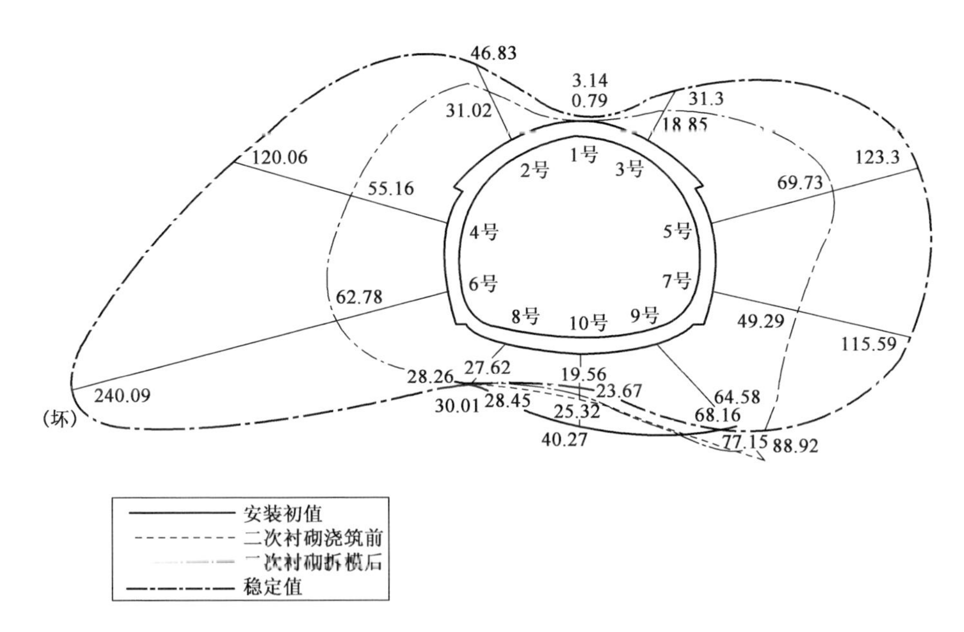

图3-24　DK256+457.1(1号)测试断面初期支护—二次衬砌间接触压力空间分布图(单位:MPa)

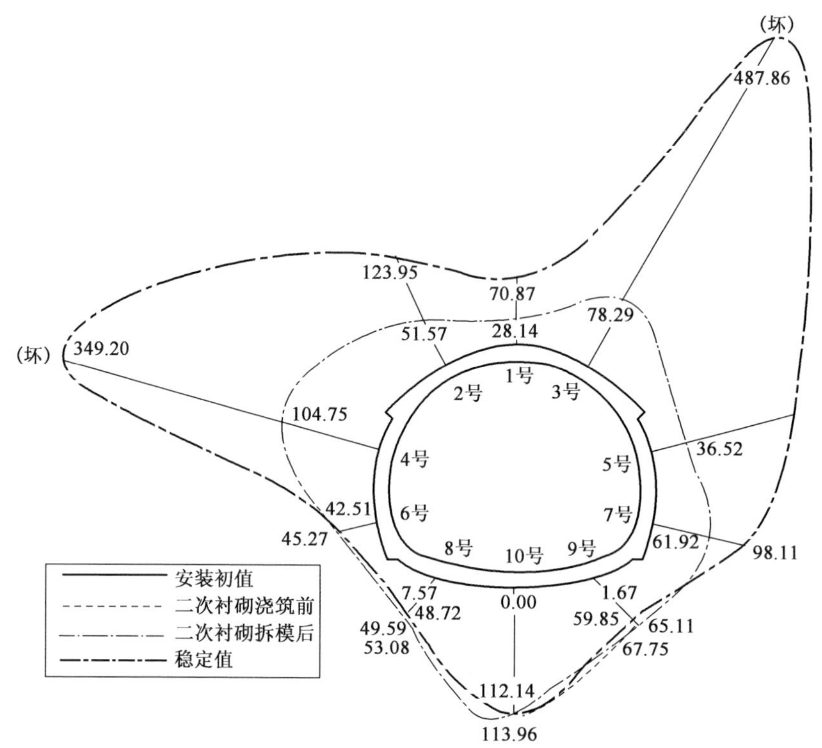

图 3-25　DK267 + 731(2 号)测试断面初期支护—二次衬砌间接触压力空间分布图(单位:MPa)

由图 3-24、图 3-25 可知:

(1)初期支护—二次衬砌间接触压力与围岩压力分布规律类似,呈现出两侧边墙位置测点测值较大,拱顶及仰拱位置测点测值较小的规律,1 号测试断面拱顶所受到的接触压力远小于围岩压力,2 号测试断面拱顶位置受到的接触压力与围岩压力相近。

(2)各施工阶段仰拱位置各测点内力变化不明显,趋于均匀,两个断面的压力分布规律不同,1 号测试断面呈现出拱底较小,两侧偏大的规律;2 号测试断面呈现出拱底最大,两侧偏小的分布规律,这种差异的出现与测试断面所处位置有较大关系,1 号测试断位于两组二次衬砌交界位置,受到前一组二次衬砌约束较大,因此 2 号测试断面的测值更能反映仰拱中部位置的真实受力状态。

在"新奥法"理念设计的劣质围岩中,复合式衬砌结构中二次衬砌结构需要承担一部分围岩压力。由于初期支护并非完全刚性承担围岩压力,二次衬砌施工后围岩持续产生的形变压力造成初期支护与浅部围岩同步变形,初期支护外侧测得的围岩压力偏小,因此根据《铁路隧道设计规范》(TB 10003—2016)(以下简称《隧规》)中所规定计算深埋隧道围岩压力,结合现场实测获得的水平围岩压力与垂直围岩压力比例,取侧压力系数为1,围岩压力可用下式计算:

$$q_v = q_h = \gamma h \tag{3-10}$$

$$h = 0.45 \times 2^{S-1}\omega \tag{3-11}$$

$$\omega = 1 + i(B - 5)$$

式中:q_v、q_h——水平、垂直均布围岩压力(MPa);

γ——围岩重度(kN/m^2);

S——围岩级别;

ω——宽度影响系数;

B——坑道宽度(m);

i——B 每增加1m时围岩压力的增减率,当 $B < 5$m 时取 $i = 0.2$,$B = 5 \sim 15$m 时,取 $i = 0.1$,$B > 15$m 时,可取 $i = 0.1$。

计算结果统计见表3-7。

计算围岩压力与实测围岩压力值 表3-7

项　目	水平围岩压力(kPa)	垂直围岩压力(kPa)
1号测试断面现场实测值	60.82	121.85
2号测试断面现场实测值	70.55	241.75
《隧规》计算值	316.8	316.8
数值模拟结果	333.7	300.3

表3-7中水平围岩压力及竖向围岩压力取自最不利状态下的围岩压力,即20个测点测得的水平围岩压力测点(4~7号)及垂直围岩压力(1号、10号)中的最大值。对比表中现场实测值与《隧规》计算值及数值模拟结果可以看出,初期支护外侧的围岩压力测试值偏小。这是由土压力盒安装位置、柔性的初期支护与围岩协同变形、土体自承能力较好等一系列因素共同决定的。其中数值模拟及按《隧规》计算得到的围岩压力远大于实测围岩压力,这说明在该地层的隧道初期支护—围岩复合体系中,测得的围岩压力并非真实围岩压力,其受力模式与理想的压力环力学模型不符。传统的测试结果分析中通常认为作用在初期支护上的围岩压力即为真实围岩压力,定义围岩压力分为初期支护—二次衬砌间接触压力/作用在初期支护上的围岩压力,该方法对于稳定性较好围岩有着较好的效果,但对于稳定性较差围岩由于二次衬砌施作时围岩收敛变形并未完全结束,此时作用在初期支护上的围岩压力略小于实际压力。定义外侧初期支护所受到围岩压力与接触压力

比值为围岩压力分担比，表3-8、表3-9分别为实测围岩压力、《隧规》推荐计算结果下围岩压力分担比计算结果。

1号测试断面围岩压力分担比 表3-8

测点	围岩压力(kPa)	接触压力(kPa)	接触压力/围岩压力	接触压力/《隧规》计算值
1号	60.81	3.14	>1	0.17
2号	41.22	46.83	0.88	0.12
3号	45.66	31.30	>1	0.13
4号	121.85	120.06	>1	0.35
5号	115.78	123.32	0.94	0.34
6号	10.71	240.09	0.04	0.03
7号	72.34	115.59	0.62	0.21
8号	18.81	27.62	0.68	0.05
9号	34.35	68.16	0.50	0.10
10号	75.23	19.56	3.84	0.22

2号测试断面围岩压力分担比 表3-9

测点	围岩压力(kPa)	接触压力(kPa)	接触压力/围岩压力	接触压力/《隧规》计算值
1号	78.55	70.87	>1	0.23
2号	86.63	123.95	0.69	0.25
3号	106.87	487.86	0.21	0.31
4号	38.35	349.20	0.11	0.11
5号	40.92	154.21	0.26	0.12
6号	124.02	42.51	>1	0.36
7号	124.11	98.11	>1	0.36
8号	129.15	48.72	>1	0.37
9号	89.28	59.85	>1	0.26
10号	29.89	113.96	0.26	0.08

3.2.6 二次衬砌混凝土内力

复合式衬砌结构是劣质围岩隧道常见的一种结构,其中较柔的初期支护在承担围岩压力的同时与围岩一起变形,当变形速率低于限定值或变形收敛后施作二次衬砌。

1)二次衬砌混凝土内力随时间发展规律

图3-26、图3-27为两个测试断面二次衬砌结构混凝土内力随时间变化曲线,从图中可以看出:

(1)二次衬砌混凝土内力在测试设备安装后变化幅度不大,内力稳定收敛值与安装初期值相比较小或相等。说明整个二次衬砌结构内力在施作完成后已不再发生变化,二次衬砌施工完成至拆除模具的过程中,有5d(1号测试断面)、4d(2号测试断面)由于施工不能进行测试,但根据仰拱内测点变化规律可以推断数据缺失时内力的变化幅度也未发生较大变化。

(2)1号测试断面5号测点内力存在剧烈下降—稳定的过程,仰拱内9号、10号测点在二次衬砌拆模后有一个短暂的增长—下降过程。对比图3-27可以看出,该过程是由于施工影响造成接触压力增大,初期支护结构与二次衬砌间的接触压力传递以及二次衬砌内部体现为二次衬砌结构内力增加,数据回归稳定并略大于初始内力。

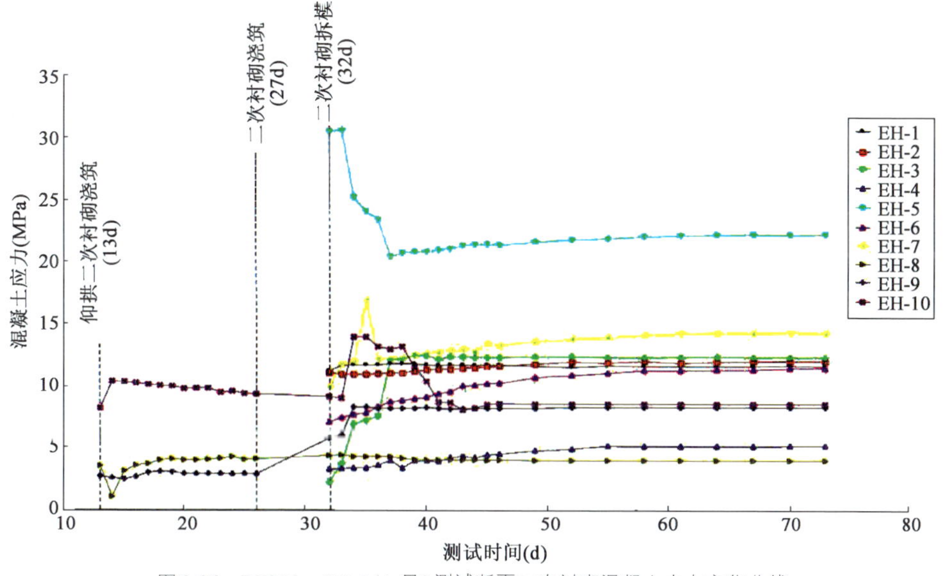

图3-26 DK256+457.1(1号)测试断面二次衬砌混凝土内力变化曲线

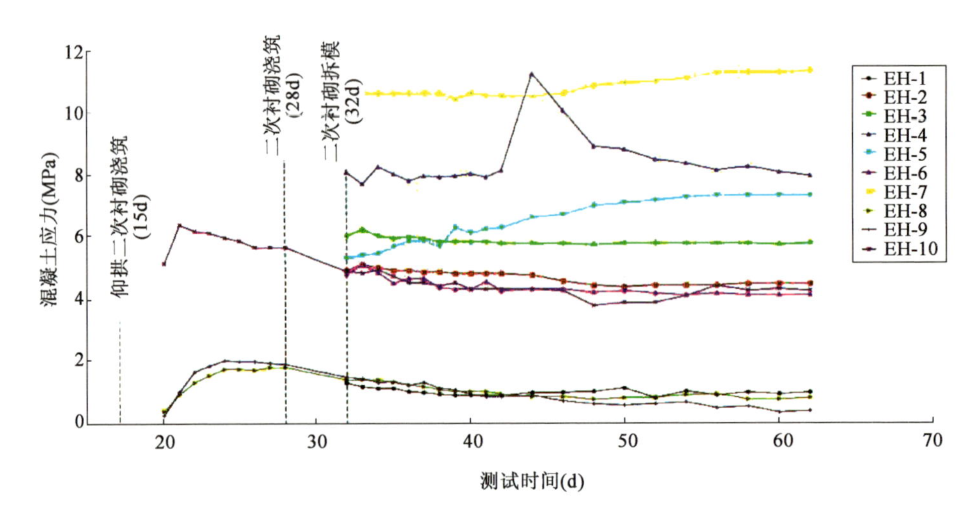

图 3-27　DK267 + 731(2 号)测试断面二次衬砌混凝土内力变化曲线

2)二次衬砌混凝土内力空间分布规律

图 3-28、图 3-29 所示为 DK256 + 457.1(1 号)和 DK267 + 731(2 号)两个测试断面二次衬砌混凝土内力空间分布图,从图中可以看出:

(1)二次衬砌混凝土内力呈现出拱部大于仰拱的规律,极大值点出现在右侧,分别为 30.44MPa(1 号测试断面)、11.30MPa(2 号测试断面),这个规律与所示围岩压力及初期支护—二次衬砌间接触压力相同。整个二次衬砌内力分布不均匀,除仰拱外最大值为最小值的 6 倍左右。

(2)拱部二次衬砌混凝土内力稳定值略大于二次衬砌拆模混凝土内力值,尤其是拆模后内力偏小的位置(1 号测试断面 2 号、4 号、6 号测点;2 号测试断面 5 号测点)内力增长尤为明显,这种现象表明,在二次衬砌施作完成后,混凝土内力不仅受到持续增长的围岩压力影响,也存在明显的内力调整过程,这个过程中,内力较大位置的应力会部分转移到附近位置。

(3)两个测试断面仰拱内测点呈现出 10 号测点内力较大,8 号、9 号测点内力较小的分布趋势,各个施工步骤中该趋势并未发生较大改变。施工拱部后,1 号测试断面 9 号测点的内力发生明显增长,但 2 号测试断面并未发现类似规律,考虑到 1 号测试断面的约束条件,可以推测一组二次衬砌端部(1 号测试断面所处位置)的混凝土内力调整幅度大于内侧(2 号测试断面所处位置)的混凝土。

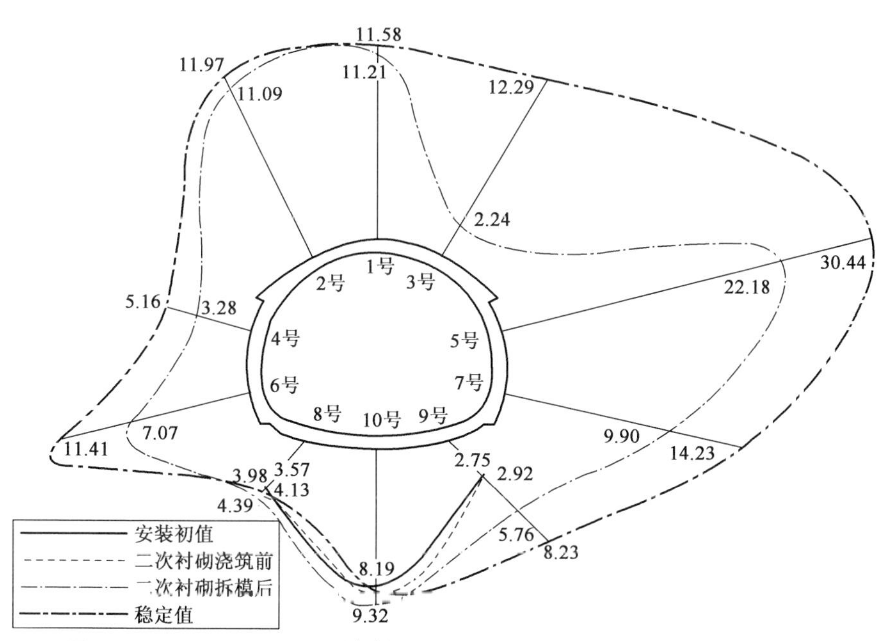

图 3-28　DK256 + 457.1(1 号)测试断面二次衬砌混凝土内力空间分布图(单位:MPa)

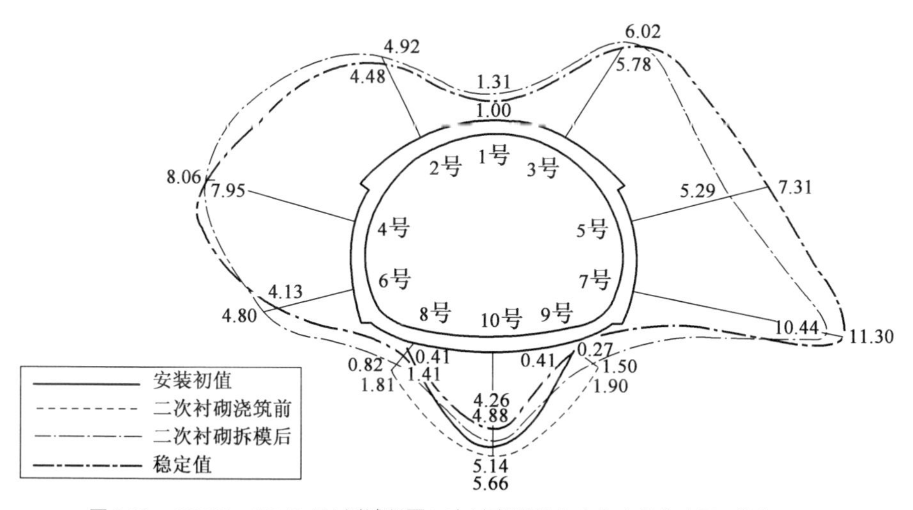

图 3-29　DK267 + 731(2 号)测试断面二次衬砌混凝土内力空间分布图(单位:MPa)

根据前述材料安全系数计算模式,表 3-10 为二次衬砌结构混凝土安全系数计算表,从表中可以看出,除了 1 号测试断面的 5 号、7 号测点外,二次衬砌混凝土内力与材料许用应力的安全系数均大于 2,这说明二次衬砌混凝土抗压强度不仅达到了材料许用应力的要求,同时也达到了衬砌结构抗压强度安全系数的要求。

二次衬砌混凝土安全系数计算表　表 3-10

测点位置	1 号测试断面实测内力（MPa）	安全系数	2 号测试断面实测内力（MPa）	安全系数
1 号	11.58	2.25	9.98	2.60
2 号	11.97	2.17	4.48	5.80
3 号	12.29	2.11	5.78	4.50
4 号	5.16	5.04	7.95	3.27
5 号	22.18	1.17	7.31	3.56
6 号	11.41	2.28	4.12	6.30
7 号	14.23	1.83	11.29	2.30
8 号	3.98	6.53	0.81	31.8
9 号	8.23	3.16	0.41	63.4
10 号	8.52	3.05	4.25	6.11

围岩—支护结构变形规律

膨胀土含有蒙脱石等大量的亲水矿物质，并且具有裂隙性和超固结性，是一种典型的不良土体。当膨胀土遇到水源时，其体积会因吸水而膨胀；失水后体积又会收缩，使本来完整的岩体发生破裂，围岩强度因此大幅度下降，同时在体积膨胀过程中会产生大量膨胀压力。大量工程实践表明，在膨胀土中修建的各种工程建筑物所经受的变形破坏，往往是不同于其他岩土的。

在实际工程中，隧道开挖后形成临空面，从而成为一个集水廊道，地下水会向隧道汇集，而膨胀围岩遇水又会发生膨胀。对于膨胀土隧道而言，施工过程中主要关注的是隧道周围膨胀围岩膨胀后对衬砌的作用，而隧道衬砌的受力变化不是施工中所关心的。针对红黏土隧道工程受到地下水入渗的影响，其膨胀性黄土围岩强度降低并发生增湿膨胀变形的情况，本节利用 ABAQUS 模拟了该隧道围岩和初期支护受力变形情况。由于温度微分方程与湿度微分方程存在相似性，利用温度模块材料热胀效应来模拟围岩吸水膨胀效应的过程，利用热—应力耦合场分析功能实现隧道周围膨胀围岩的膨胀，在实现开挖完毕后，将膨胀围岩材料的线膨胀系数设置成膨胀率的数值，同时再对其施加温度载荷，这样由于材料的热胀冷缩而实现了围岩的膨胀，可用于分析软弱围岩中隧道支护结构受力变化规律。

3.3.1 膨胀土增湿膨胀过程数值实现的基本原理

在无约束的自由边界条件下，膨胀性岩体的吸水膨胀过程是三维空间的自然发展。假设各向同性，水源导致的含水率变化均匀且恒定，则在各方向上的膨胀效果是相同的。现有研究结果表明，膨胀率的变化和含水率的变化是线性相关，但线性方程的具体参数，众学者的结论并不一致。

缪协兴学者在1993年受材料内温度场和应力场关系的启发，提出了类似温度应力场的湿度应力场概念。按这一思路，膨胀应变与含水率变化之间也是一种线性关系：

$$\varepsilon_{ij} = \alpha\delta_{ij}\Delta w \tag{3-12}$$

式中：ε_{ij}——克罗内克（Kronecker）符号；

Δw——含水率变化量。

陈宗基学者提出了一种线性公式来表达膨胀应变与含水率的关系，他认为膨胀过程不仅仅有物理力学作用，同时还包含化学力学的作用：

$$\varepsilon_{\mathrm{v}} = \varepsilon_x + \varepsilon_y + \varepsilon_z = 3\alpha H = H_0 \exp\left(\frac{\varphi}{RT}\right) \tag{3-13}$$

式中：α——表面积系数；

H_0——含水率系数；

φ——化学能；

R——气压常量；

T——绝对温度。

同时许多学者研究发现，膨胀土的强度表现出变动性，即膨胀土的强度会随着含水率的增加产生衰减，表现为黏聚力与内摩擦角的下降。

缪林昌基于含水率对强度影响，通过线性回归分析得到了以下黏聚力与内摩擦角与含水率的关系方程式：

$$c = \exp(a_1 - b_1 w) \tag{3-14}$$

$$\varphi = \exp(a_2 - b_2 w) \tag{3-15}$$

式中：a_i、b_i——常数，不同地区膨胀土对应不同值，$i = 1,2,\cdots$；

w——含水率（%）。

因此，岩体遇水软化与膨胀的过程实际上也就等同于含水率变化的过程。同时,湿度场应力平衡方程与温度场应力方程形式上是一致的。膨胀系数一个由含水率变化引起,另一个由温度变化引起,单位体积含水率对应单位体积温度,其余参数相同。该应力平衡方程联立几何协调方程与相关的边界条件,就构成了湿度(温度)应力场的控制微分方程体系。已知湿度(温度)的变化,就可以依据该体系求解出应力场、应变场、位移场相应的变化。由于因温度差导致的热传导过程与因水头差导致的渗流过程在原理上具有一定的相似性,同时温度场中的热胀冷缩效应又可用来模拟膨胀土的吸水膨胀与失水收缩特性,这就为采用温度场模拟渗流场提供了理论上的可行性。

目前,国内学者在模拟膨胀土增湿膨胀效应时,部分是通过在单元上施加垂直于临空面的外力来模拟膨胀力,然而事实上,膨胀变形是向四周发展的,膨胀力并不能单纯以外力方式施加。因此有必要基于本隧道采用温度场模块,通过已确定的渗流场—温度场相关参数的转化关系,进行热传导计算;模拟膨胀土的增湿膨胀过程,进行更深入的研究分析。

3.3.2 数值模拟模型说明

1)基本假设

(1)本模拟过程只涉及衬砌因条件改变时的受力变化情况,为最大限度地减少其他因素的干扰,建模时不专门设置超前支护的结构单元,而是通过提高加固区强度参数和变形参数的方式来进行等效。

(2)模型中不体现上覆140m厚黄土层,根据先期的工程地质勘察报告中的上部覆盖土层厚度计算压力,采用折算荷载加载于模型顶面。

(3)对于膨胀土隧道,主要关注的是隧道洞周围岩膨胀后对衬砌的作用,为了简化计算,不考虑开挖过程中膨胀土的影响。

(4)计算模型为弹塑性本构模型,围岩进入塑性后采用莫尔—库仑屈服准则,支护体系在线弹性范围内变化。

(5)岩体变形是各向同性的。

(6)围岩的初始应力场由自重应力构成,不考虑构造应力的影响。

2)模型尺寸与边界条件

(1)模型尺寸

在有限元数值模拟计算中,计算结果的真实性和准确性跟模型计算范围和边界条件的选择密切相关。模型计算范围的确定一般要从控制计算难度和满足计算精度两方面考虑,通过调研分析大量的工程实例可知,隧道开挖所引起的地层应力应变范围为隧道周围3～5倍的洞宽。参考隧道施工图设计方案，确定建模断面大小。本工程隧洞高12.6m，洞径14.8m，由圣维南原理可知隧洞两侧取隧道洞径3～5倍为宜，最终确定模型尺寸为100m×100m×4.8m，如图3-30所示。模型范围内所有土体单元采用莫尔—库仑本构关系，衬砌结构中混凝土采取弹塑性模型、拱架与锚杆采取弹性模型进行计算。在网格划分中，为了提高计算精度，减少计算时间，在衬砌结构附近增加网格密度。模型的网格划分如图3-31所示。依照现场施工工序并结合数值模拟的计算特点，循环进尺定为1.6m，围岩和衬砌单元采用实体单元，钢拱架和锁脚锚管单元类型为梁单元。由于软弱围岩的强度较低，故在开挖一步后就及时施作初期支护，保证隧道不发生过大位移。

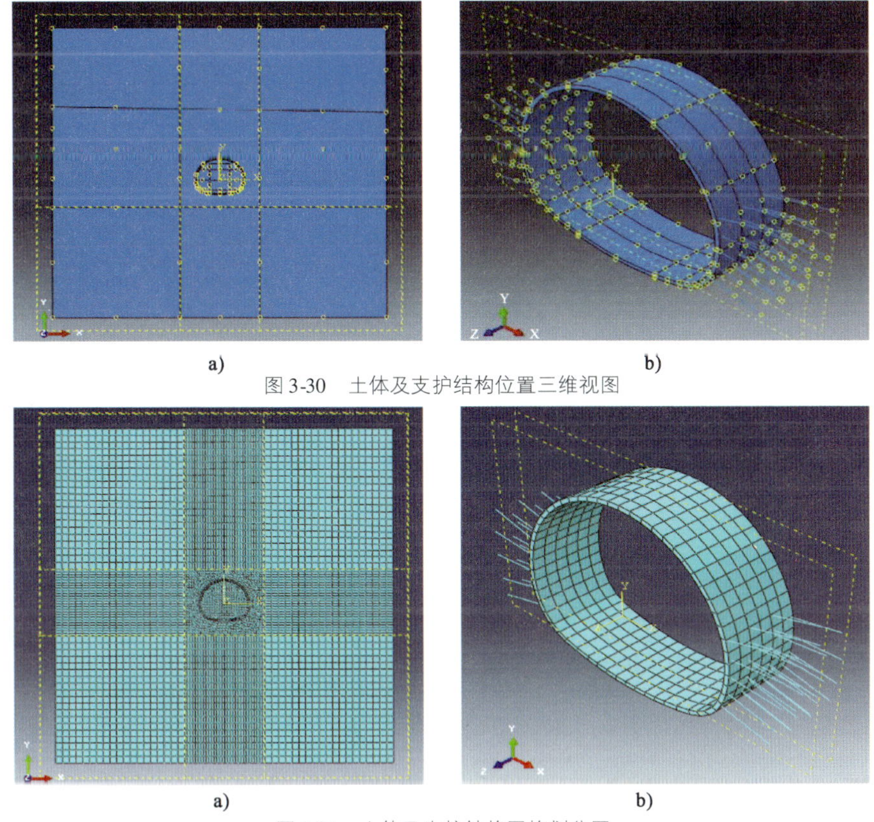

图3-30　土体及支护结构位置三维视图

图3-31　土体及支护结构网格划分图

计算步骤为：建立模型→地应力平衡→开挖→支护→施加软化与膨胀→计算收敛完成。

(2)边界条件

本模型定义 XOY 平面为断面平面,Z 向为隧道掘进方向,位移边界条件为:底面 X、Y、Z 三个方向为平移约束,侧面限制侧向变形,上部边界设置为自由变形。其中,钢拱架与锚杆设置绕 X、Y、Z 轴的扭转约束,这样有利于模型收敛,也符合实际情况中初期支护中钢拱架几乎不发生平面外变形。

3)参数选取

对于膨胀土,在增湿变形过程中的膨胀应变增量与含水率变化的关系式如下:

$$\Delta\varepsilon_{ij}=\beta\delta_{ij}\Delta w \tag{3-16}$$

式中:$\Delta\varepsilon_{ij}$——湿度变化引起的应变增量;

β——膨胀土的膨胀系数;

δ_{ij}——Kronecker 符号;

Δw——含水率变化量。

热力学中物体受热膨胀引起的膨胀应变增量计算公式为:

$$\Delta\varepsilon_{ij}=\alpha\delta_{ij}\Delta T \tag{3-17}$$

式中:α——热线膨胀系数;

ΔT——温度变化量。

联立式(3-16)和式(3-17)可得:

$$\alpha=\frac{\beta\Delta w}{\Delta T} \tag{3-18}$$

因此,本节设定当单元含水率从残余含水率 θ_r 增加到饱和含水率 θ_s 时对应的温度为 100℃,各节点对应的等效温度 T_p 采用线性插值法计算,计算公式如下:

$$T_p=100\times\frac{\Delta\theta}{\theta_s-\theta_r} \tag{3-19}$$

围岩材料计算采用莫尔—库仑模型。

莫尔—库仑模型主要适用于在单调载荷下颗粒状材料,在岩土工程中应用非常广泛,其屈服准则为:

$$F=R_{mc}q-p\tan\varphi-c=0 \tag{3-20}$$

式中:R_{mc}——屈服弹度(MPa);

φ——q-p 应力面上莫尔—库仑屈服面的倾斜角(°),称为材料的摩擦角;

c——材料的黏聚力(kPa)。

作为围岩的两个重要的参数,黏聚力 c 和内摩擦角 φ 都可以通过材料数据表输入。基于相关室内试验,确定土层物理力学参数,见表3-11、表3-12。

土层物理力学参数　表3-11

土层	重度(kN/m³)	弹性模量(MPa)	泊松比	黏聚力(kPa)	内摩擦角(°)
Q_2 黏质黄土	23	73.4	0.35	60	20
膨胀土	22.4	80.4	0.3	63	9.9

膨胀土胀缩性指标　表3-12

土层	天然含水率(%)	饱和含水率(%)	自由膨胀率(%)	膨胀率(%)	膨胀力(kPa)
膨胀土	16.1	18.5	66	4.65	51.4

本路段隧道衬砌结构均按照新奥法原理进行设计,采用复合式衬砌,即初期支护采用30cm厚C25喷射混凝土;全环I 20a工字钢,间距0.8m;ϕ8mm钢筋网片,间距20cm×20cm;边墙处锚杆长度3.5m,1.2m×2m梅花形布置,在地质条件较差段辅以不同形式的超前支护,二次衬砌为50cm厚C30钢筋混凝土。为了简化计算,将钢筋网与喷射混凝土进行刚度等效计算。计算后得到的参数赋给表3-13中的喷射混凝土与挂网等效部件,结合地勘资料及《公路隧道设计细则》(JTG/T D70—2004),建模时各支护材料参数见表3-13。

$$E_cI_c = \sum_{i=1}^{i=n} E_iI_i \tag{3-21}$$

式中:E_c——衬砌等效弹性模量(Pa);

I_c——衬砌等效惯性矩(m^4);

E_i——各组成部分弹性模量(Pa);

I_i——各组成部分惯性矩(m^4)。

计算模型各部件力学参数　表3-13

部件名称	弹性模量(MPa)	密度ρ(g/cm³)	泊松比
钢拱架	210000	7.8	0.25
喷射混凝土与挂网等效部件	28000	2.4	0.2
锚杆	210000	7.8	0.25

4)观测点布置

根据现场开挖进度,并结合模型,观测点布置如图3-32所示,其中观测点1号记录拱顶受力,观测点2号记录拱腰受力,观测点3号记录边墙受力,观测点4号记录拱脚受力,观测点5号记录仰拱受力。

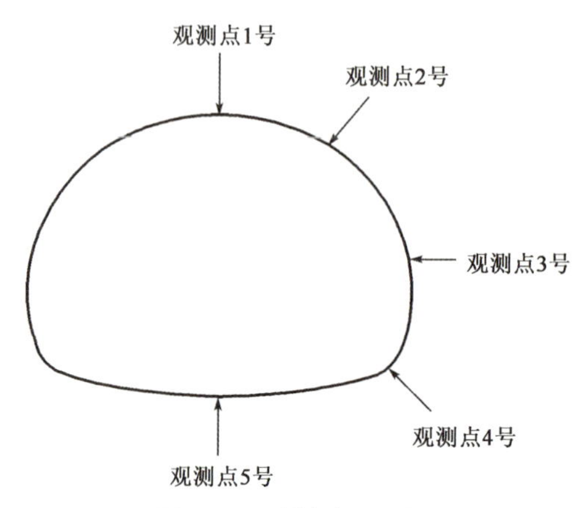

图 3-32　观测点布置示意图

3.3.3 计算结果分析

1)围岩应力与位移

(1)围岩应力

不同含水率下围岩应力分布云图如图 3-33 所示。

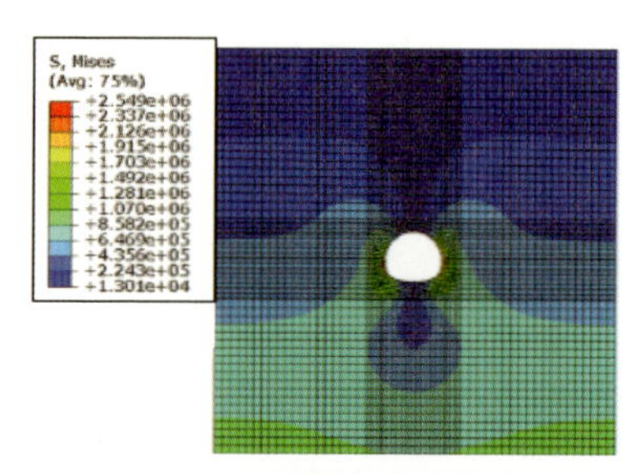

a)w=16.1%时总应力云图

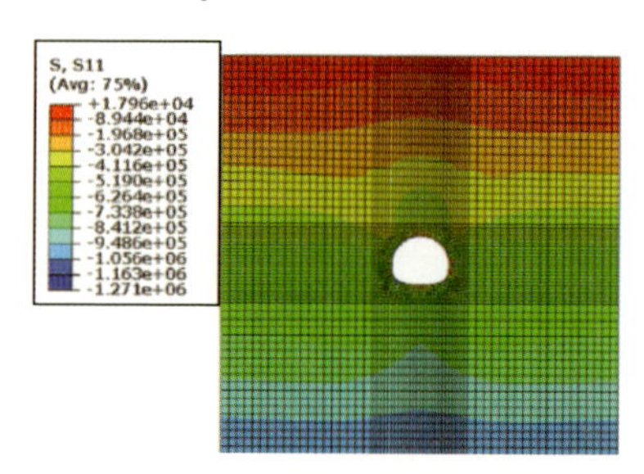

b)w=16.1%时x向应力云图

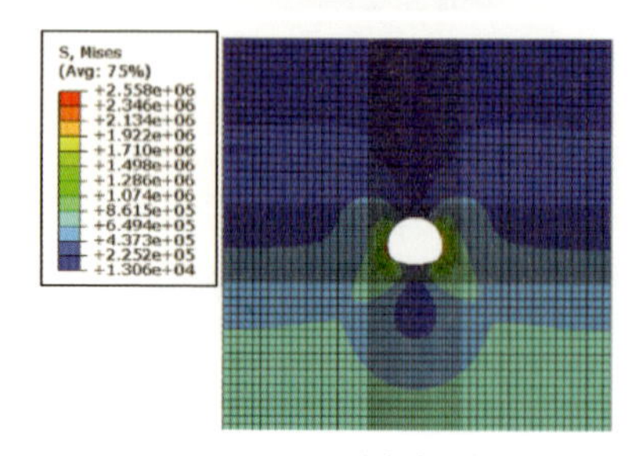

c)w=16.5%时应力云图

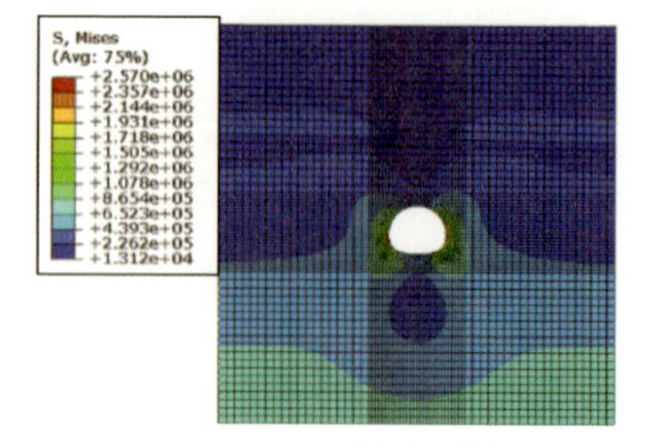

d)w=16.9%时应力云图

图　3-33

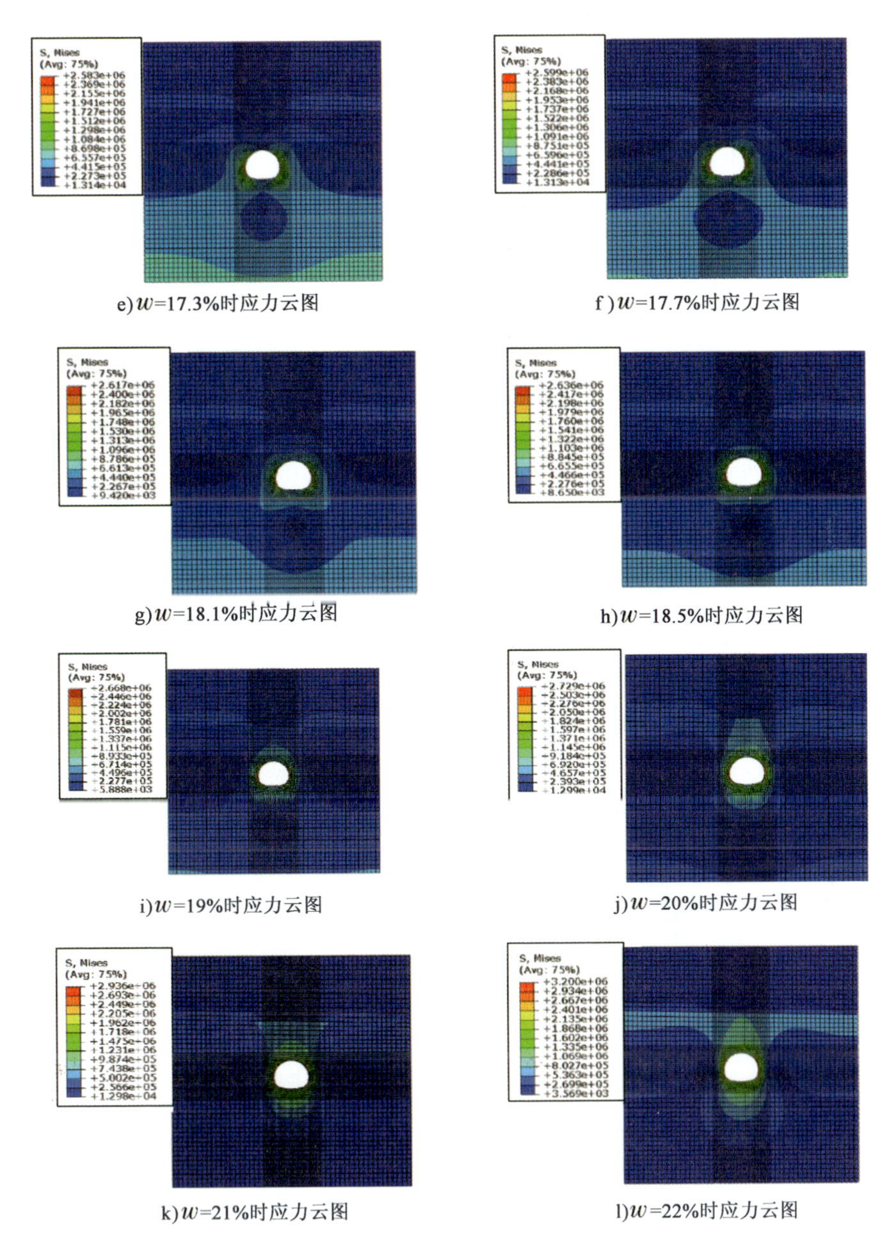

e) w=17.3%时应力云图　　f) w=17.7%时应力云图

g) w=18.1%时应力云图　　h) w=18.5%时应力云图

i) w=19%时应力云图　　j) w=20%时应力云图

k) w=21%时应力云图　　l) w=22%时应力云图

图3-33　不同含水率下围岩应力分布云图

从图3-33中可看出，随着地层含水率的变化，直至含水率达到22%时，围岩应力分布范围变化不大。天然含水率（w = 16.1%）时围岩所受最大应力约

2.55MPa；直至含水率达到22%时，围岩所受最大应力约3.2MPa，且在隧道拱腰处出现应力集中。

(2)围岩位移

不同含水率下围岩位移云图如图3-34所示。

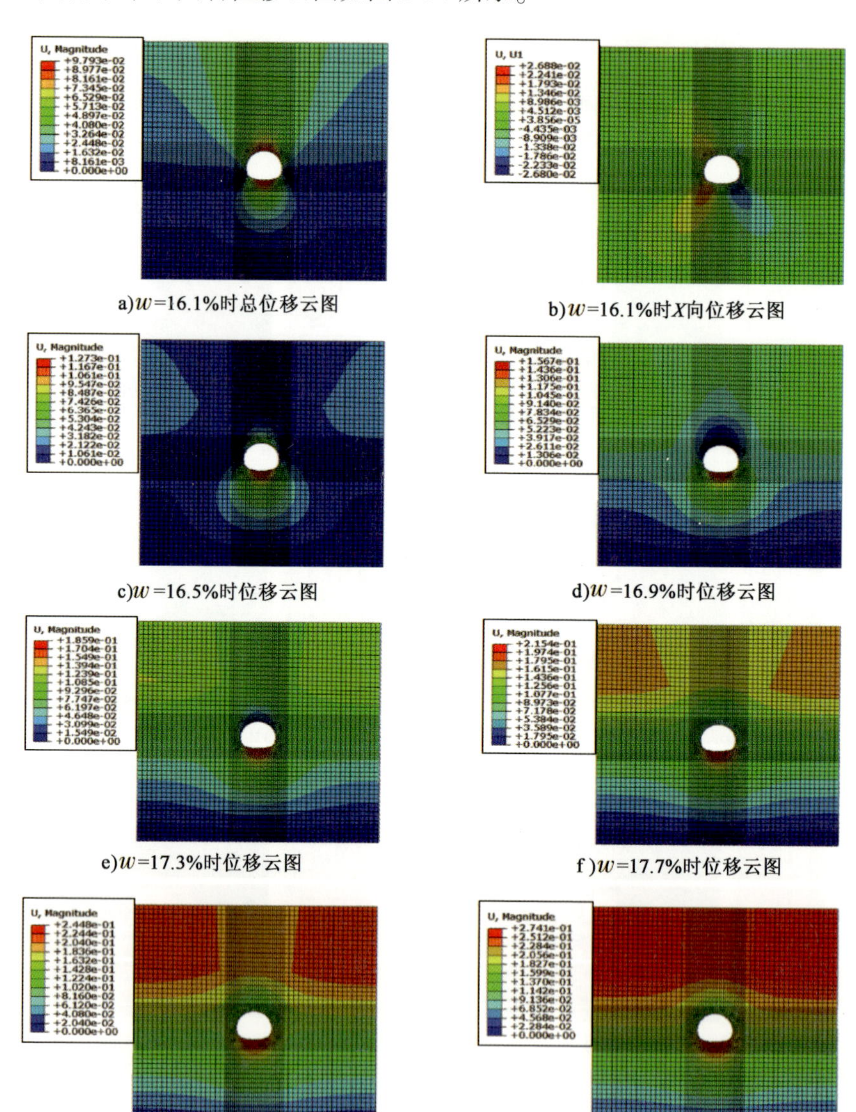

a)w=16.1%时总位移云图　b)w=16.1%时X向位移云图

c)w=16.5%时位移云图　d)w=16.9%时位移云图

e)w=17.3%时位移云图　f)w=17.7%时位移云图

g)w=18.1%时位移云图　h)w=18.5%时位移云图

图 3-34

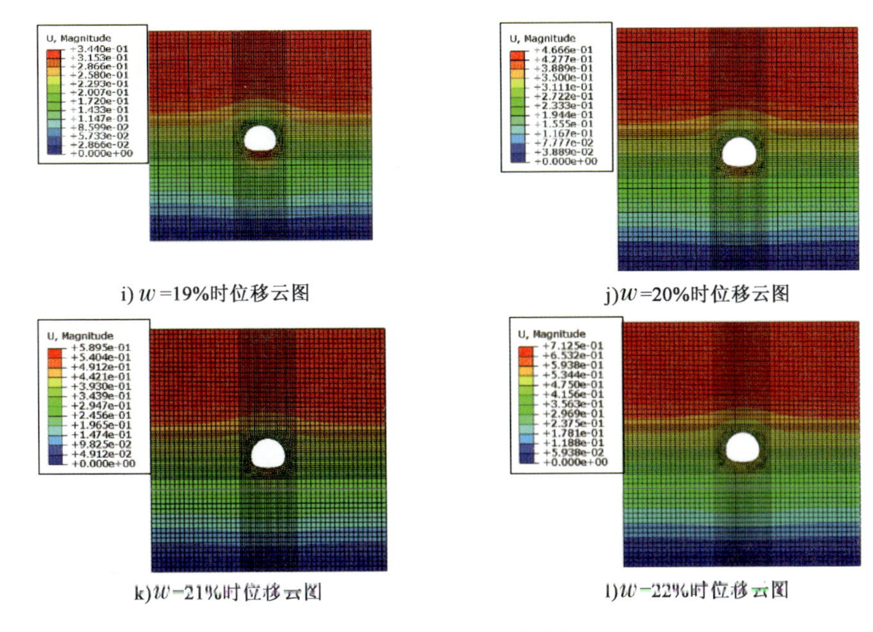

i) w=19%时位移云图　　j) w=20%时位移云图

k) w=21%时位移云图　　l) w=22%时位移云图

图 3-34　不同含水率下围岩位移分布云图

从图 3-34 中可看出，随着地层含水率的变化，直至含水率达到 22% 时，拱顶沉降逐渐增大，边墙位移也逐渐增大。天然含水率（w = 16.1%）时围岩最大位移值约为 97.93mm；直至含水率达到 22% 时，围岩最大位移值约为 712.5mm。

2）衬砌结构应力与位移

（1）衬砌结构应力

不同含水率下衬砌结构应力云图如图 3-35 所示。

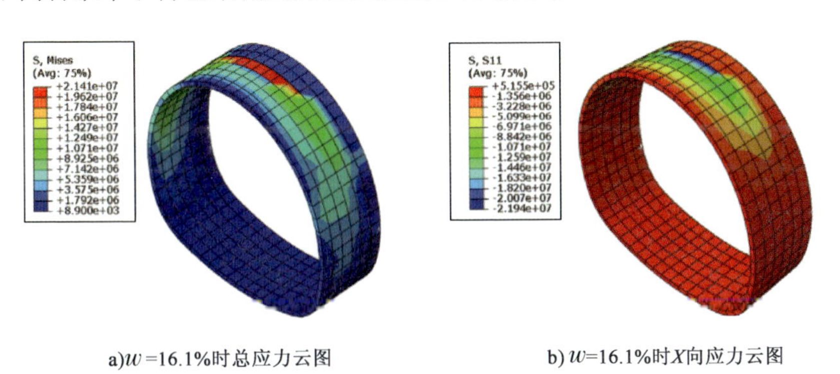

a) w=16.1%时总应力云图　　b) w=16.1%时X向应力云图

图 3-35

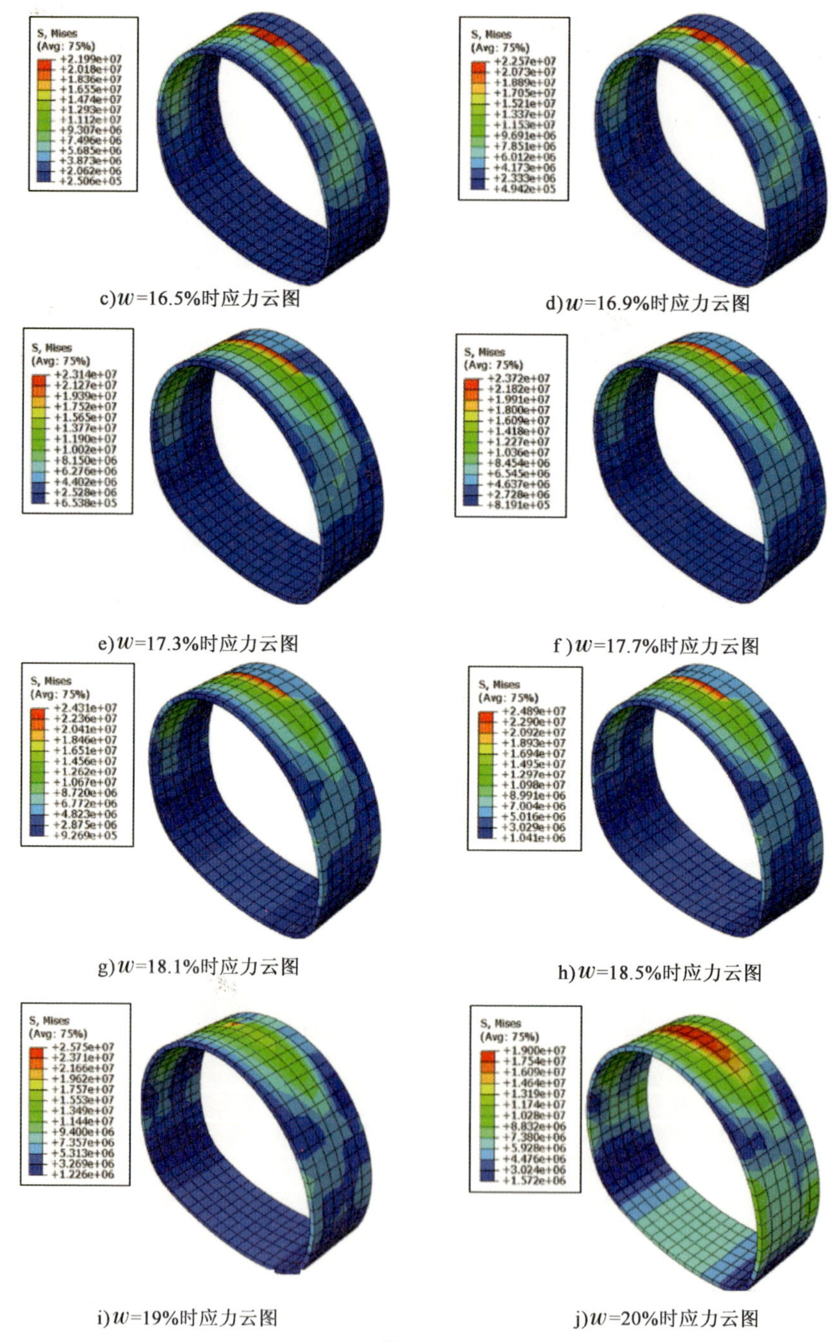

c) w=16.5%时应力云图　d) w=16.9%时应力云图

e) w=17.3%时应力云图　f) w=17.7%时应力云图

g) w=18.1%时应力云图　h) w=18.5%时应力云图

i) w=19%时应力云图　j) w=20%时应力云图

图 3-35

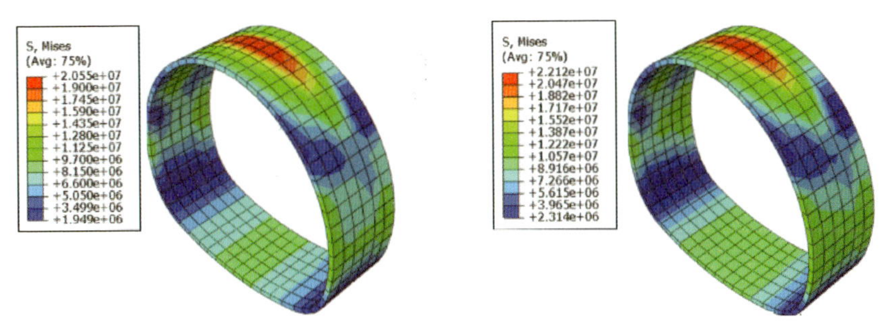

k) w=2%1时应力云图　　l) w=22%时应力云图

图 3-35　不同含水率下衬砌结构应力分布云图

从图 3-35 中可看出，随着地层含水率的变化，直至含水率达到 22% 时，衬砌结构整体承受应力值逐渐增大。天然含水率（w = 16.1%）时衬砌结构承受最大应力值约为 21.4MPa；直至含水率达到 22% 时，衬砌结构承受最大应力值约为 22.1MPa，但处于上小节换算出的喷射混凝土与挂网等效部件容许应力范围内，结构安全。

（2）衬砌结构位移

不同含水率下衬砌结构位移云图如图 3-36 所示。

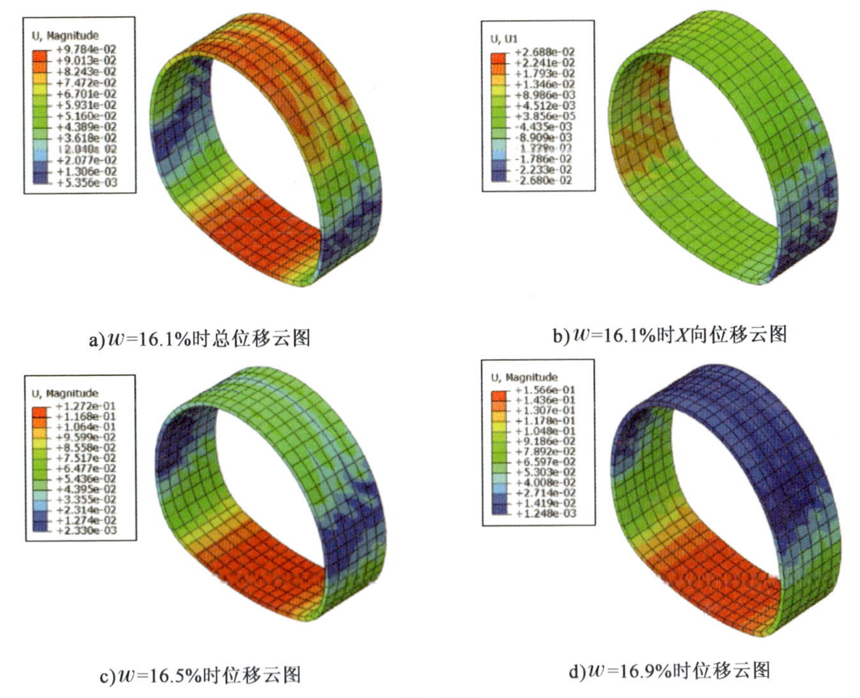

a) w=16.1%时总位移云图　　b) w=16.1%时X向位移云图

c) w=16.5%时位移云图　　d) w=16.9%时位移云图

图　3-36

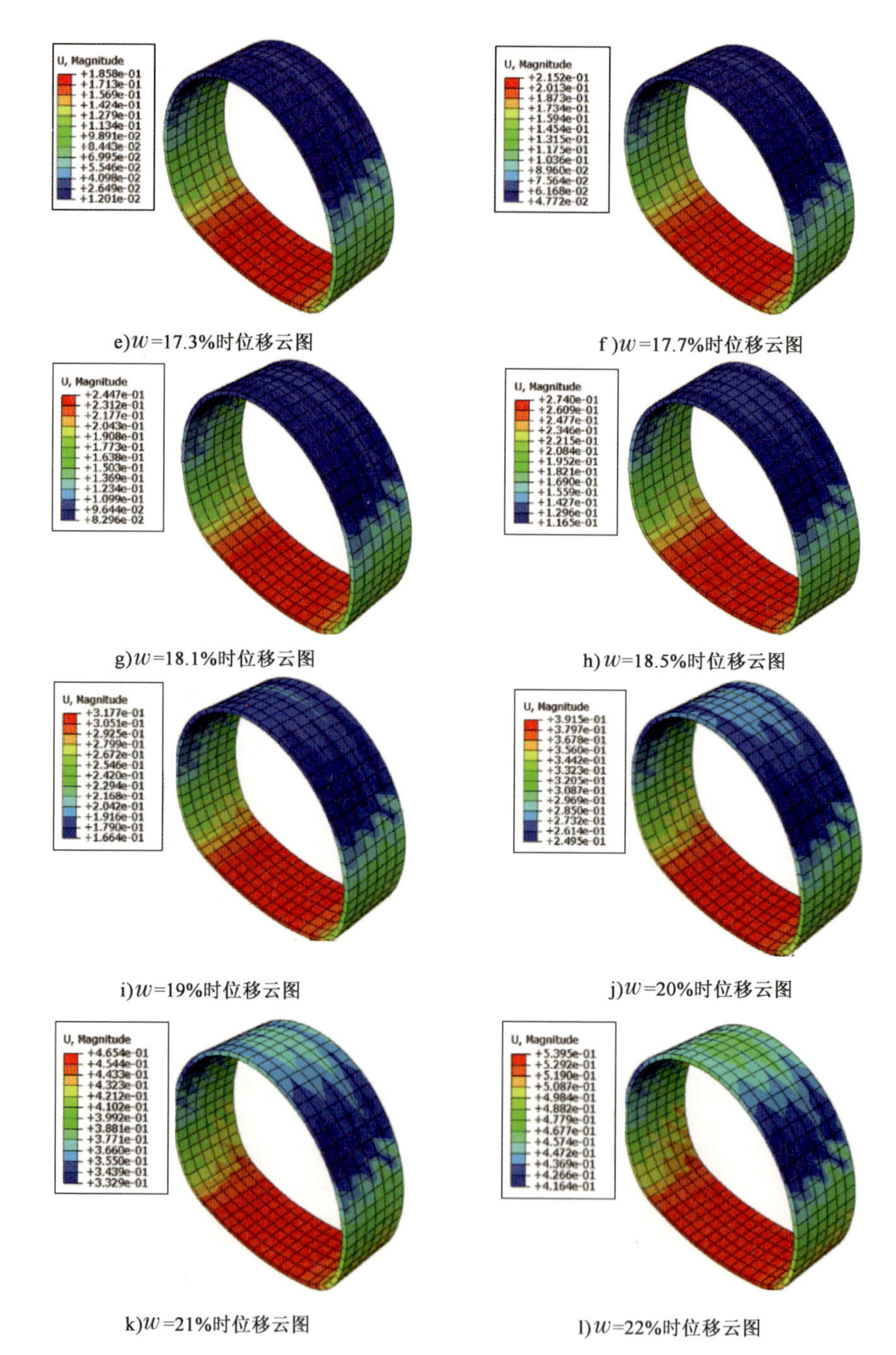

e) w=17.3%时位移云图　　f) w=17.7%时位移云图

g) w=18.1%时位移云图　　h) w=18.5%时位移云图

i) w=19%时位移云图　　j) w=20%时位移云图

k) w=21%时位移云图　　l) w=22%时位移云图

图 3-36　不同含水率下衬砌结构位移分布云图

从图3-36中可看出，随着地层含水率的变化，直至含水率达到22%时，衬砌结构顶部沉降值逐渐降低，底部位移值反而逐渐增大。天然含水率($w=16.1\%$)时，衬砌结构最大位移值约为97.84mm；直至含水率达到22%时，衬砌结构最大位移值约为539.5mm。

3)钢架与锚杆应力与位移

(1)钢架与锚杆结构应力

不同含水率下钢架与锚杆结构应力云图如图3-37所示。

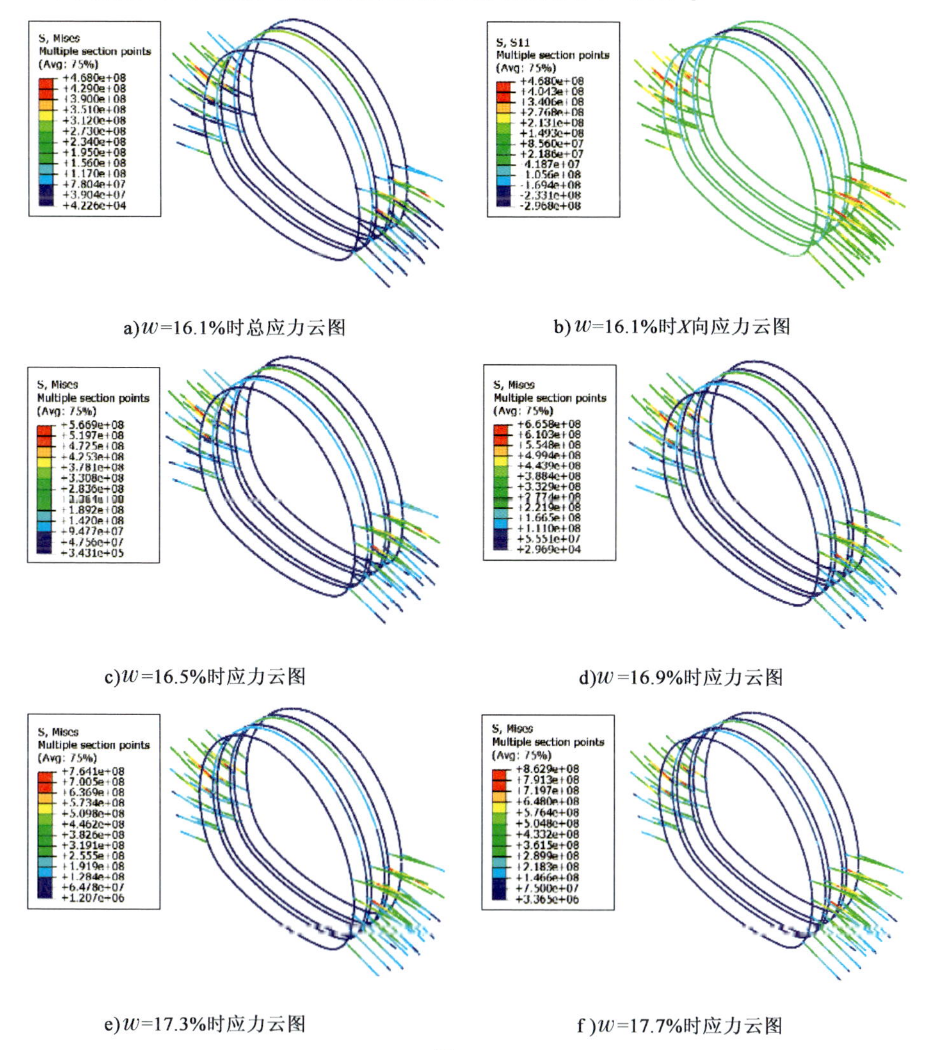

a) $w=16.1\%$时总应力云图　b) $w=16.1\%$时X向应力云图

c) $w=16.5\%$时应力云图　d) $w=16.9\%$时应力云图

e) $w=17.3\%$时应力云图　f) $w=17.7\%$时应力云图

图 3-37

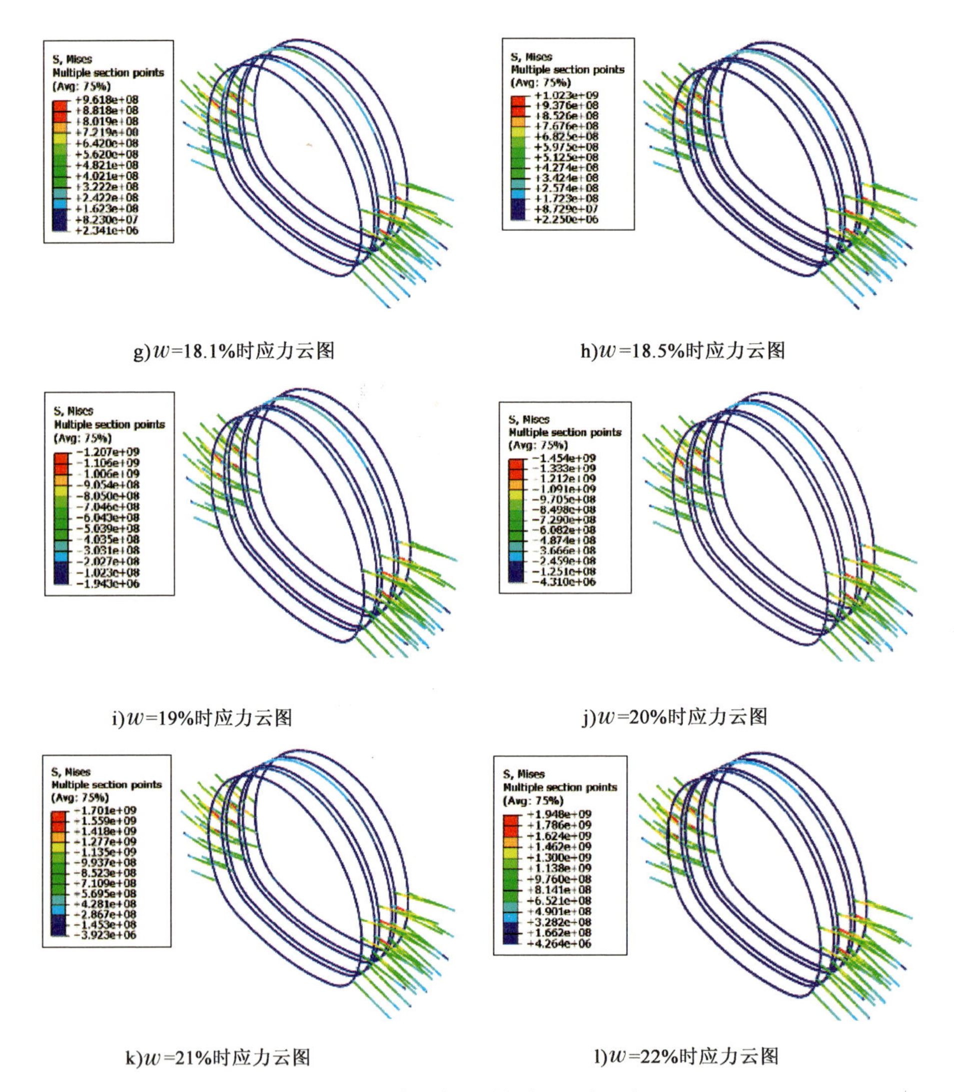

g) w=18.1%时应力云图　h) w=18.5%时应力云图

i) w=19%时应力云图　j) w=20%时应力云图

k) w=21%时应力云图　l) w=22%时应力云图

图 3-37　不同含水率下衬砌结构应力分布云图

从图 3-37 中可看出，随着地层含水率的变化，直至含水率达到 22% 时，钢架与锚杆结构整体承受应力值逐渐增大。天然含水率（w = 16.1%）时钢架与锚杆结构承受最大应力值约为 468MPa；直至含水率达到 22% 时，钢架与锚杆结构承受最大应力值约为 1948MPa。

(2) 钢架与锚杆结构位移

不同含水率下钢架与锚杆结构位移云图如图 3-38 所示。

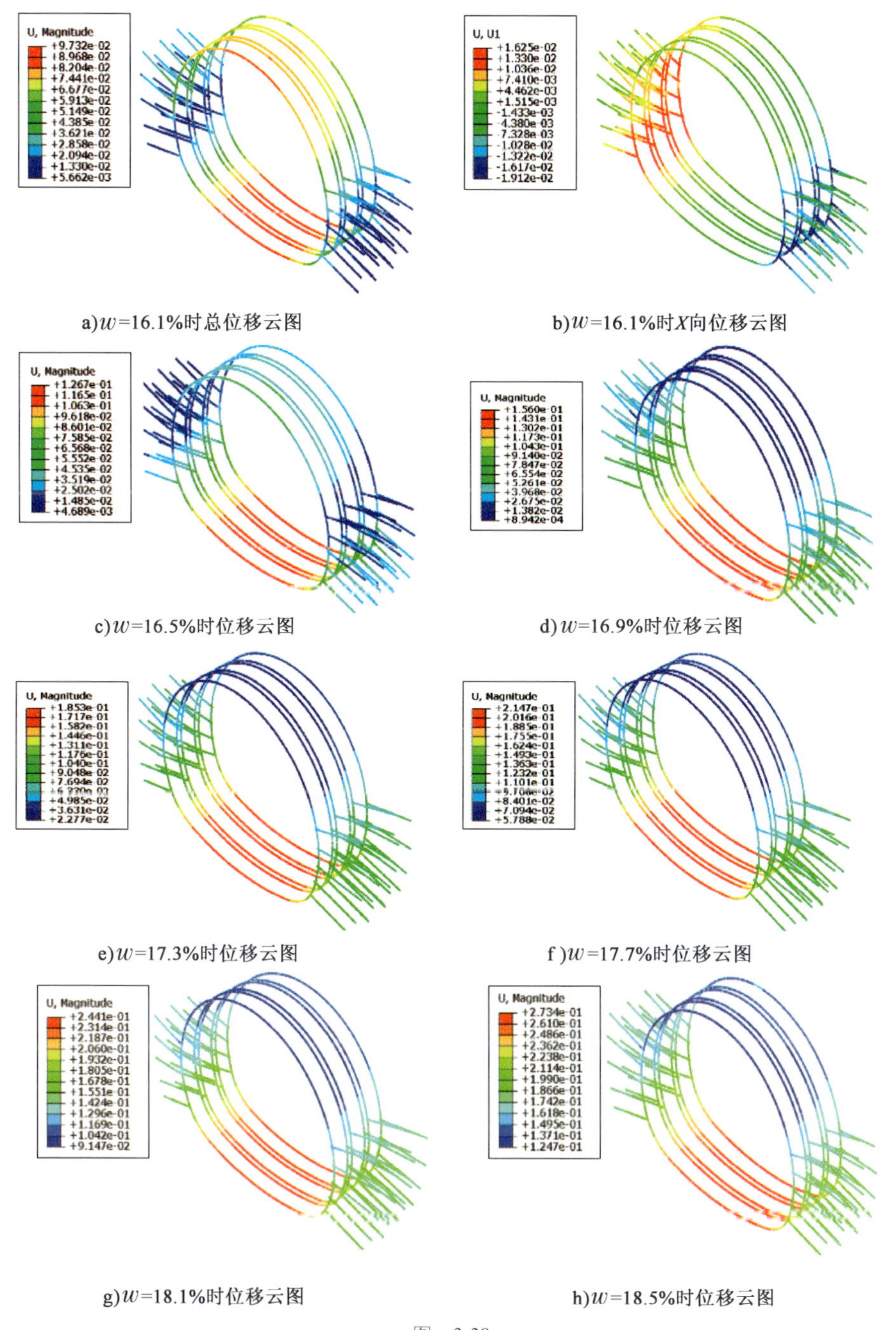

a) w=16.1%时总位移云图

b) w=16.1%时X向位移云图

c) w=16.5%时位移云图

d) w=16.9%时位移云图

e) w=17.3%时位移云图

f) w=17.7%时位移云图

g) w=18.1%时位移云图

h) w=18.5%时位移云图

图 3-38

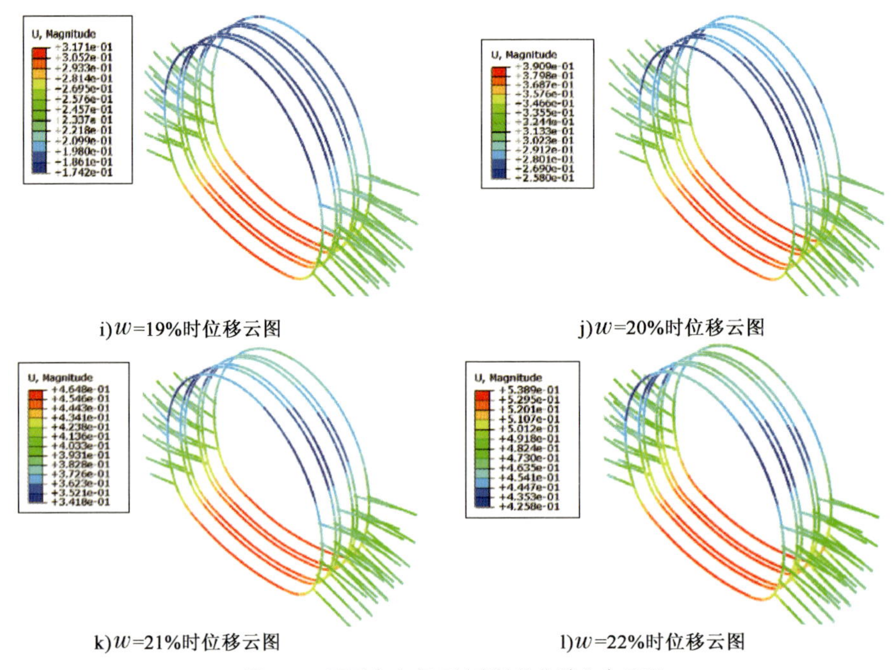

i) w=19%时位移云图　　j) w=20%时位移云图

k) w=21%时位移云图　　l) w=22%时位移云图

图 3-38　不同含水率下衬砌结构位移分布云图

从图 3-38 中可看出，随着地层含水率的变化，直至含水率达到 22% 时，钢架与锚杆结构整体位移值逐渐增大。天然含水率（w = 16.1%）时，钢架与锚杆结构最大位移值约为 97.3mm；直至含水率达到 22% 时，钢架与锚杆结构最大位移值约为 538.9mm。

3.4 本章小结

本章主要基于现场监控量测，对围岩压力、初期支护混凝土内力、钢架内力、拱架间作用力以及初期支护与二次衬砌间的接触压力进行了研究，明确了围岩—支护结构在时间与空间上的分布规律。采取数值模拟方法，进一步研究了受红黏土弱膨胀性导致的围岩膨胀力对隧道稳定性的影响，可为隧道设计与施工提供重要参考。

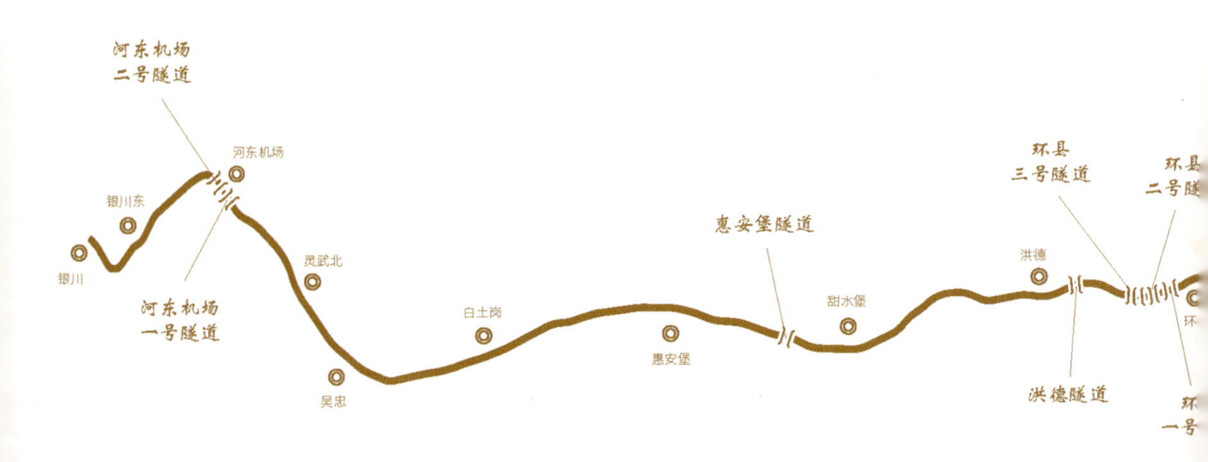
河东机场
二号隧道
河东机场
银川东
银川
河东机场
一号隧道
灵武北
吴忠
白土岗
惠安堡
惠安堡隧道
甜水堡
洪德
洪德隧道
环县
三号隧道
环县
二号

第4章

红黏土隧道施工工法研究

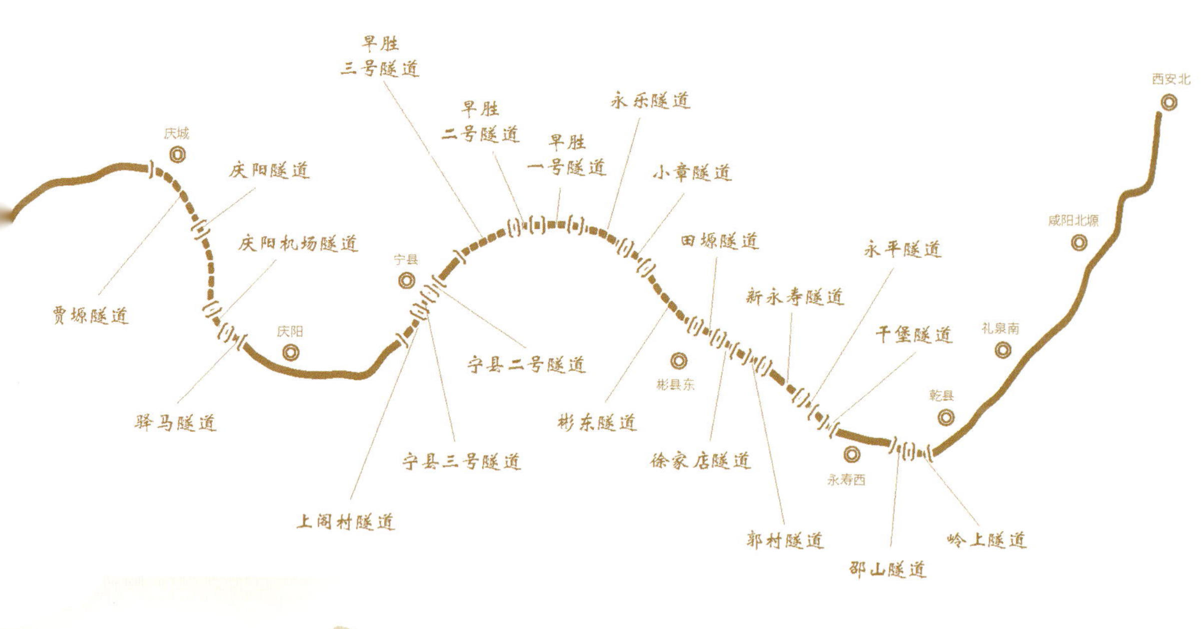

土质隧道施工工法

由于隧道的开挖受围岩类别、开挖面积、埋深、工程地质条件、施工技术装备等因素的影响，因此，开挖工法的适宜性需要进行认真研究合理比选。本节针对隧道大断面穿越膨胀性红黏土的特殊工程情况，并结合工程质量、速度与造价等因素，拟定五种施工工法：全断面法、台阶法、中隔墙法（CD法）、双侧壁导坑法三台阶七步法。并对这五种工法的特点及施工工序分别进行研究。

4.1.1 全断面法

1）工法介绍

全断面法又称全断面掘进法，是指将隧道的断面一次开挖成型，或钻爆或掘进，开挖后统一进行支护衬砌的施工工法。其特点是工序少，对施工组织和管理有利；开挖断面大，可以采用深孔爆破，加快开挖进度；轮廓一次成型，扰动围岩次数少；作业空间大，有利于大型机械作业。

全断面法主要适用于Ⅰ～Ⅲ级围岩，有时也用于Ⅳ级围岩，使用这种工法的前提是在开挖过程中围岩能够自稳。当隧道断面在50m²以下且又处于Ⅲ级围岩地层时，为了减少施工过程中对地层的扰动次数，在采取局部注浆等辅助施工措施加固地层后，也可采用全断面法施工。但在第四纪地层中采用全断面法时，隧道断面一般要在20m²以下。山岭隧道及小断面城市地下电力、热力、电信等管道工程施工多用此种工法。

2）施工工序

（1）使用移动式钻孔台车，全断面一次钻孔，并进行装药连线。

（2）将钻孔台车后退到50m以外的安全地点，再起爆，一次爆破成型。

（3）出渣后钻孔台车再推移至开挖面就位，开始下一个钻爆作业循环。

3）施工注意事项

（1）开挖的同时要施作初期支护，铺设防水隔离层（或不铺设），进行二次筑模衬砌。

（2）增加机械手进行复喷作业，先初喷后复喷，以利于稳定地层和加快施工进度;铺底混凝土必须提前施作,且不滞后200m。

(3)当地层较差时铺底应紧跟,这是确保施工安全和质量的重要措施。

4.1.2 台阶法

1)工法介绍

台阶法也称为半断面法,该工法将开挖断面分为上下两个(或三个)台阶,其中上台阶高度应控制在3~4.5m为宜,根据台阶长度又分为长台阶法(上台阶超前1倍洞径以上)、短台阶法(台阶长度小于1倍洞径但大于0.5倍洞径)、超短台阶法(上台阶长度0.3~0.5倍洞径)。使用该工法施工时务必在围岩失稳之前开挖下台阶,使支护尽早闭合。该法使用的前提是围岩能够在短期内自稳,是全断面法的变化工法。

2)施工工序

(1)开挖上台阶,找顶初喷,出渣,施作初期支护(锚杆、钢筋网、喷射混凝土)。

(2)开挖下台阶,出渣,施作初期支护(初喷、锚杆、钢筋网、喷射混凝土)。

(3)施作模筑混凝土(仰拱或铺底超前施工)。

在软岩隧道施工中一般采用超短台阶法施工。对于超短台阶法,虽然不乏成功的工程实例,但其也存在自身的优缺点及适用条件。优点是:由于超短台阶法减小了开挖量,使得初期支护全断面闭合时间缩短,更有利于抑制围岩变形。缺点是:台阶长度短,机械设备集中,施工时相互影响较大,导致生产效率降低,开挖速度放慢。在软弱围岩中采用该工法进行隧道施工时,应重视掌子面的稳定性,必要时可对掌子面进行预加固或预支护。

3)施工注意事项

(1)解决好上、下半断面作业的相互干扰问题。微台阶基本上是合为一个工作面进行同步掘进;长台阶基本上拉开,干扰较小;而短台阶干扰就较大,要注意作业组织。对于长度较短的隧道,可将上半断面贯通后,再进行下半断面施工。

(2)下部开挖时,应注意上部的稳定。若围岩稳定性较好,则可以分段开挖;若围岩稳定性较差,则应缩短下部掘进循环进尺;若稳定性更差,则可以左右错开,或先拉中槽后挖边帮。

(3)下部边墙开挖后必须立即喷射混凝土,并按规定施作初期支护。

4.1.3 CD 法

1)工法介绍

CD 法是指先开挖隧道一侧,并施作临时中隔墙,当先开挖一侧超前一定距离后,再开挖隧道另一侧。该工法主要应用于地质较差和自稳能力低的岩体,且适用于沉降收敛要求严格的隧道工程施工。

CD 法是以台阶法为基础,把隧道开挖断面从中间分成两个部分(即上、下台阶各分成左右两个部分),每一部分开挖后进行支护,从而使每一部分成为独立的闭合结构,如图 4-1 所示。在对各部分进行施工时,纵向间隔的距离应结合实际工程情况,按台阶法要求来确定。当 CD 法仍不能保证围岩稳定时,可在 CD 法基础上对各分部加设临时仰拱,将开挖中壁一侧改为两侧交叉开挖、步步封闭成环,从而发展为交叉中隔壁法(CRD 法)。因 CRD 法由 CD 法衍生,故后续不再单独比选。

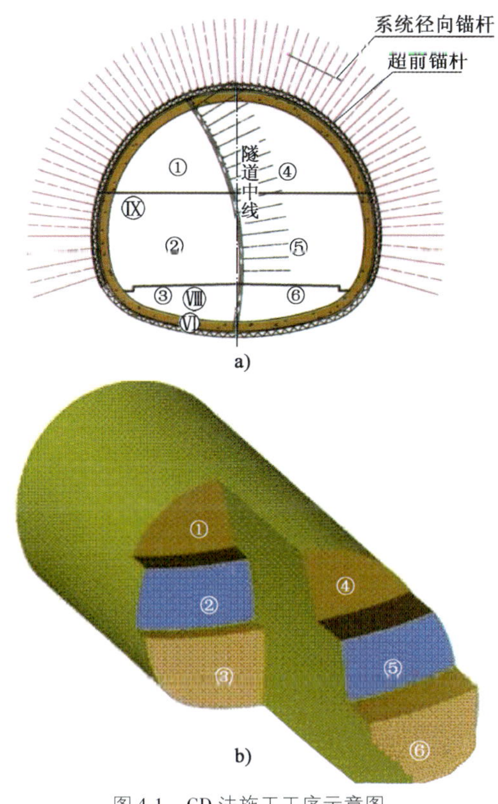

图 4-1 CD 法施工工序示意图

注:序号为开挖步序。

2)施工工序

(1)先行导坑上部开挖,先行导坑上部初期支护。

(2)先行导坑中部开挖,先行导坑中部初期支护。

(3)先行导坑下部开挖,先行导坑下部初期支护。

(4)后行导坑上部开挖,后行导坑上部初期支护。

(5)后行导坑中部开挖,后行导坑中部初期支护。

(6)后行导坑下部开挖,后行导坑下部开挖。

(7)仰拱超前浇筑。

(8)全断面二次衬砌。

3)施工注意事项

(1)上部导坑的开挖循环进尺控制为1榀钢架间距(0.75~0.8m),下部导坑的开挖进尺可依据地质情况适当加大。

(2)初期支护完成后方可进行下一部分开挖,地质较差时,每个台阶底部均应按设计要求设临时钢架或临时仰拱;各部分开挖时,周边轮廓应尽量圆顺;应在先开挖侧喷射混凝土,其强度达到设计要求后再进行另一侧开挖;左右两侧导坑开挖工作面的纵向间距不宜小于15m;当开挖形成全断面时,应及时完成全断面初期支护闭合。

(3)导坑开挖孔径及台阶高度可根据施工机具、人员等安排进行适当调整。应配备适合导坑开挖的小型机械设备,提高导坑开挖效率。

(4)中隔墙的拆除应滞后于仰拱,并应于围岩变形稳定后才能进行,一次拆除长度应根据量测数据慎重确定,拆除后应立即施作二次衬砌。

4.1.4 双侧壁导坑法

1)工法介绍

双侧壁导坑法又称双侧壁导洞法或“眼镜工法”,属于新奥法的一个分支。初期支护采用C25喷射混凝土,厚度为0.3m。锚杆长度为5m,直径22mm,横向间距1m,纵向间距1m。二次衬砌采用混凝土衬砌,待初期支护全部施加完毕后整环施加。

2)施工工序

(1)开挖一侧导坑,及时将初期支护闭合。

(2)相隔适当距离后开挖另一侧导坑,并施作初期支护。

(3)开挖上部核心土,施作拱部初期支护,拱脚支承在两侧壁导坑的初期支护上。

(4)开挖下台阶,施作底部初期支护,使初期支护全断面闭合。

(5)拆除导坑临空部分的初期支护。

(6)施作二次衬砌。

3)施工注意事项

(1)左右两侧要错开一定距离开挖,一般错开距离为50m左右。

(2)左右侧导坑开挖断面为隧道断面的1/3偏小,围岩不好时要考虑在$10m^2$左右,可根据设备、现场情况适当调整。如条件具备,原则上采用大分部开挖。

(3)围岩太软、导坑开挖断面太大时,可以考虑将其分割成两部开挖,同时在每一部开挖支护后设水平临时支撑顶住钢架,此时和CD法施工有类似之处。

(4)左右侧壁导坑开挖后应及时施作初期支护,必要时底部设置临时支撑或临时仰拱,保证初期支护闭合成环,从而提高其整体支护刚度。

(5)钢架设计和开挖轮廓应尽量吻合(根据隧道断面情况分片制作,安装后联结),喷射混凝土应圆顺,从而减小应力集中。

(6)核心岩土体的开挖可以分部进行,根据设备及现场情况灵活调整。

(7)核心岩土体底部一次开挖到仰拱底部位置,同时及时施工仰拱初期支护,使随道初期支护封闭成环,同时仰拱紧跟。

在浅埋大跨度隧道施工的过程中,采用双侧壁导坑法能够有效控制地表的下沉,保持掌子面的稳定性、安全性和可靠性。现场的实测表明,双侧壁导坑法所引起的地表沉陷仅为两台阶法的1/2。虽然双侧壁导坑法开挖断面分块多、扰动大、初次支护全断面闭合的时间长,但每个分块都是在开挖后立即各自闭合的,所以在施工中间变形几乎不发展。双侧壁导坑法施工安全性好,但速度比较慢,施工成本非常高。

4.1.5 三台阶七步法

1)工法介绍

隧道三台阶七步法是以弧形导坑开挖预留核心土为基本模式,分上、中、下三个台阶,共七个开挖面,各部位的开挖与支护沿隧道纵向错开、平行推进的隧道施工工法。

2)施工工序

施工工序如图 4-2 所示,图中数字为开挖步序编号。

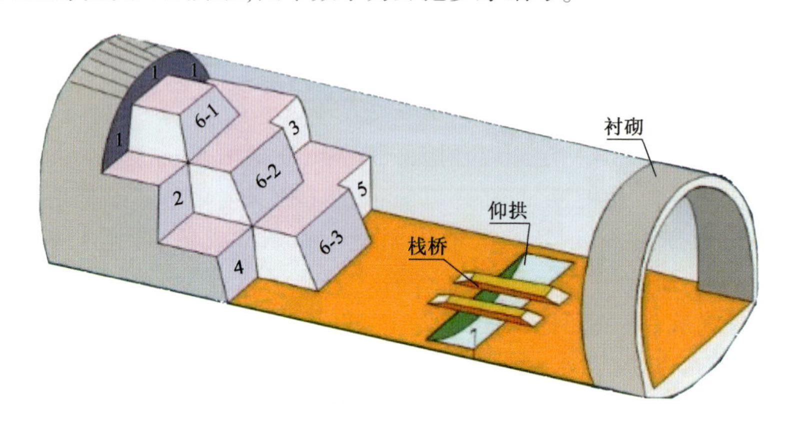

图 4-2　三台阶七步法施工工序示意图

(1)第 1 步,上部弧形导坑开挖。在拱部超前支护后进行,环向开挖上部弧形导坑,预留核心土,其长度宜为 3 ~ 5m,宽度宜为隧道开挖宽度的 1/3 ~ 1/2,开挖循环进尺应根据初期支护钢架间距确定,最大不得超过 1.5m;开挖后立即初喷3 ~ 5cm厚的混凝土。上台阶开挖矢跨比应大于 0.3 ,开挖后应及时进行喷、锚、网系统支护,架设钢架,在钢架拱脚以上 30cm 高度处,紧贴钢架两侧边沿按下倾角 30°搭设锁脚锚杆,与钢架牢固焊接,复喷射混凝土至设计厚度。

(2)第 2、3 步,左右侧中台阶开挖。开挖进尺应根据初期支护钢架间距确定,最大不得超过 1.5m ,开挖高度一般为 3 ~3.5m ,左右侧台阶错进 2 ~3m;开挖后立即初喷 3 ~5cm 厚混凝土,及时进行喷、锚、网系统支护,接长钢架,在钢架拱脚以上 30cm 高度处,紧贴钢架两侧边沿按下倾角 30°搭设锁脚锚杆,与钢架牢固焊接,复喷射混凝土至设计厚度。

(3)第 4、5 步,左右侧下台阶开挖:开挖流程同第 2、3 步。

(4)第 6 步,上中下台阶预留核心土开挖。各台阶开挖后,分别及时施作仰拱初期支护,完成两个隧道开挖、支护循环后,及时施作仰拱,仰拱分段长度宜为 4 ~ 6m。

(5)第 7 步,隧底开挖。每循环开挖进尺长度宜为 2 ~3m,开挖后及时施作仰拱初期支护,完成两个隧底开挖、支护循环后,及时施作仰拱二次衬砌与填充层,仰拱分段长度宜为 4 ~6m。

4.1.6 各种工法特点

在当前的施工实践中,从施工造价及施工速度两方面考虑,隧道开挖施工工法的选择顺序为:全断面法→台阶法→CD 法→CRD 法→双侧壁导坑法。从施工安全角度考虑,其选择顺序应反过来。如何正确选择,应根据实际情况综合考虑,但必须符合安全、快速、质量和环保的要求,达到规避风险、加快进度和节约投资的目的。

表 4-1 为隧道开挖施工工法优缺点比较。

隧道开挖施工工法优缺点比较　　表 4-1

项目	台阶法	CD 法	CRD 法	双侧壁导坑法	三台阶七步法
工法安全性	不够安全	一般	一般	安全	安全
施工难度	低	一般	较高	高	高
施工工序	容易	较容易	略多	略多	多
工期	快	较慢	慢	慢	慢
造价	低	较高	高	高	高
工序转换	简单	一般	略难	略难	略难
地质适应性	好	较好	普通	普通	普通
围岩控制	较差	较好	较好	好	好
支护时效性	好	较好	较好	好	好

红黏土隧道施工工法适应性比选

在实际工程中,限于资金和施工进度的制约,不可能对每种施工工法进行一一的现场试验。为此,通过对隧道开挖施工工法(全断面法、两台阶开挖法、CD 法、双侧导坑法、三台阶七步法)进行基于有限元理论的实际施工过程仿真计算,分析开挖过程中的围岩应力场、位移场、支护结构强度变化等规律,找到一种较为合理的施工工法适用于受膨胀性红黏土影响的大断面黄土隧道工程中,并为类似工程提供参考。

4.2.1 建立计算模型

(1)计算采用的强度准则

围岩材料计算采用莫尔—库仑模型,该模型主要适用于单调荷载状态下的颗粒状材料,在岩土工程中应用非常广泛。

作为围岩的两个重要的参数,黏聚力 c 和内摩擦角 φ 都可以通过材料数据表输入。

(2)模型各部件力学参数的选取

基于 ABAQUS 有限元软件对隧道开挖进行模拟,根据工程地质勘察资料及《公路隧道设计细则》(JTG/T D70—2010),选择计算模型各部件力学参数,力学参数见表 4-2。

计算模型各部件力学参数　　表 4-2

部件名称	弹性模量(MPa)	密度 ρ(g/cm^3)	泊松比
围岩	80.4	2.3	0.35
钢拱架	210000	7.8	0.3
初期支护喷射混凝土	26000	2.3	0.2

(3)模型的边界条件

在有限元数值模拟计算中,计算结果的真实性和准确性与模型计算范围和边界条件的选择密切相关。模型计算范围的确定一般要从控制计算难度和满足计算精度两方面考虑;通过调研分析大量的工程实例可知,隧道开挖所引起的地层应力应变范围为隧道周围 3 ~5 倍的洞宽。因此,本模型范围和边界约束条件按照以下原则进行确定:水平方向,左边和右边各取洞跨的 3.5 倍;模型定义 XOY 平面为断面平面,Z 轴方向为隧道掘进走向,模型地面受 X、Y、Z 三个方向的位移约束,左右侧面受 X 方向的侧向位移约束,上边界按现场实际隧道埋深确定,上边界为自由地表不受约束,下边界取洞高的 5 倍左右。

(4)模型的假设

①计算模型为弹塑性本构模型,围岩进入塑性后采用莫尔—库仑屈服准则,支护体系在线弹性范围内变化。

②岩体变形是各向同性的。

③围岩的初始应力场由自重应力构成,不考虑构造应力的影响。

(5)模型网格类型

基于 ABAQUS 有限元软件对隧道开挖进行模拟,围岩与混凝土衬砌采用 C3D8R 单元类型,钢拱架采用 B31 梁单元,在网格划分中,为了提高计算精度,减少计算时间,在衬砌结构附近增加网格密度。

(6)不同工况计算模型参数

为了使计算能够较准确地反映施工中围岩与支护结构的变形受力情况,开挖与支护尽量按照现场实际施工方法进行模拟。模型总尺寸为 120m×120m×40m,每步开挖进尺 2m,初期支护在每步开挖后,上下台阶滞后 4m。不同工法施工每一开挖步模型尺寸如图 4-3 所示。

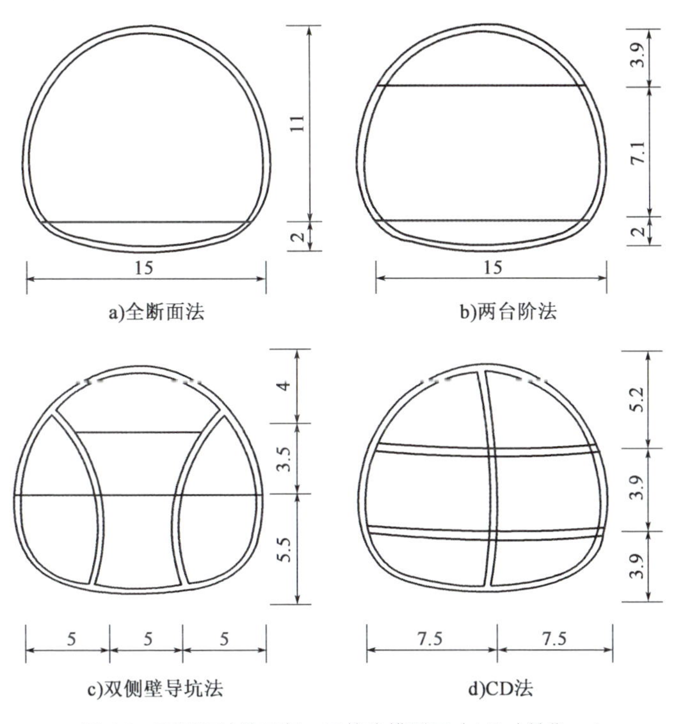

图 4-3 不同工法施工每一开挖步模型尺寸(尺寸单位:m)

4.2.2 全断面法计算结果分析

(1)钢拱架结构应力特征

钢拱架结构应力特征如图 4-4 所示。

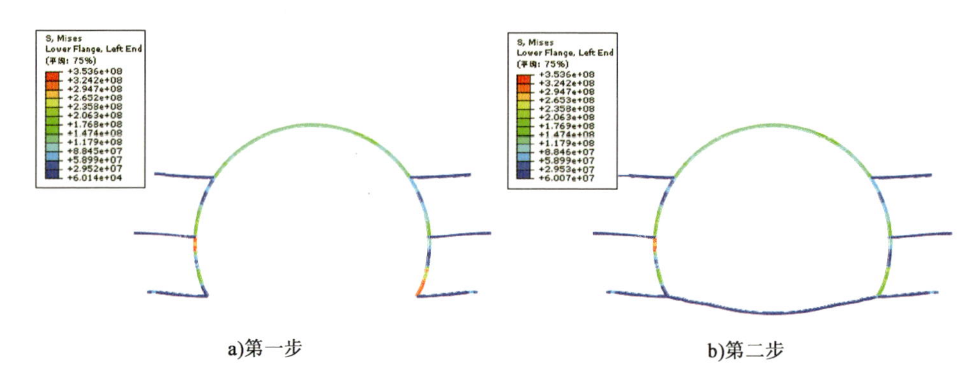

a)第一步　　b)第二步

图 4-4　全断面法钢拱架结构应力图

由图 4-4 中可以看出：钢拱架的有效应力主要位于隧道两侧边墙处。因此，在工程施工时应加强两侧边墙部位的观测。

(2) 钢拱架结构位移特征

钢拱架结构位移特征如图 4-5 所示。

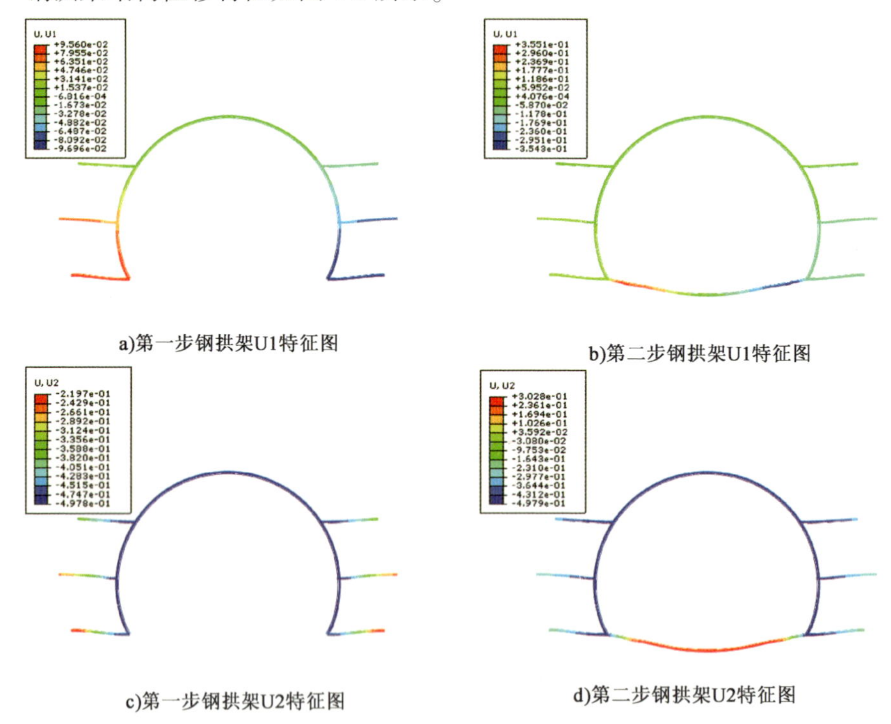

a)第一步钢拱架U1特征图　　b)第二步钢拱架U1特征图

c)第一步钢拱架U2特征图　　d)第二步钢拱架U2特征图

图　4-5

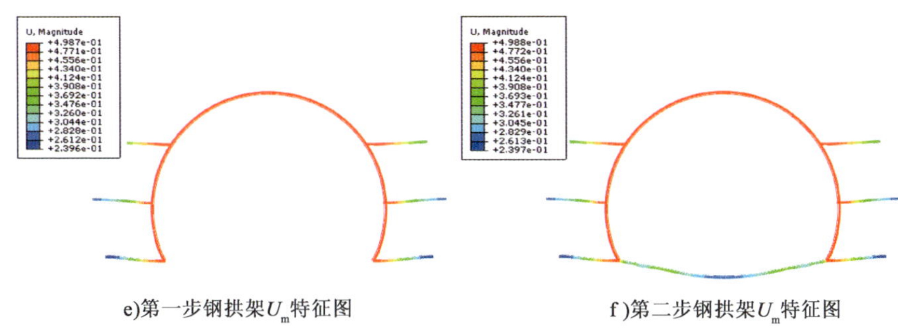

e)第一步钢拱架U_m特征图　　f)第二步钢拱架U_m特征图

图 4-5　全断面法钢拱架结构位移特征图

由图 4-5 可以看出：采用全断面法施工，第一步开挖完成后钢拱架位移最大下沉发生在两侧边墙，表现为仰拱底部隆起，而拱顶及拱肩部位将产生向隧道净空方向的下沉。

(3)围岩内力情况

围岩内力情况如图 4-6 所示。

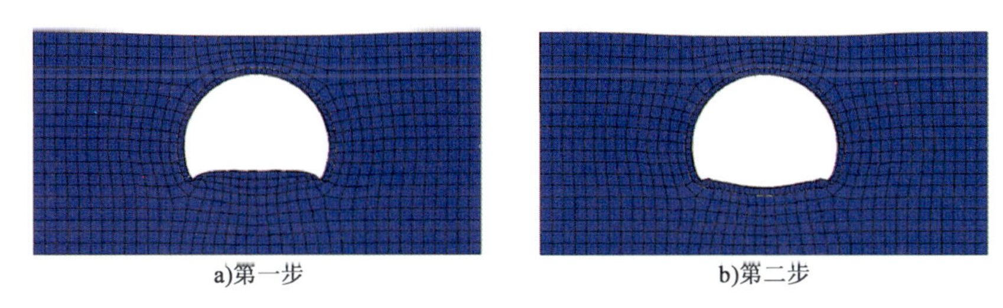

a)第一步　　b)第二步

图 4-6　全断面法围岩内力情况

由图 4-6 可知：各开挖步序条件下，围岩总体处于受压状态。围岩受力状况符合上述规律，隧道开挖后围岩的自承力不高，施工过程中要及早进行支护，其结构将承担大部分荷载。

(4)围岩位移情况

围岩位移情况如图 4-7 所示。

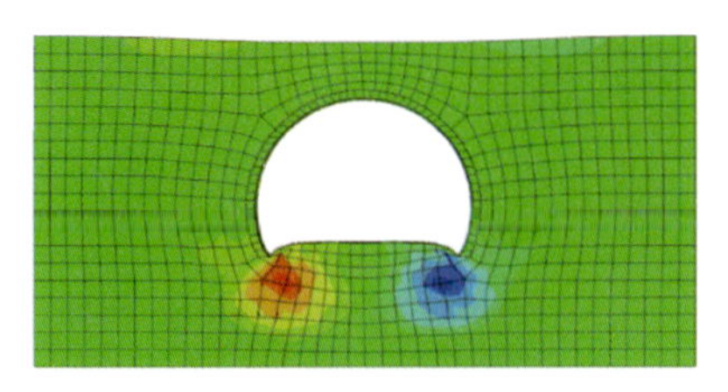

a)第一步围岩U_1特征图

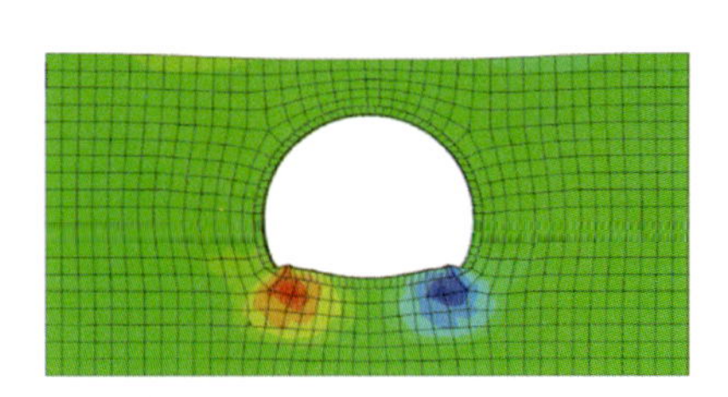

b)第二步围岩U_1特征图

图　4-7

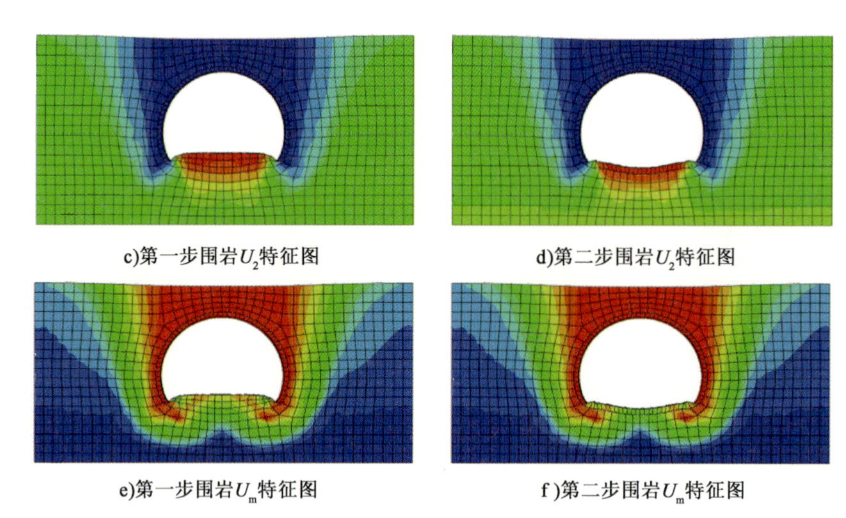

图 4-7　全断面法围岩位移发育情况

由图 4-7 可知：随着监测断面前方围岩的开挖，各监测点的位移逐渐增加，并且开挖掌子面离监测面越近，位移增加的幅度就越大，在开挖监测面时，各监测点的位移产生大幅度波动，在仰拱底部位产生最大隆起。

4.2.3　两台阶法计算结果分析

(1) 钢拱架结构内力特征

两台阶法施工钢拱架结构内力特征如图 4-8 所示。

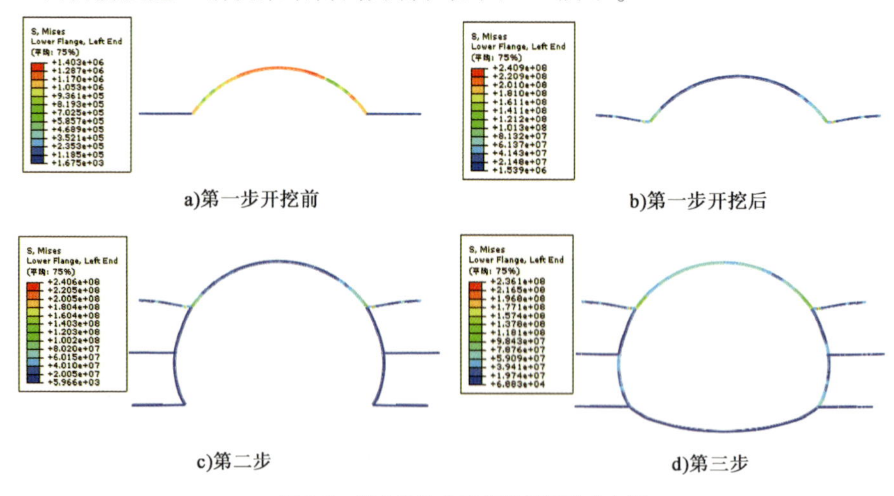

图 4-8　两台阶法施工钢拱架结构内力图

从图4-8中可以看出，钢拱架的有效应力主要位于隧道拱顶处。因此，在工程施工时应加强拱顶部位的观测。

(2)钢拱架位移特征

两台阶法施工钢拱架位移特征如图4-9所示。

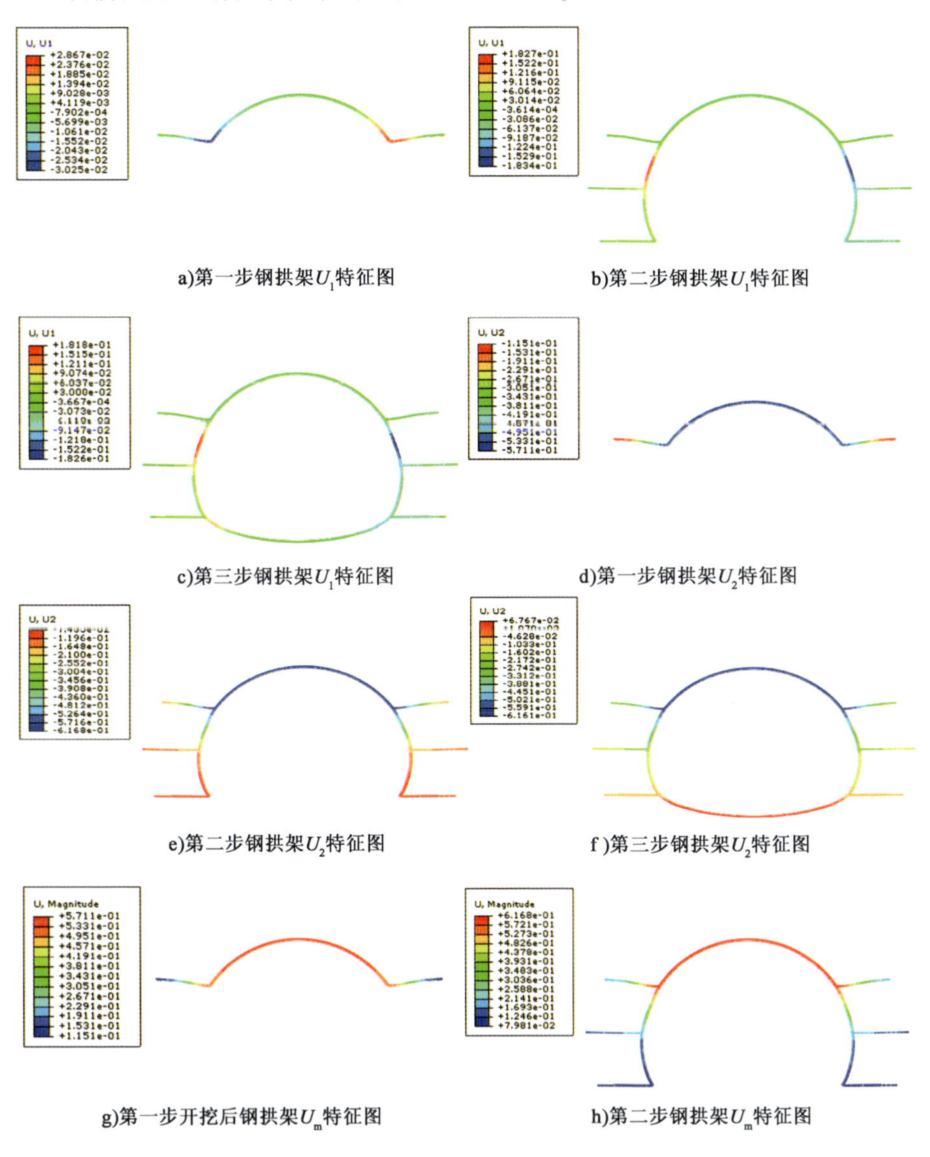

a)第一步钢拱架U_1特征图　b)第二步钢拱架U_1特征图

c)第三步钢拱架U_1特征图　d)第一步钢拱架U_2特征图

e)第二步钢拱架U_2特征图　f)第三步钢拱架U_2特征图

g)第一步开挖后钢拱架U_m特征图　h)第二步钢拱架U_m特征图

图 4-9

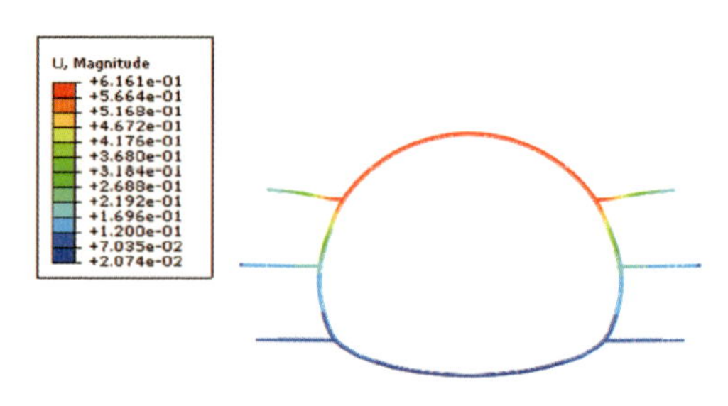

i)第三步钢拱架U_{m}特征图

图 4-9　两台阶法施工钢拱架结构位移图

从图 4-9 中可以看出：采用两台阶法施工，在开挖过程中拱顶及拱肩部位将产生向隧道净空方向的下沉，其中位移最大处位于拱顶。

(3)围岩内力发育情况

两台阶法施工围岩内力发育情况如图 4-10 所示。

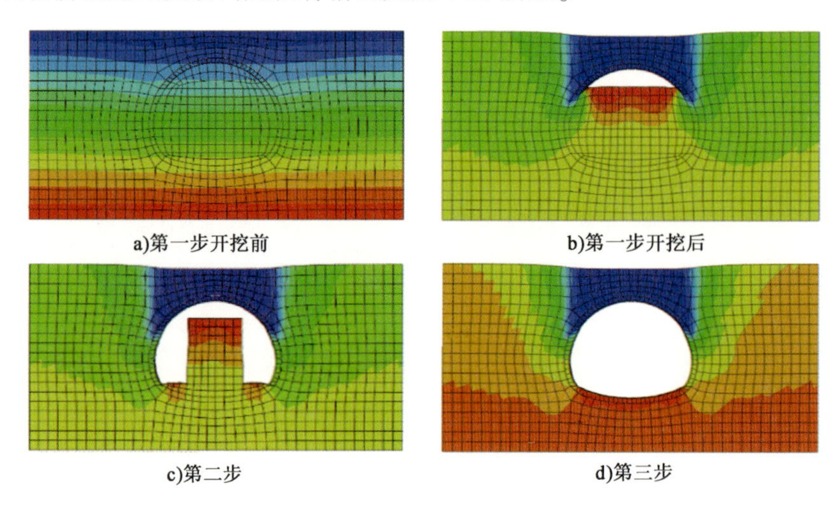

a)第一步开挖前　b)第一步开挖后

c)第二步　d)第三步

图 4-10　两台阶法施工围岩内力发育情况

由图 4-10 可知：各开挖步条件下，围岩总体处于受压状态，但上下台阶接触面附近及台阶与拱腰接触部位，明显存在应力集中。同时在拱顶、掌子面、仰拱底等部位出现少量拉应力。围岩受力状况符合上述规律，在台阶与拱腰接触部位产生了比较明显的压应力集中现象。上台阶开挖对即将开挖的下半断面围岩影响较大，在上下半断面交界处土体中有明显产生拉应力。随道开挖后围岩的自承力不高，施工过程中要及早进行支护，且支护结构将承担大部分荷载。

(4)围岩位移发育情况

两台阶法施工围岩位移发育情况如图 4-11 所示。

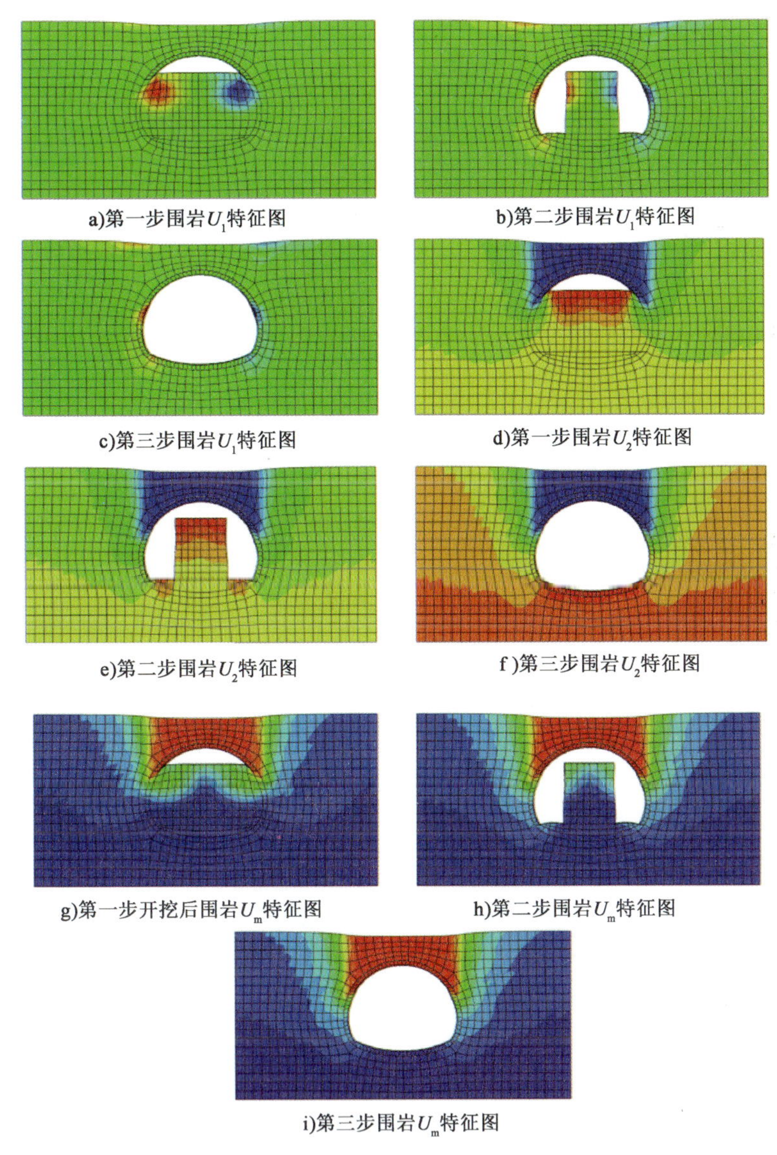

图 4-11　两台阶法施工围岩位移发育情况

由图 4-11 可以看出：随着监测断面前方围岩开挖，各监测点位移逐渐增加，且开挖掌子面离监测面越近，位移增加的幅度就越大，在开挖监测面时，各监测点的位移产生大幅波动，在仰拱底部产生最大量的隆起，而拱腰及仰拱底部将产生向隧道净空方向的下沉，其中以仰拱底部下沉量最大。

4.2.4 CD 法计算结果分析

(1)钢拱架结构内力特征

CD 法施工钢拱架结构内力特征如图 4-12 所示。

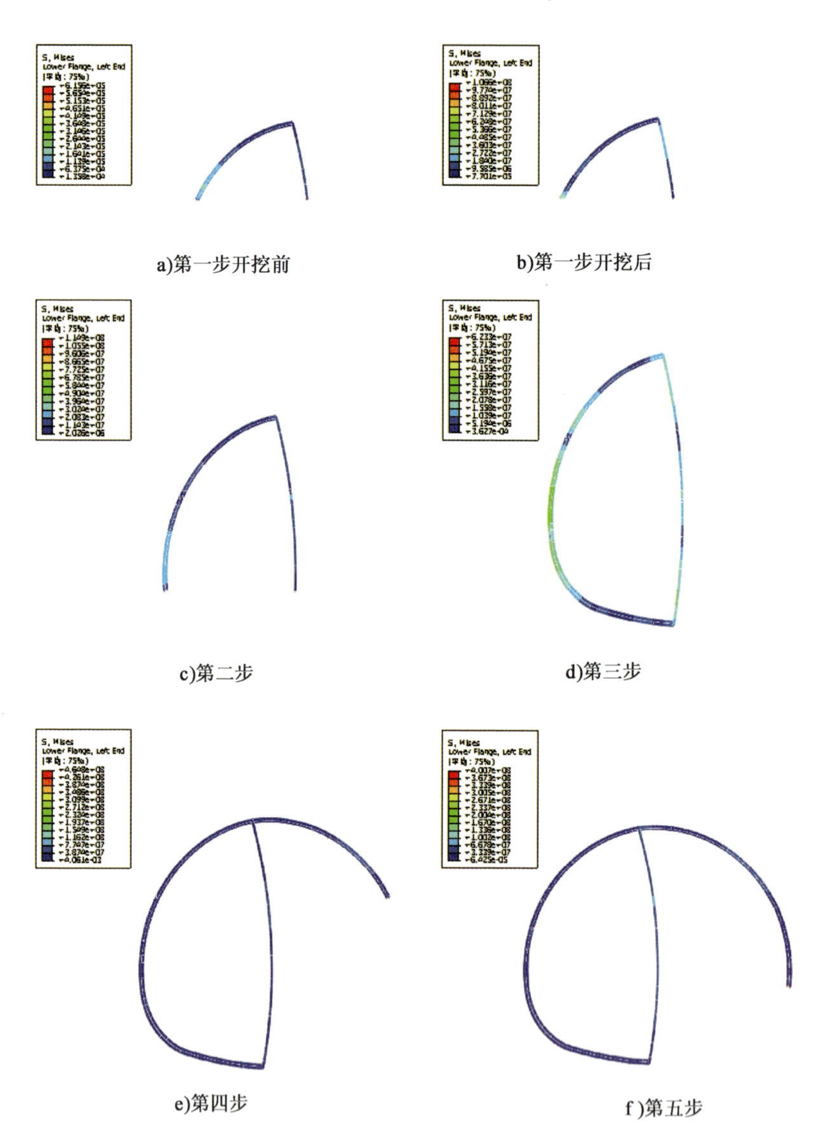

a)第一步开挖前　b)第一步开挖后

c)第二步　d)第三步

e)第四步　f)第五步

图 4-12

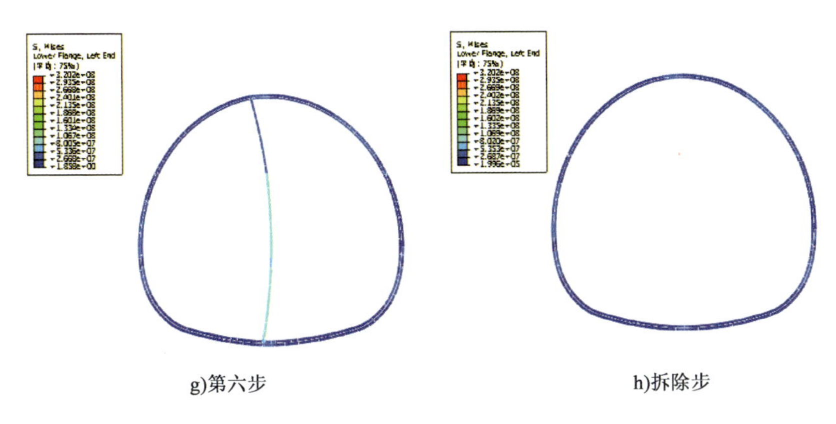

g)第六步　　h)拆除步

图 4-12　CD 法施工钢拱架结构内力图

从图 4-12 中可以看出：钢拱架的有效应力主要位于隧道拱顶与临时支撑处。因此，在隧道施工时应加强顶顶和临时支撑部位的观测。

(2)钢拱架位移特征

CD 法施工钢拱架位移特征如图 4-13 所示。

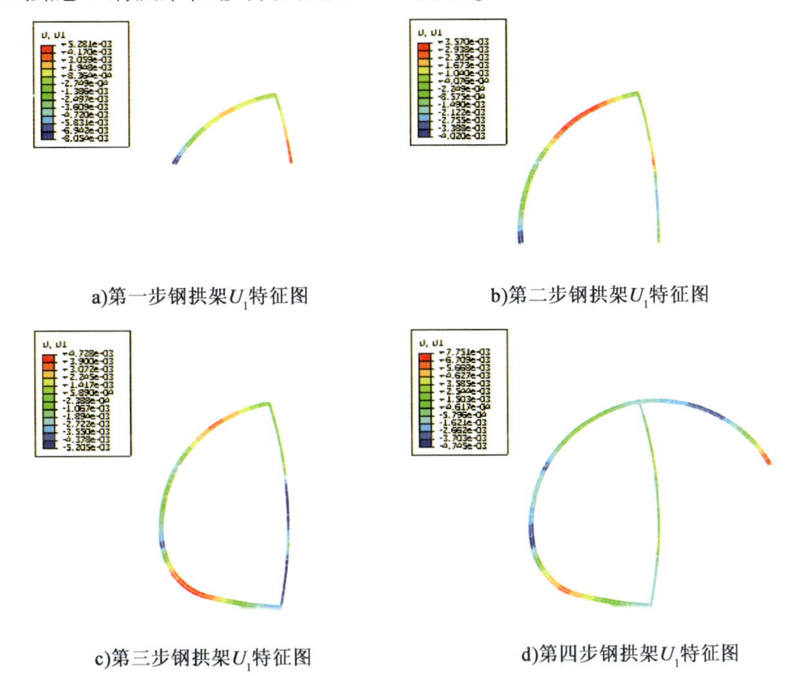

a)第一步钢拱架U_1特征图　　b)第二步钢拱架U_1特征图

c)第三步钢拱架U_1特征图　　d)第四步钢拱架U_1特征图

图　4-13

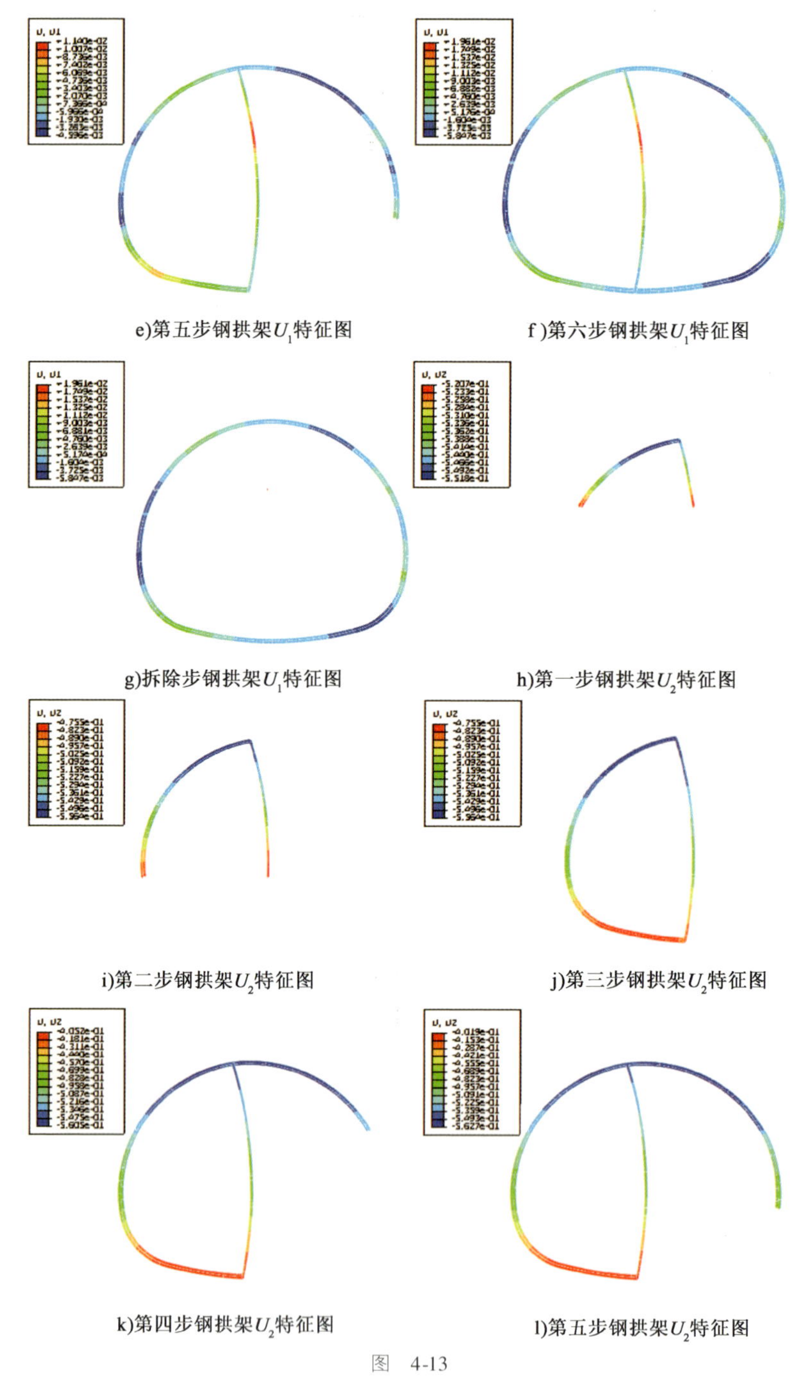

e)第五步钢拱架U_1特征图　f)第六步钢拱架U_1特征图

g)拆除步钢拱架U_1特征图　h)第一步钢拱架U_2特征图

i)第二步钢拱架U_2特征图　j)第三步钢拱架U_2特征图

k)第四步钢拱架U_2特征图　l)第五步钢拱架U_2特征图

图 4-13

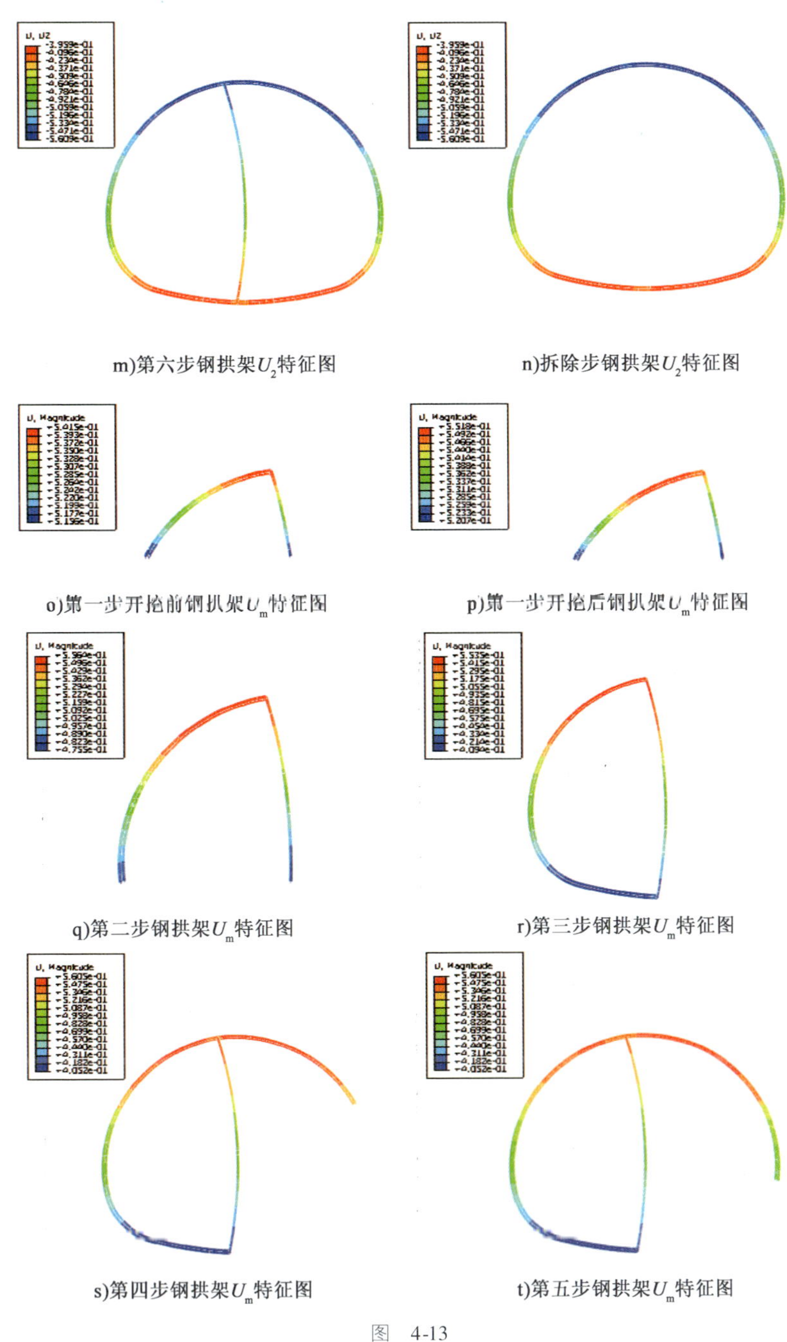

m)第六步钢拱架U_2特征图　n)拆除步钢拱架U_2特征图

o)第一步开挖前钢扒架U_m特征图　p)第一步开挖后钢扒架U_m特征图

q)第二步钢拱架U_m特征图　r)第三步钢拱架U_m特征图

s)第四步钢拱架U_m特征图　t)第五步钢拱架U_m特征图

图 4-13

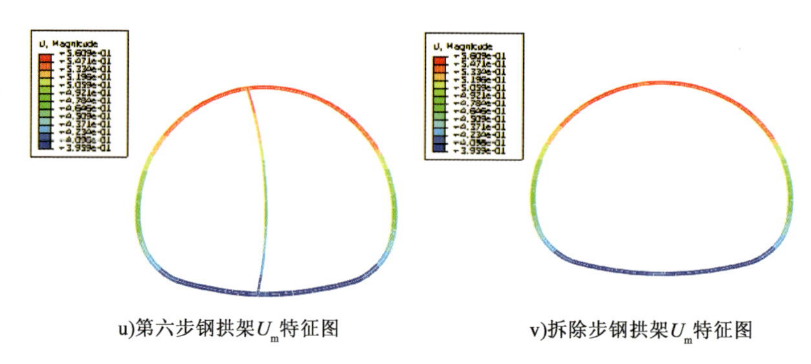
u)第六步钢拱架U_m特征图　　v)拆除步钢拱架U_m特征图

图 4-13　CD 法施工钢拱架结构位移图

从图 4-13 中可以看出：采用 CD 法施工，在开挖过程中易在临时支撑与初期支护接触部位产生应力集中现象。

(3)围岩内力发育情况

CD 法施工围岩内力发育情况如图 4-14 所示。

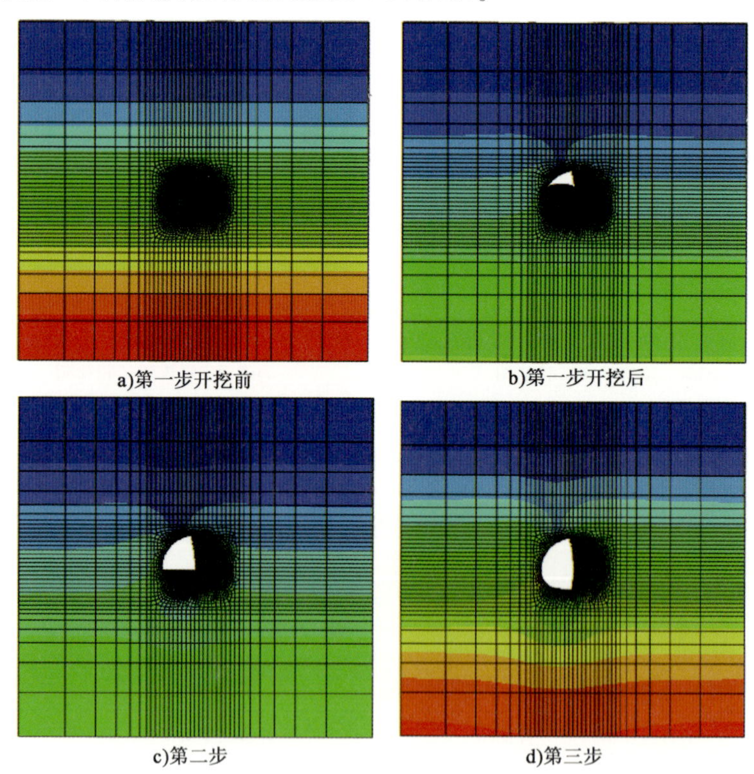
a)第一步开挖前　　b)第一步开挖后

c)第二步　　d)第三步

图　4-14

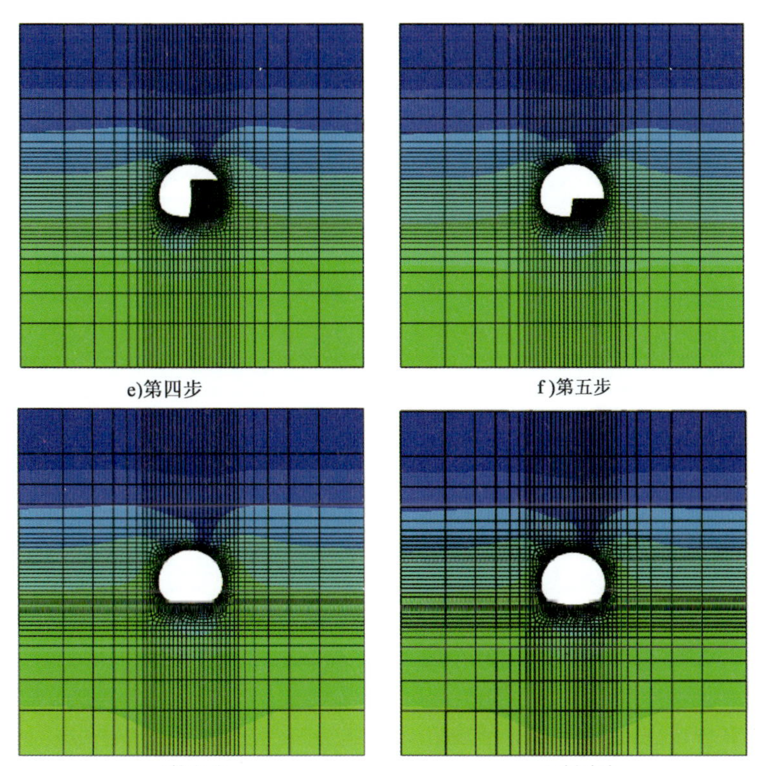
e)第四步　　f)第五步

g)第六步　　h)拆除步

图 4-14　CD 法施工围岩内力发育情况

从图 4-14 中可以看出：隧道开挖后，围岩总体处于受压状态；同时，左上台阶开挖对即将开挖的左下台阶围岩影响较大，在即将开挖的左下台阶中出现拉应力。

(4)围岩位移情况

CD 法施工围岩位移情况如图 4-15 所示。

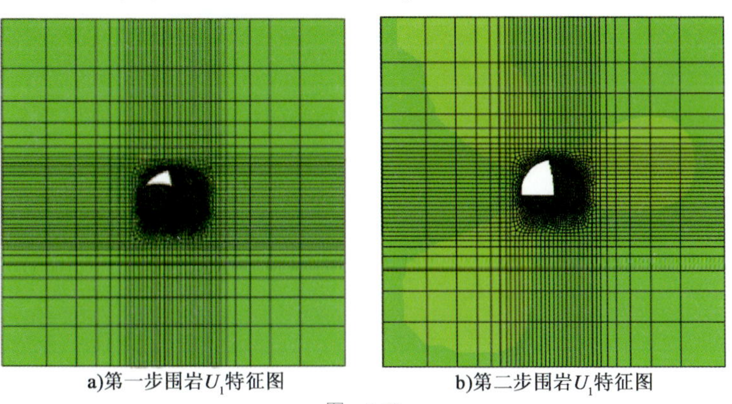
a)第一步围岩U_1特征图　　b)第二步围岩U_1特征图

图　4-15

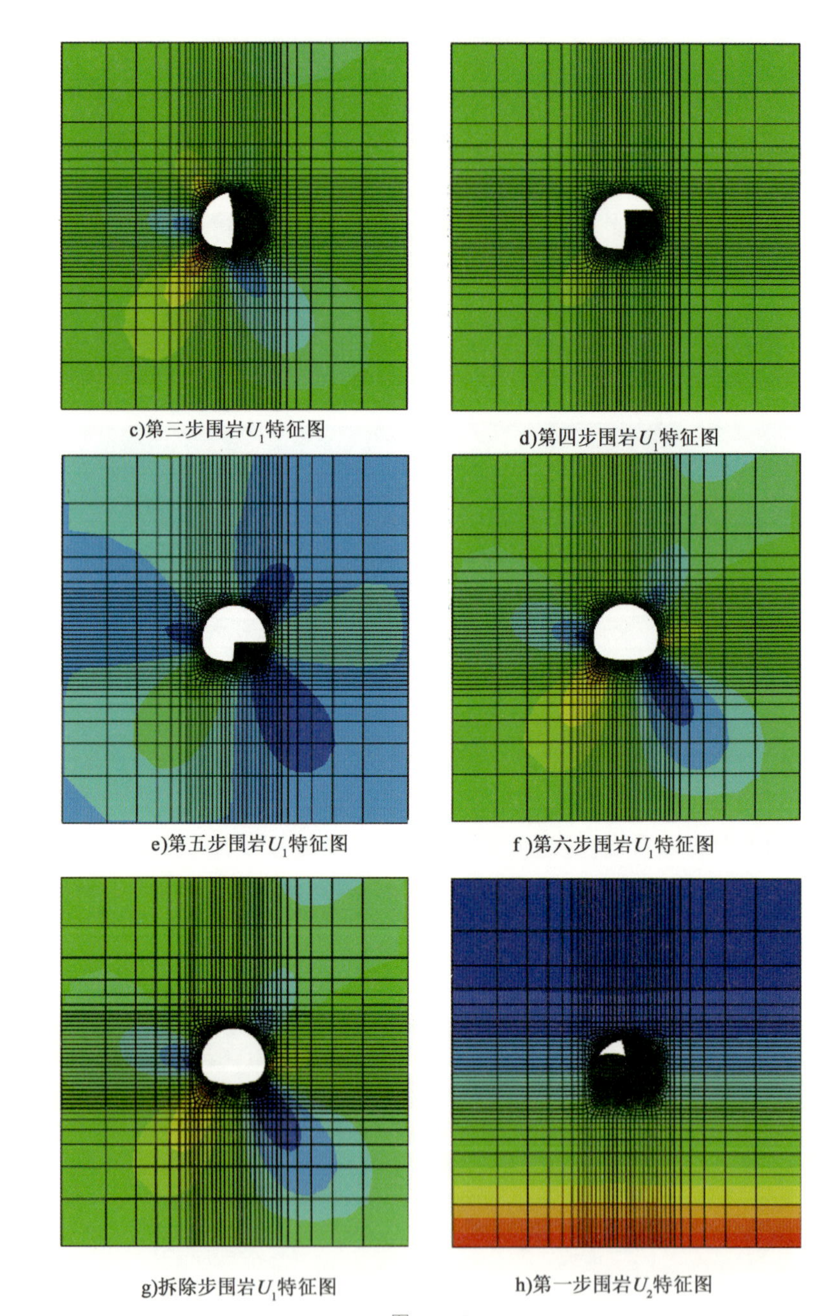

c)第三步围岩U_1特征图

d)第四步围岩U_1特征图

e)第五步围岩U_1特征图

f)第六步围岩U_1特征图

g)拆除步围岩U_1特征图

h)第一步围岩U_2特征图

图 4-15

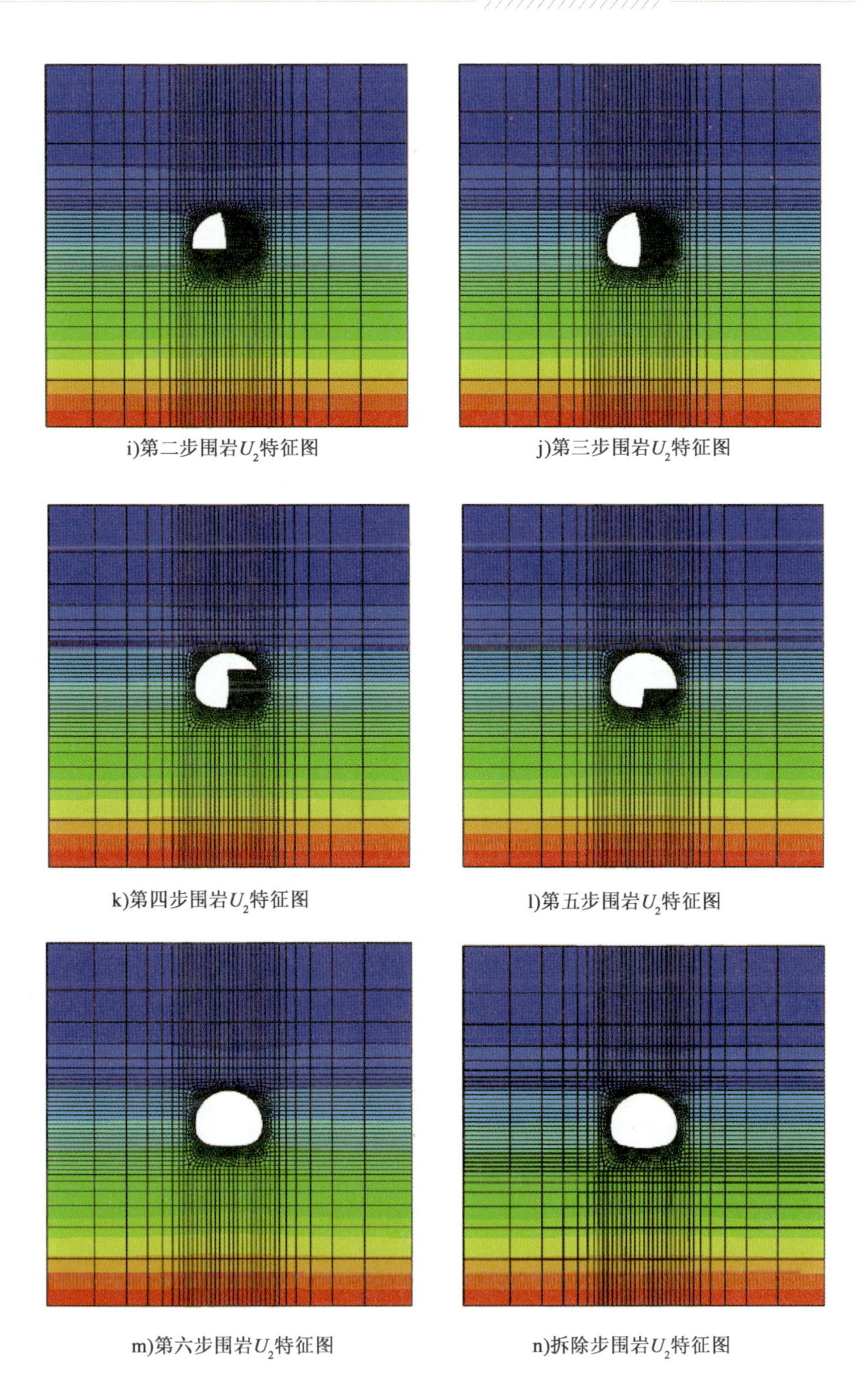

i)第二步围岩U_2特征图

j)第三步围岩U_2特征图

k)第四步围岩U_2特征图

l)第五步围岩U_2特征图

m)第六步围岩U_2特征图

n)拆除步围岩U_2特征图

图 4-15

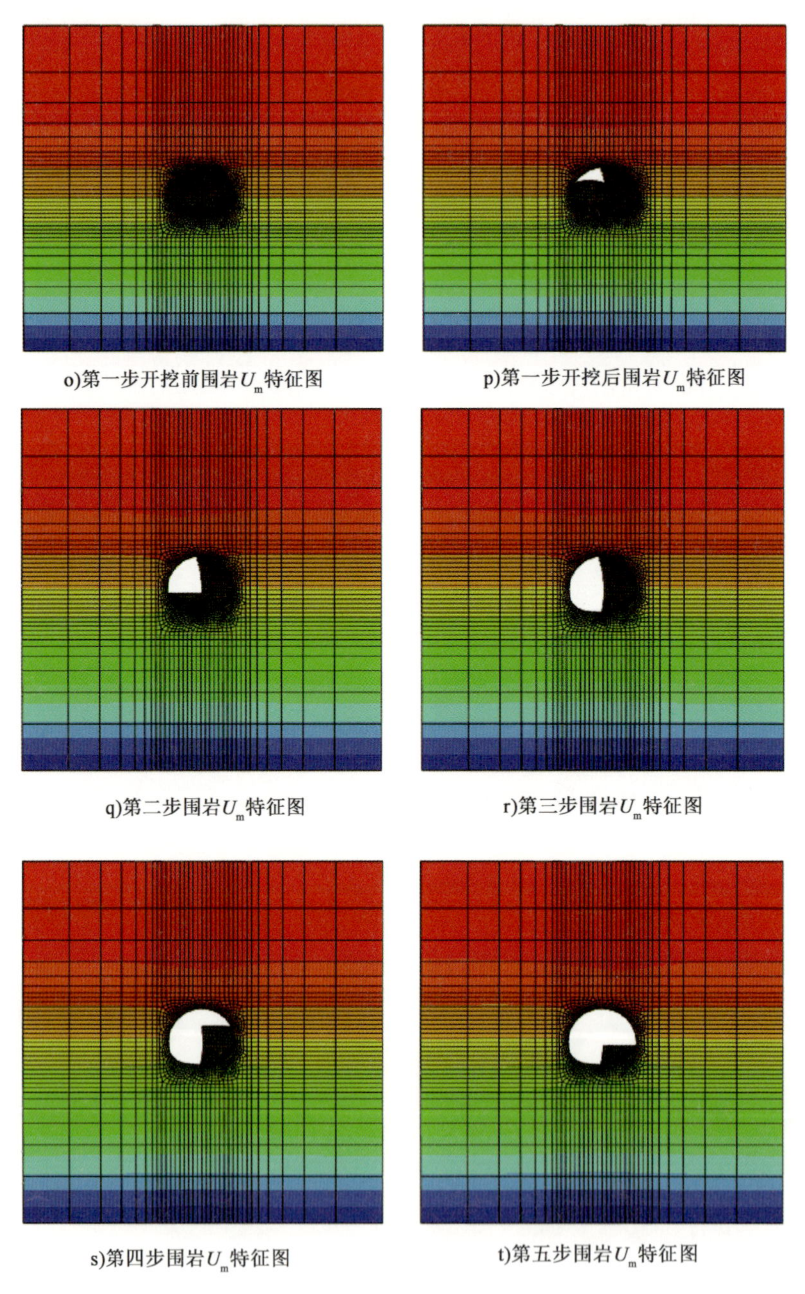

o)第一步开挖前围岩U_m特征图

p)第一步开挖后围岩U_m特征图

q)第二步围岩U_m特征图

r)第三步围岩U_m特征图

s)第四步围岩U_m特征图

t)第五步围岩U_m特征图

图 4-15

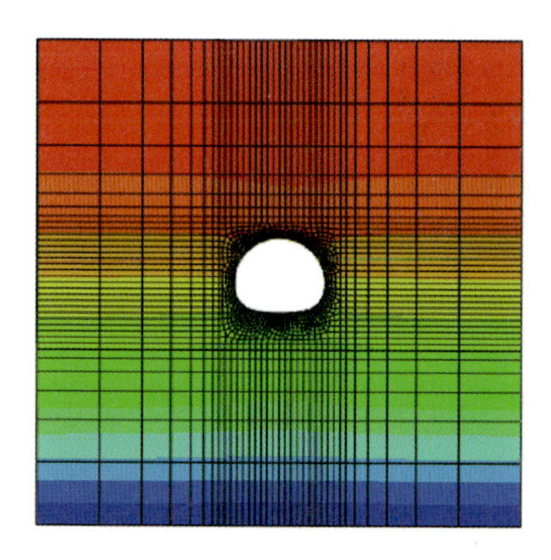

u)第六步围岩U_m特征图

v)拆除步围岩U_m特征图

图 4-15　CD 法施工围岩结构位移图

由图 4-15 可知：从整体规律来看，与之前工法相同，位移随荷载变化而变化，只是数值上略小，但其不同之处在于在拆除中隔墙时拱腰位移产生变化，究其原因可能是在拆除临时支撑时导致围岩进行应力重分布，致使变形产生一个突变。

4.2.5 双侧壁导坑法计算结果分析

(1)钢拱架结构内力特征

双侧壁导坑法施工钢拱架结构内力特征如图 4-16 所示。

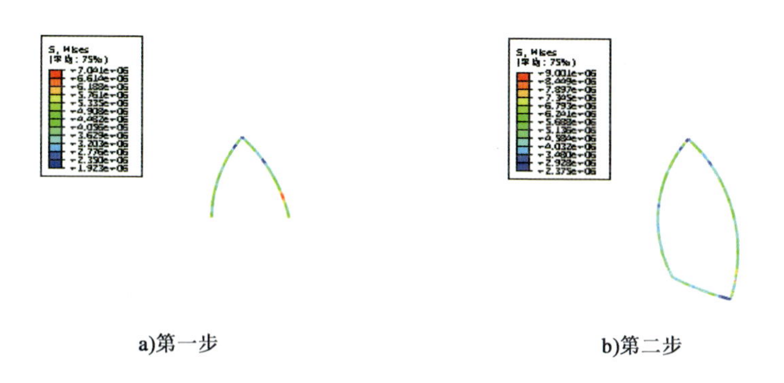

a)第一步　　b)第二步

图　4-16

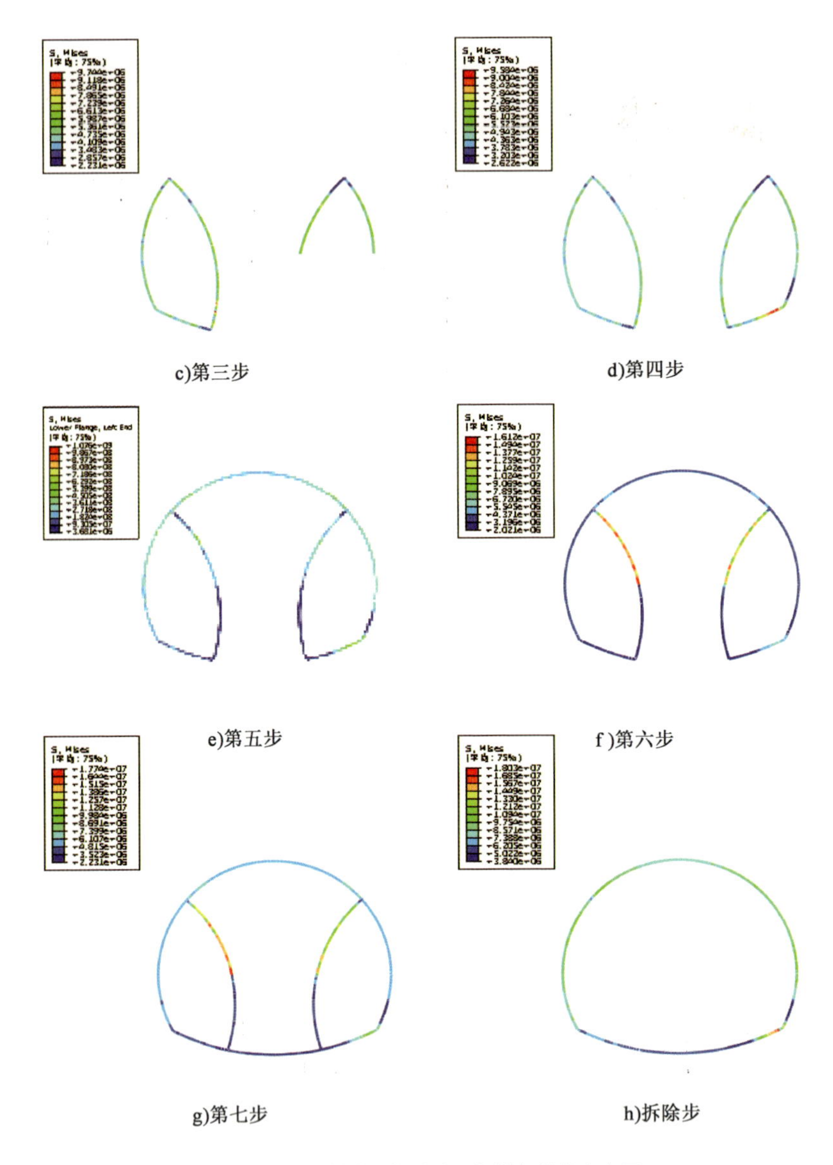

图 4-16　双侧壁导坑法施工钢拱架结构内力图

从图 4-16 中可以看出:双侧壁导坑法开挖时最大压应力产生于钢拱架拱腰,最大拉应力产生于拱顶处。因此,在隧道施工时应加强拱腰和拱顶部位的观测。

(2)钢拱架位移特征

双侧壁导坑法施工钢拱架位移特征如图 4-17 所示。

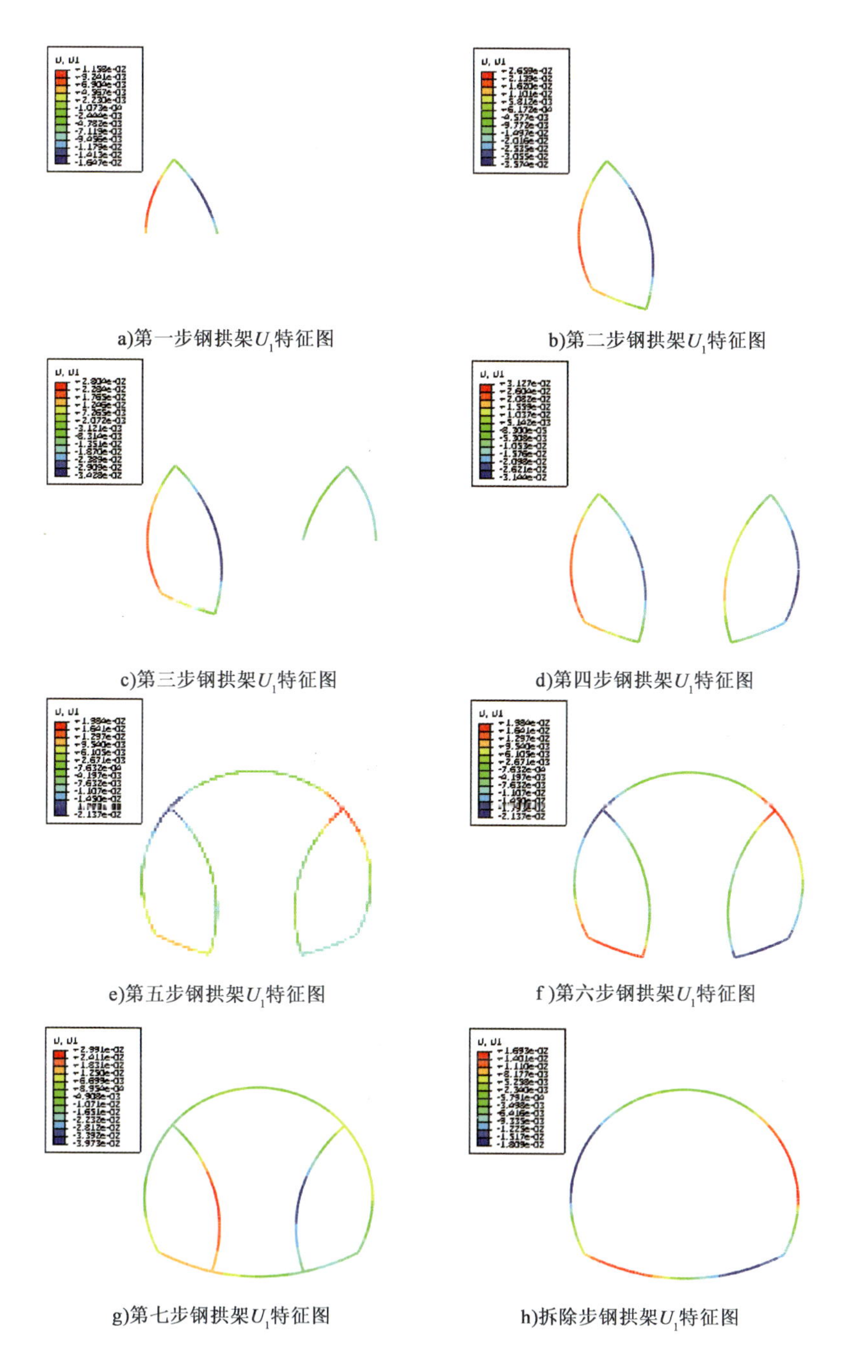

a)第一步钢拱架U_1特征图　　b)第二步钢拱架U_1特征图

c)第三步钢拱架U_1特征图　　d)第四步钢拱架U_1特征图

e)第五步钢拱架U_1特征图　　f)第六步钢拱架U_1特征图

g)第七步钢拱架U_1特征图　　h)拆除步钢拱架U_1特征图

图 4-17

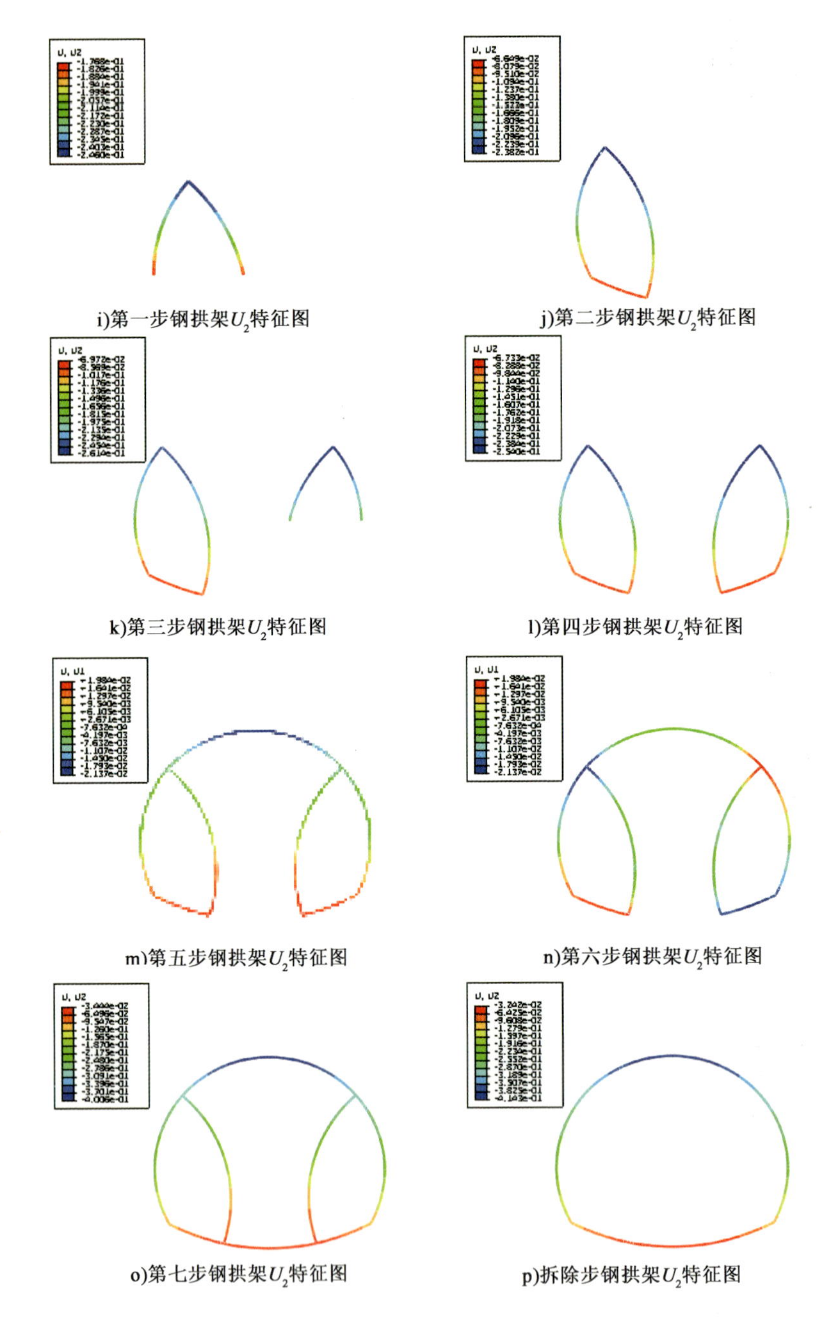

i)第一步钢拱架U_2特征图　j)第二步钢拱架U_2特征图

k)第三步钢拱架U_2特征图　l)第四步钢拱架U_2特征图

m)第五步钢拱架U_2特征图　n)第六步钢拱架U_2特征图

o)第七步钢拱架U_2特征图　p)拆除步钢拱架U_2特征图

图 4-17

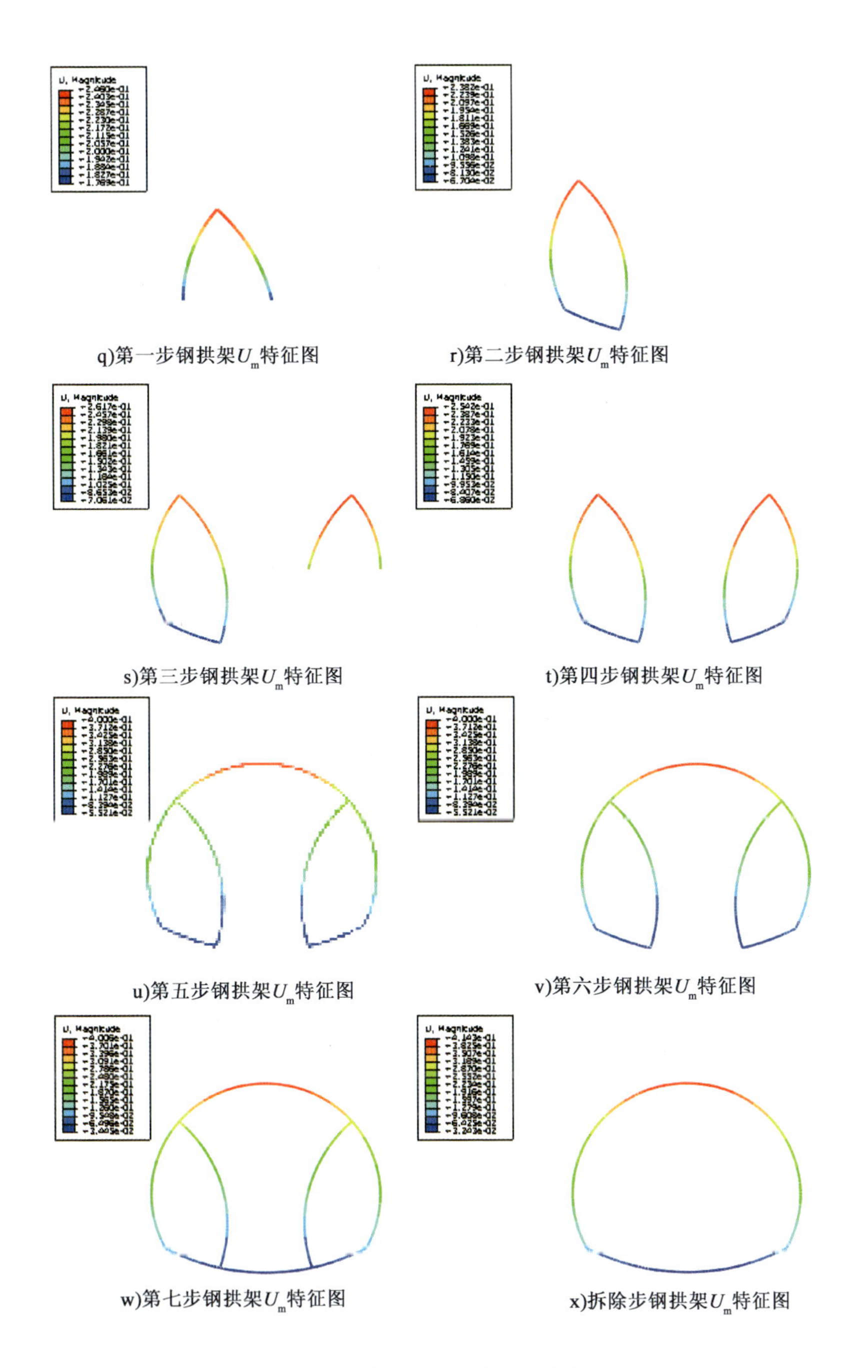

q)第一步钢拱架U_m特征图　r)第二步钢拱架U_m特征图

s)第三步钢拱架U_m特征图　t)第四步钢拱架U_m特征图

u)第五步钢拱架U_m特征图　v)第六步钢拱架U_m特征图

w)第七步钢拱架U_m特征图　x)拆除步钢拱架U_m特征图

图 4-17　双侧壁导坑法施工钢拱架结构位移图

从图4-17中可以看出：采用双侧导坑法施工，在开挖过程中开挖中部核心土时钢拱架呈现较大变形。因此，施工中应注意及时检测相应部分。

(3)围岩内力发育情况

双侧壁导坑施工围岩内力发育情况如图4-18所示。

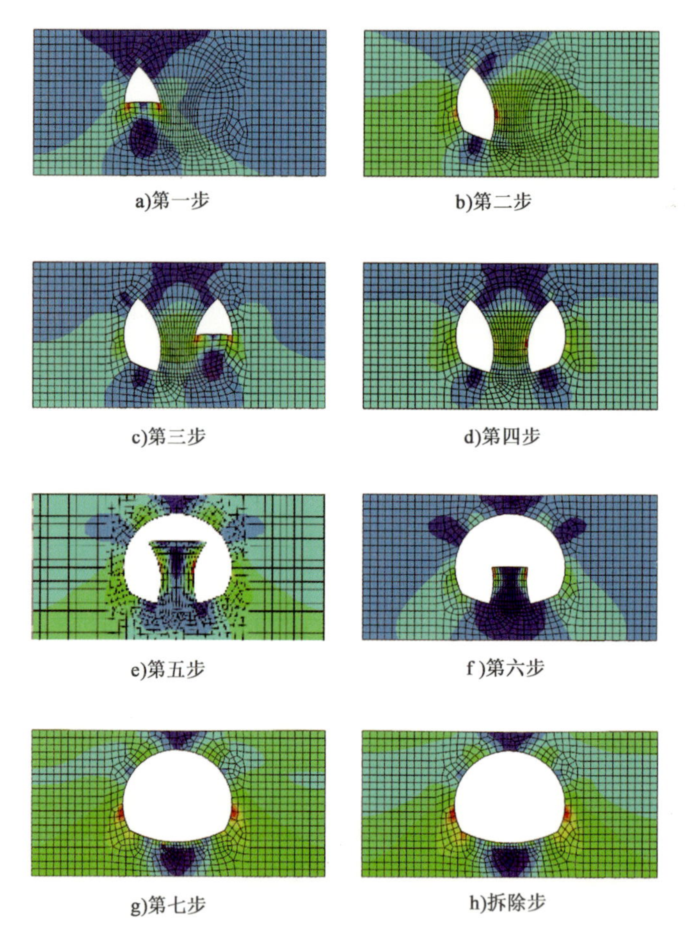

图4-18 双侧壁导坑法施工围岩内力发育情况

从图4-18可以看出：隧道开挖后，围岩总体处于受压状态。同时，左右部分开挖对即将开挖的中部核心土围岩影响较大，施工过程当中尤其要对围岩扰动较大的施工步序引起注意。

(4)围岩位移发育情况

双侧壁导坑法施工围岩位移发育情况如图4-19所示。

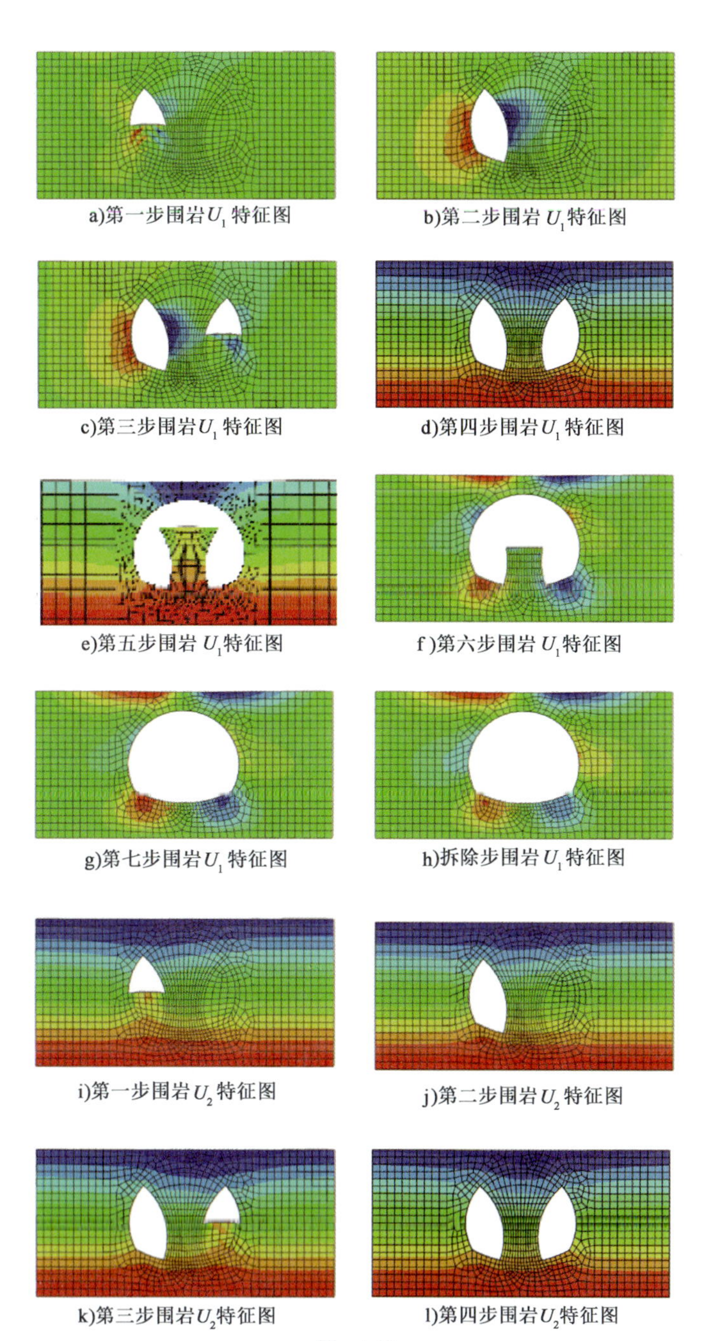

a)第一步围岩U_1特征图　b)第二步围岩U_1特征图

c)第三步围岩U_1特征图　d)第四步围岩U_1特征图

e)第五步围岩U_1特征图　f)第六步围岩U_1特征图

g)第七步围岩U_1特征图　h)拆除步围岩U_1特征图

i)第一步围岩U_2特征图　j)第二步围岩U_2特征图

k)第三步围岩U_2特征图　l)第四步围岩U_2特征图

图 4-19

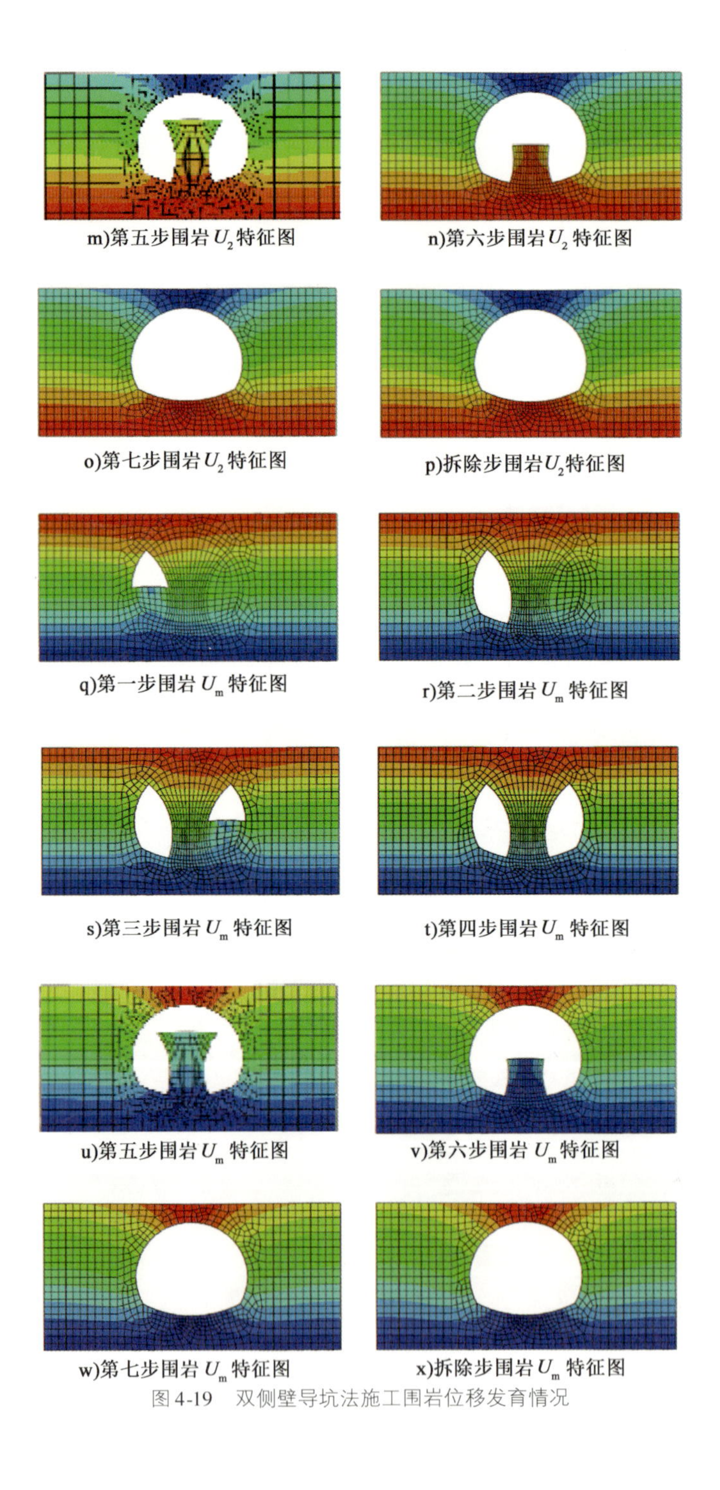

m)第五步围岩 U_2 特征图　n)第六步围岩 U_2 特征图

o)第七步围岩 U_2 特征图　p)拆除步围岩 U_2 特征图

q)第一步围岩 U_m 特征图　r)第二步围岩 U_m 特征图

s)第三步围岩 U_m 特征图　t)第四步围岩 U_m 特征图

u)第五步围岩 U_m 特征图　v)第六步围岩 U_m 特征图

w)第七步围岩 U_m 特征图　x)拆除步围岩 U_m 特征图

图 4-19　双侧壁导坑法施工围岩位移发育情况

由图4-19可知：除了拱顶有较大的下沉和仰拱底有较大的隆起之外，拱脚处也有较大的位移。施工过程当中尤其要对围岩扰动较大的施工步序引起注意，严加监测。同时，从分析开挖过程可知：沉降变化较大的步序均为先进行双侧导坑开挖，后进行中间导坑开挖。因此，双侧壁导坑法施工中，在进行中间上部导坑与核心土开挖时，一定要做到监测到位，以保证隧道安全。

4.2.6 三台阶七步法计算结果分析

(1)钢拱架结构内力特征

三台阶七步法施工钢拱架结构内力特征如图4-20所示。

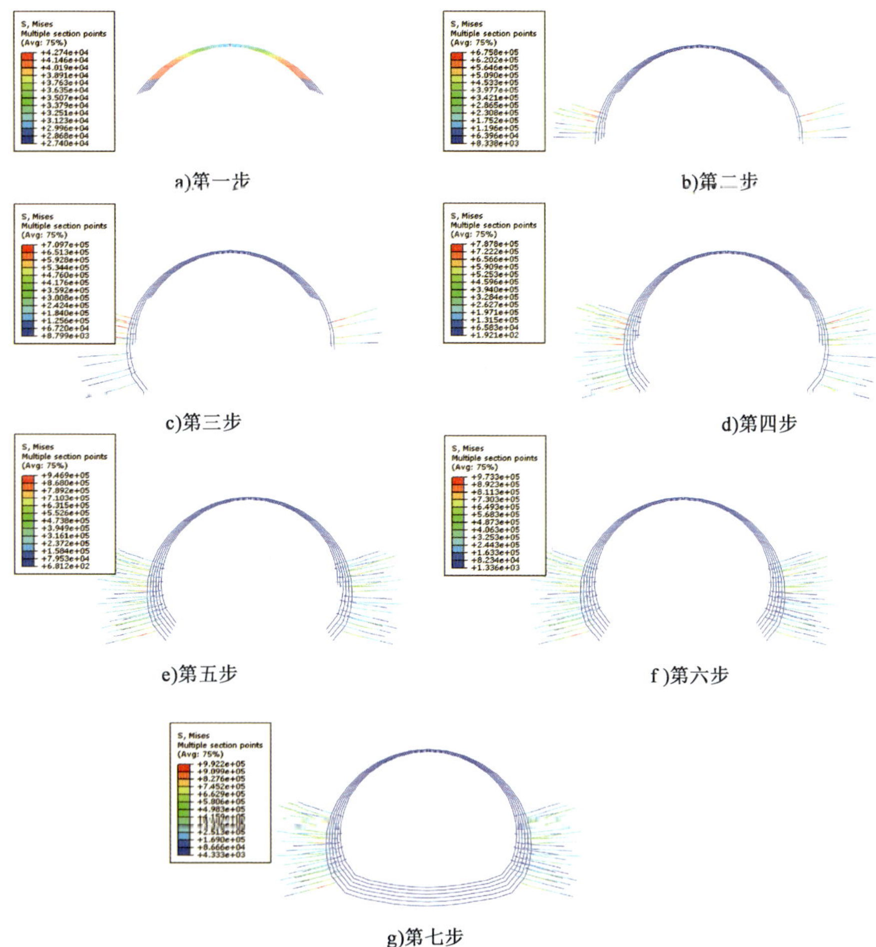

a)第一步 b)第二步 c)第三步 d)第四步 e)第五步 f)第六步 g)第七步

图4-20 三台阶七步法施工钢拱架结构内力图

从图 4-20 中可以看出:钢拱架的有效应力主要位于隧道锁脚锚杆与拱架相接处。因此,在隧道施工时应加强锁脚锚杆拱架相接部位的观测。

(2)钢拱架结构位移特征

三台阶七步法施工钢拱架结构位移特征如图 4-21 所示。

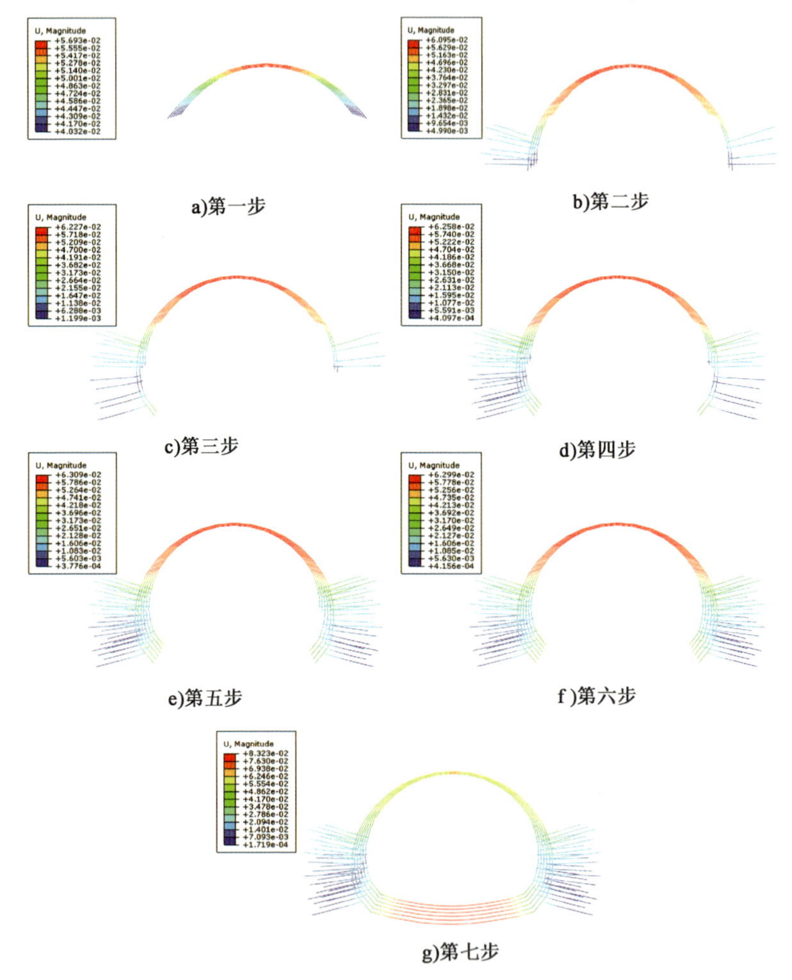

图 4-21 三台阶七步法开挖钢拱架结构位移图

从图 4-21 中可以看出:采用三台阶七步法施工,第一步到第六步开挖完成后钢拱架位移最大下沉发生在拱顶及拱肩处,产生向隧道净空方向的下沉;在第七步开挖完成后钢拱架位移最大发生在仰拱部位,表现为仰拱部位隆起。

(3)围岩内力情况

三台阶七步法施工围岩内力情况如图 4-22 所示。

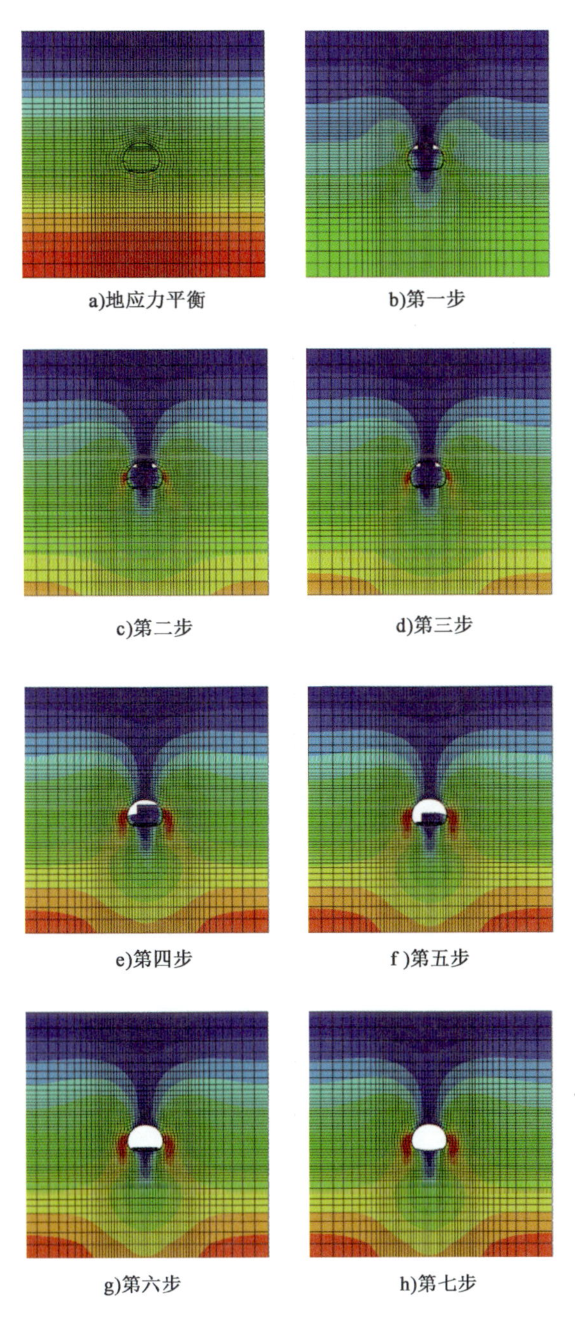

图4-22 三台阶七步法施工围岩内力发育情况

由图 4-22 可知：各开挖步条件下，围岩总体处于受压状态，围岩受力状况符合上述规律。隧道开挖后围岩的自承力不高，施工过程中要及早进行支护，且支护结构将承担大部分荷载。

（4）围岩位移情况

三台阶七步法施工围岩位移情况如图 4-23 所示。

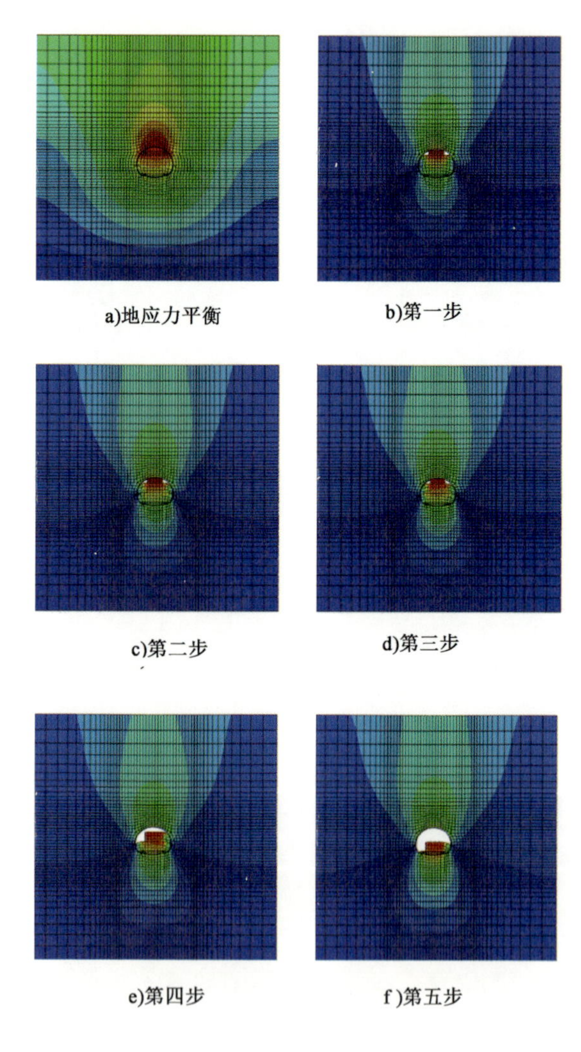

图 4-23

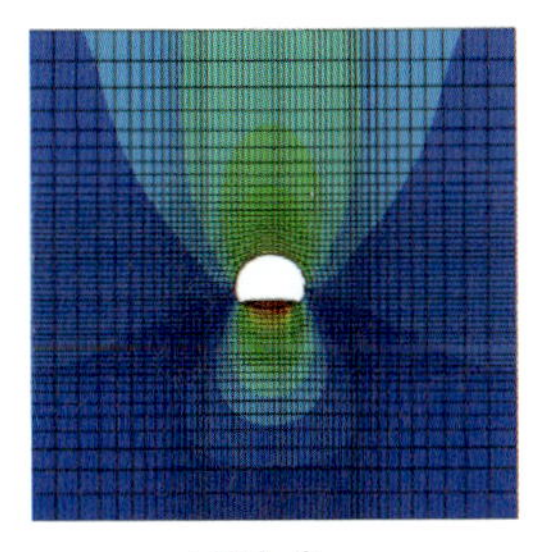

g)第六步

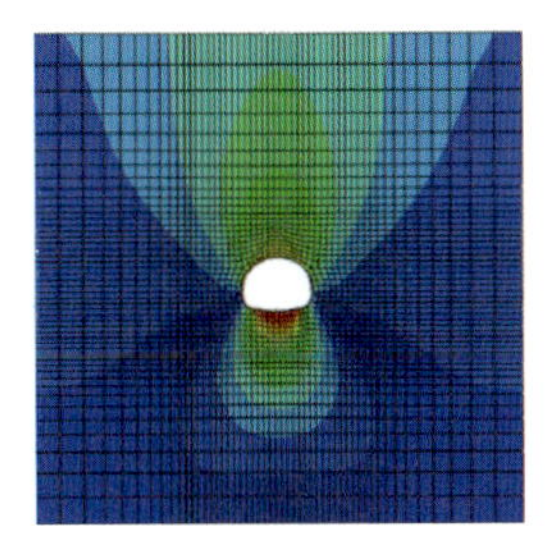

h)第七步

图4-23 三台阶七步法施工围岩位移发育情况

由图4-23可知:除了拱顶有较大的下沉和仰拱底有较大的隆起之外,拱脚处也有较大的位移。施工过程当中尤其要对围岩扰动较大的施工步序引起注意,严加监测。同时,分析开挖过程可知:沉降变化较大的步骤为第六步核心土的开挖。因此,三台阶七步法施工中,在核心土开挖时,一定要监测到位,以保证隧道安全。

4.2.7 各种开挖工法比选

(1)根据以上对各种工法施工时隧道围岩的位移、受力以及初期支护的受力特性的分析,从围岩应力来看,几种工法开挖时围岩应力在量值上并没有很大的差别,只是在分布上有所不同;从围岩变形来规律看,全断面法、两台阶法、CD法、双侧壁导坑法、三台阶七步法均呈现相似规律,但量值上却存在差异。从拱顶位移来看,呈以下规律:全断面法 > 两台阶法 > CD法 > 双侧壁导坑法 > 三台阶七步法。

(2)由于红黏土遇水软化等物理力学特性,使得在各种工法下隧道开挖后围岩的自承载能力均不高,要控制围岩的变形,支护结构势必要成为重要的承载单元。在该种隧道大断面尺寸下,采用三台阶七步法控制拱顶下沉、水平收敛效果最好,隧道洞周围岩及初期支护稳定性最好,但是其施工速度慢、施工难度大;全断面法控制洞周位移的效果最差,围岩失稳坍塌的可能性最大,但其可以使用大型掘进设备、断面一次成型、施工速度快、工期短。因此综合考虑施工质量、工期与工程预算等因素,推荐使用三台阶七步法施工深埋大断面膨胀性红黏土隧道。

本章小结

(1)本章从工程问题、控制措施等方面对土质隧道施工工法进行了概述,同时,基于隧道的围岩类型、开挖面积、埋深、工程地质条件、施工技术装备等因素的影响,理论分析了各工法的适用性。

(2)对隧道施工工法的优缺点进行比较,并罗列出工法安全性、施工难度、施工工序、工期、造价、工序转换、地质适应性、围岩控制、支护时效性等主要因素在各个工法中评价等级,更为直观地反映出不同工法的优劣,可为其他工程选取合适的施工工法提供参考。

(3)在隧道施工过程中,采用不同的工法开挖,围岩应力在量值上相近,只是分布上有所不同。在围岩变形规律方面,全断面法、两台阶法、CD 法、双侧壁导坑法、三台阶七步法呈现出的规律相似,但在量值上有所差异。几种工法的拱顶位移规律表现为:全断面法 > 两台阶法 > CD 法 > 双侧壁导坑法 > 三台阶七步法。

(4)对不同施工工法的力学行为进行了深入对比,通过对隧道全断面法、两台阶法、CD 法、双侧导坑法以及三台阶七步法进行基于有限元理论的实际施工过程仿真计算,分析开挖过程中的围岩应力场、位移场、支护结构强度变化等规律,确定了适用于受膨胀性红黏土影响的大断面黄土隧道的施工工法为三台阶七步法,可为类似工程提供参考。

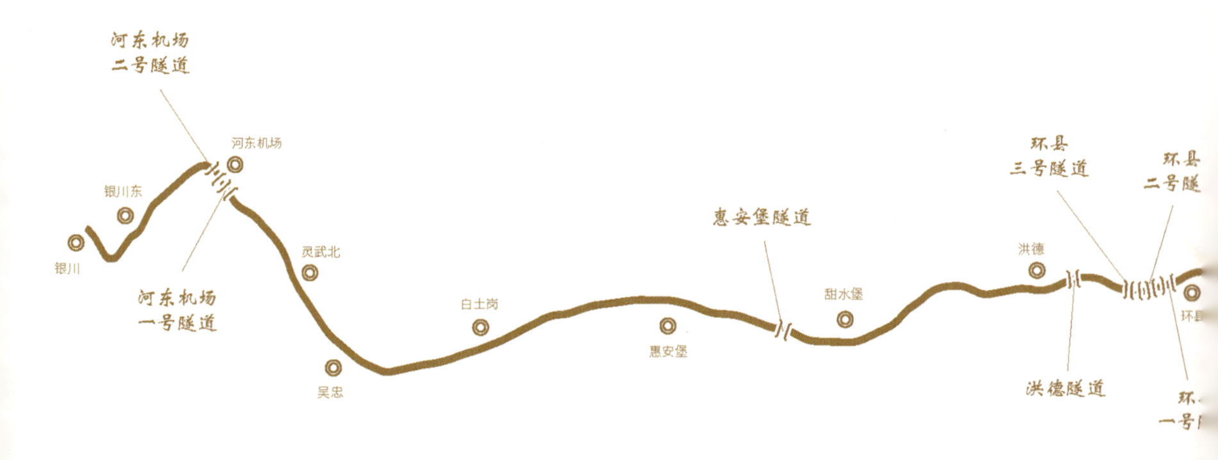

河东机场
二号隧道
河东机场
银川东
银川
河东机场
一号隧道
灵武北
吴忠
白土岗
惠安堡
惠安堡隧道
甜水堡
洪德
环县
三号隧道
环县
二号隧
洪德隧道

第5章 红黏土隧道施工关键技术

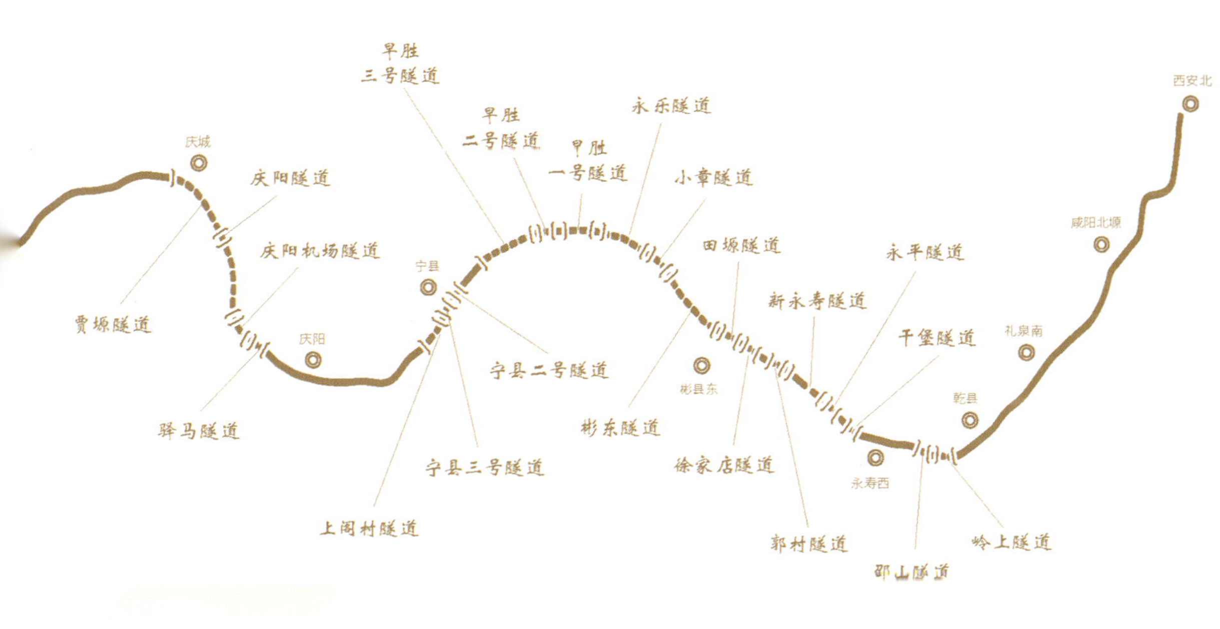

快速施工关键技术

红黏土隧道开挖施工关键技术主要考虑效率与效益两方面因素。针对红黏土隧道,应当因地制宜采用合适的机械装备,充分发挥其性能优势,才能有效提高施工效率,进一步提升经济与社会效益。

5.1.1 机械装备配件

机械开挖时常用的机械装备配件主要有挖斗、破碎头、铣挖头和松土器等,分别适应不同的围岩地质情况,其具备的性能优势也各不相同。其特点如下:

(1)挖斗。主要适用于强度较低的土质围岩或渣土外运过程中的出渣。其优势在于配合出渣作业时,效率相比其他装备配件高,虽然单次装运量不及装载机,但更为灵活,与装载机配合能大幅提升出渣效率。其不足是开挖速度一般,适用范围小,应变能力差,无法开挖较硬围岩段,难以开挖边缘角落部分,人工修边工作量大;

(2)破碎头。主要适用于小面积围岩强度较高的石质围岩开挖。若遇到面积较大且较连续的石质围岩,通常采用爆破开挖,以提升开挖效率。

(3)铣挖头。主要用于Ⅳ、Ⅴ级围岩的隧道开挖,适合开挖强度较低,围岩相对稳定的围岩情况,开挖速度一般,对围岩影响较小,开挖出的渣土粒径小,装运较方便。

(4)松土器。分为单齿松土器、双齿松土器及三齿松土器三种。单齿松土器适用于较高强度围岩的松动作业或成块地层的分割作业,较破碎头适用围岩强度更低,在围岩强度较低的情况下,作业速度较破碎头更快;三齿松土器主要适用于Ⅳ、Ⅴ级围岩及圆砾土、砂岩、细砂岩等隧道的开挖,适合开挖围岩强度低,围岩稳定的隧道,开挖速度快,与铣挖头开挖方法相近,渣土粒径中等,装运方便且速度较快;双齿松土器则介于单齿松土器与三齿松土器之间,其适用围岩强度较三齿松土器更高,但作业效率偏低,相对单齿松土器作业效率更高但使用围岩等级较低。

综合上述各开挖机械装备配件性能优势,结合实际情况,考虑到庆阳隧道2号、3号斜井及出口是双线大断面红黏土隧道,围岩等级多为Ⅳ级,部分为Ⅴ级围岩,围岩强度较低,稳定性适中。最终选定铣挖头、双齿及三齿松土器进行开挖。

5.1.2 开挖机械装备的选择及应用效果

1)机械装备型号对开挖效率的影响

庆阳隧道是大断面红黏土隧道,跨度大、作业面积较广,且台阶法开挖时上部开挖需要挖掘机臂较长、功率较大。使用三台阶法开挖时,挖掘机需要的最大臂长需超过7.8m,型号在PC300以下时,其功率在合适臂长下难以实现快速开挖;而挖掘机型号超过PC400时,需要的作业空间过大,作业时容易碰到已完成拱架,影响初期支护强度,且功率越大的挖掘机能耗越大,本着节约成本的原则,挖掘机型号需控制在PC400以内。

以庆阳隧道2号斜井为例,最终两个作业面确定挖掘机分别为银川方向使用徐工XE370挖掘机、西安方向使用徐工XE305D挖掘机,如图5-1所示。经过一段时间的现场施工及记录总结,平均一个开挖初期支护作业循环的土方开挖时间约为银川方向1h,西安方向1h20min,西安方向开挖速度较银川方向慢约20min;不考虑其他工序影响,以银川方向完成一个开挖初期支护作业循环9.6h(日平均完成2.5循环)计算,两个作业面完成一个开挖初期支护作业循环速度相差约3.5%。由此可见,不同型号的挖掘机对整个开挖初期支护循环的影响相差较小。考虑到开挖初期支护作业时会受到很多其他因素的影响,两个作业面作业速度差距还会进一步缩小。

a)XE305D型

b)XE370型

图5-1 徐工XE305D挖掘机与XE370挖掘机

因此,根据上述庆阳隧道在实际施工中的效果反馈,大断面红黏土隧道开挖机械型号选择时,在保证能够进行上台阶快速开挖且隧道净空能够满足挖掘机作业要求的情况下,应可尽量选择功率较小的挖掘机以减少能耗。如庆阳隧道2号斜井开挖作业时,西安方向开挖所用的徐工XE305C挖掘机在综合成本上就要略小于银川方向开挖所用的XE370挖掘机。

2)效益分析

(1)经济效益

大断面红黏土隧道采用三台阶法配合松土器开挖施工,可通过对断面合理分划,紧凑衔接工序,使各台阶形成流水作业,加快施工进度。根据现场反馈,Ⅳ级围岩下(拱架间距80cm)日均完成开挖2.5个循环,月均进度120m。各工法经济效益对比见表5-1。

工法经济效益对比　　表5-1

经济效益	开挖工法			
	全断面法	台阶法	CD法	CRD法
适用围岩	Ⅰ~Ⅲ	Ⅲ~Ⅴ	Ⅳ、Ⅴ	Ⅳ、Ⅴ
进度	最快	较快	较慢	最慢
造价	最低	较低	较高	最高

由表5-1可见,在大断面红黏土隧道开挖过程中,台阶法在进度和造价方面均比CD法和CRD法效益好;而全断面法应用在Ⅳ级围岩时,需要极强的超前支护,综合造价相对台阶法反而要高出不少,不宜选用,故台阶法在经济效益上要超出其他开挖工法。

采用台阶法开挖时各台阶的初期支护都能为下一个台阶形成保护,可避免作业过程中可能产生掉块的危险情况,同时机械开挖也避免了人工开挖也可能造成的人员伤害,也避免了钻爆法由于扰动围岩产生其他危险情况而增加成本。台阶法开挖采用机械化作业,进度快、工效高,利于成本控制。

(2)社会效益

对红黏土隧道开挖方式及设备选型配套的研究分析,加深了对红黏土隧道的开挖方式和设备配套选型的认识,提高了红黏土隧道的开挖效率,解决了“反铲和人工挖不动,钻爆扰动剧烈,作业不连续”的难题,实现了快速机械化流水作业。同时改善了红黏土隧道的施工安全条件,具有巨大的潜在社会效益。

5.1.3 松土器的应用效果及效益

1)应用效果

松土器可以安装在任意一台液压挖掘机上进行开挖作业,带松土器的挖掘机设备组合简单、操作简单快捷、工艺流程成熟。与人工开挖和普通挖斗开挖相比,可适用于更高强度的围岩,且施工效率和安全性有较大提高;与钻爆法开挖相比,能形成连续的开挖出渣流水作业,施工效率高,且避免了钻爆法中对炸药的使用,大大提高了施工的经济性和安全性。挖掘机开挖结束后可立即将松土器转换为土方挖斗配合装载机和运输车装运渣土,上中台阶的初期支护作业可以同步进行,形成流水作业,提升机械利用效率和施工效率。台阶部分成块开挖,可大幅提升开挖速率,缩减施工时间;拱脚边缘及掌子面深切部分由于松土器尺寸较小,相对普通挖斗挖斗操作更精确,能提升开挖精度、减少线性超挖。

松土器的适用范围:

(1)适用于无明水流出的Ⅳ、Ⅴ级围岩的隧道开挖,特别适用于老黄土、红黏土等地质,也适用于细圆砾土、胶结较差的砂砾、强风化砾岩、细砂层等地质。

(2)适用于强度低于2MPa的围岩,其快速转换接头能够兼容大多数的松土器及破碎锤等配件,可以应对绝大多数强度较低的地层。

(3)特别适用于不宜钻爆的地区,如高陡边坡、城市市区、居住区等区域。

根据现场实际,红黏土隧道松土器开挖主要机械装备配件见表5-2。

主要施工机械装备配件表　　表5-2

序号	机械名称	规格型号	数量	生产能力	用　途	备　注
1	松土器	1.2m	1台	—	掌子面破土开挖	
2	挖掘机	XE370	1台	$1.6m^3$	开挖及装渣	
3	装载机	ZL50	1台	$2m^3$	装渣及辅助工作	
4	农用车	—	1台	—	拱架、钢筋网等结构件运输	
5	自卸汽车	DF250	5台	$20m^3$	渣土外运	根据运输距离及路况增减,保证连续作业
6	风镐	—	4台	—	轮廓修边	根据现场需求增减
7	风钻	—	4台	4m	锁脚锚管、系统锚杆、超前小导管打孔	根据现场需求增减
8	湿喷机械手	KC30	1台	$20m^3/h$	喷射混凝土	

2)效益分析

(1)经济效益

红黏土隧道采用松土器开挖施工,通过对断面的合理分划,工序衔接紧凑,各台阶能够形成流水作业,上中台阶初期支护和出渣可以形成平行作业,提高了施工效率,Ⅳ级围岩下(拱架间距0.8m,每次开挖支护两榀1.6m)选择松土器开挖日均能够完成2.5个循环,即4m,月均进度120m,由于反铲挖掘机、铣挖机和松土器在开挖时使用的人力、材料、设备等费用基本相同,相比反铲挖掘机日均进尺2.4m而言,开挖进度能提升40%以上;相比钻爆法日均进尺3.2m而言,开挖进度能提升20%以上,且每延米可以节约爆破器材费用约1200元。各机械装备及其配件经济效益分析见表5-3。

各机械装备及配件开挖效率与相应日进尺对比　　表5-3

经济效益	机械装备及配件			
	反铲挖掘机	破碎头	铣挖机	松土器
效率(h/m)	5~6	—	5~6	2~3
日进尺(m)	2.4	—	2.4	4

由表5-3分析可知,该工法在红黏土隧道施工中便于机械化作业,进度快,效率高,利于成本控制。

(2)技术效益

通过施工中不断完善,实现各断面开挖和支护时间短、可快速进行初期支护封闭等特点,规避了不安全因素,通过对量测数据和现场实际情况分析,采用该工法Ⅳ级围岩下施工初期支护累计沉降多在50mm以内,以此准确指导预留沉降量的调整,既减少了材料超耗,又保证了结构断面尺寸。且该工法简单,易于工人熟练操作,工序质量易于控制。

(3)社会效益

红黏土隧道松土器开挖施工工法的成功开发,丰富了红黏土隧道的开挖手段,提高了红黏土隧道的开挖效率,解决了“反铲和人工挖不动,铣挖机效率低,钻爆扰动剧烈,作业不连续”的难题,实现了快速机械化流水作业。同时改善了红黏土隧道的施工安全条件,推动了红黏土隧道开挖施工技术的发展,具有巨大的潜在社会效益。

3)应用实例

松土器成功应用于庆阳隧道施工,包括庆阳隧道正洞、3座斜井及1座导水洞。其主要穿越黄土沟壑梁峁区,地面高程1164~1482m,相对高差150~250m,南高北低,边缘破碎。均为Ⅳ、Ⅴ级围岩,Ⅳ级围岩约占76%,Ⅴ级围岩约占24%。地表水主要为沟谷内季节性流水及灌溉用水,枯水期几乎断流,水量不大。3号井红黏土与砂岩分界面段落有地下水发育。不良地质主要为滑坡、错落、溜坍和黄土陷穴等。

采用反铲挖掘机或铣挖机开挖，每循环 1.6m 的开挖的时间达到 5h 以上，开挖效率较低，且 3 号斜井及出口部分围岩含水率较高、稳定性较弱，不宜使用钻爆法施工。基于此，施工项目部充分调查及研究后开始使用松土器开挖，根据现场实际情况，最终选用了三齿 1.2m 型松土器适配徐工 XE370 型挖掘机。

在庆阳隧道施工开挖过程中，经过调查试验及实践主要分两个阶段：

第一阶段：庆阳隧道 2 号斜井管段内 3km 范围均为红黏土，围岩级别Ⅳ级，含水率为 15% ~20%。在里程 DK266 +600 ~ DK266 +650，长度 50m 的区段内，以反铲挖机为主进行开挖，每循环的开挖时间 4 ~5h，日进尺 1.5 ~2 个循环共 2.4 ~ 3.2m，效率较低；在里程 DK266 +650 ~ DK266 +700，长度 50m 的区段内，以铣挖机为主进行开挖，每循环的开挖时间 3 ~4h，日进尺 1.5 ~2 个循环共 2.4 ~3.2m，对效率提升作用不明显；在里程 DK266 +700 ~ DK266 +800，长度 100m 的区段内，以三齿松土器配合挖掘机进行开挖，每循环的开挖时间降低至 2 ~2.5h，日进尺约 2.5 个循环共 4m，开挖效率大幅度提高。

第二阶段：庆阳隧道 3 号斜井管段进口方向，位于砂岩与红黏土分界面，上部为红黏土，下部为砂岩，分界面呈波浪形延伸，红黏土含水率为 20% ~25%。在里程 DK269 +850 ~ DK269 +950，长度 100m 的区段内，以松土器配合挖掘机进行红黏土部分开挖，每循环的开挖时间降低至 2.5 ~3h，日进尺约 2 个循环共 3.2m，开挖效率随红黏土含水率上升而相对降低。

各阶段的应用效果见表 5-4。

庆阳隧道各阶段应用效果　　表 5-4

里　　程	长度（m）	围岩级别	围岩情况	开挖机械装备及配件	效率（h/m）	日进尺（m）
DK266 +600 ~650	50	Ⅳ级	红黏土	反铲挖机	2.5 ~3	2.4
DK266 +650 ~700	50	Ⅳ级	红黏土	铣挖机	2.5 ~3	2.4
DK266 +700 ~800	100	Ⅳ级	红黏土	松土器	1.5 ~2	4
DK269 +850 ~950	100	Ⅴ级	砂岩、红黏土	配置松土器、破碎头	2 ~3	3.2

通过试验比对可以看出，采用松土器开挖适用于含水率较低的红黏土围岩，开挖效率很高，在强度较低，含水率较大及与砂岩胶结的地段，也可以考虑与破碎锤等设备配合使用。

由表 5-4 可知，在Ⅳ、Ⅴ级围岩条件下，配置松土器的挖掘机开挖速度比不加配件的挖掘机和铣挖机的开挖效率提高 30% 以上，每日进尺增加约 40% 倍，采用松土器开挖的工法单位时间内所用的人力、材料、设备费用与挖掘机配合人工开挖工法基本相同，所以，仅就开挖这一道工序而言，施工速度即为经济成本最重要的指标。

采用松土器开挖，相比于破碎锤及爆破开挖每延米的开挖费用可降低 30% ~50% 。

现场使用配置松土器的挖掘机情况如图 5-2、图 5-3 所示。

a)

b)

图 5-2　与徐工 XE305 挖掘机配置二齿松土器

a)

b)

图 5-3　与徐工 XE370 挖掘机配置三齿松土器

5.1.4 正铲挖掘机的应用效果和效益

正铲挖掘机适用含水率不高于 27% 的Ⅳ、Ⅴ级围岩的黄土隧道综合洞室开挖。在黄土隧道工程中，依据现场的围岩条件，综合考虑机械功率，合理选用正铲挖机。铣挖机配置及参数见表 5-5。

铣挖机配置及参数　　表 5-5

序号	铣挖机型号	铲斗挖掘力(kN)	铲斗容量(m^3)	最大挖掘高度(mm)	质量(t)	额定功率(kW)
1	CE460-7	271	2.5	10258	46	246
2	CE420-7	244	2	9207	42	246
3	CED460-6	243	2.5	9240	46	200

1)应用效果

正铲挖机成功应用于庆阳隧道,在综合洞室施工时,每米的开挖的时间在 2h 以内,开挖效率较高,成型较好。

采用正铲挖掘机与反铲挖掘机开挖施工对比如下:

(1)采用反铲挖掘机:在里程 DK266 +750,洞室深度 5.3m,主要为红黏土,围岩级别Ⅴ级,以反铲挖掘机为主进行开挖,每米的开挖时间为 3 ~4h,开挖效率较低。

(2)采用正铲挖掘机:在里程 DK267 +000,洞室深度 5.3m,主要为红黏土,围岩级别Ⅴ级,以正铲挖掘机为主进行开挖,每米的开挖时间为 1 ~3h,开挖效率大幅度提高。

通过上述对比,正铲挖掘机的开挖速度较反铲挖掘机提高 30% 以上,每日进尺增加约 1 倍以上,综合洞室采用正铲挖掘机开挖施工,既提高了施工效率,又保证了断面成型。

2)效益分析

(1)经济效益

采用综合洞室正铲挖掘机开挖施工工法,通过对断面的合理分划,工序衔接紧凑,能够形成流水作业,加快了施工进度,保证了开挖成型效果,日均完成开挖 3 个循环(拱架间距 100cm),相比于反铲挖掘机加快速度 30% 以上。其在黄土隧道综合洞室施工便于机械化作业,进度快、工效高,利于成本控制。

(2)技术效益

采用综合洞室正铲挖掘机开挖施工工法,综合洞室开挖时间短、支护快,规避了不安全因素。通过加强对洞室断面成型控制,既保证了结构断面尺寸,又减少了材料超耗。其次,工法简单,易于工人熟练操作,工序质量易于控制。

(3)社会效益

采用综合洞室正铲挖掘机开挖施工工法,丰富了黄土隧道综合洞室的开挖手段,提高了洞室开挖施工效率,解决了“反铲和人工挖不动,钻爆扰动剧烈,作业不连续”的难题,实现了快速机械化流水作业,同时改善了综合洞室的施工安全条件。

5.1.5 三台阶法开挖支护

庆阳隧道采用三台阶法开挖支护,开挖断面净空 153.82 ~ 161.64m^2,采用挖掘机开挖上台阶后,人工修整轮廓,如图 5-4 所示;中台阶开挖后,人工修整轮廓的同时挖机配合装载机在下台阶出渣;下台阶清理出作业空间后,对上、中台阶进行初喷,如图 5-5 所示;然后上、中台阶进行立拱、挂网、超前支护、打设锁脚与锚杆等工序作业,下台阶出渣平行作业,同时下台阶开挖、初喷、立拱、挂网、打设锁脚与锚杆;最后按照上、中、下台阶的顺序依次喷射混凝土至设计厚度。

图 5-4 挖掘机开挖

图 5-5 湿喷机械手进行初喷

三台阶开挖支护施工工艺流程如图 5-6 所示。

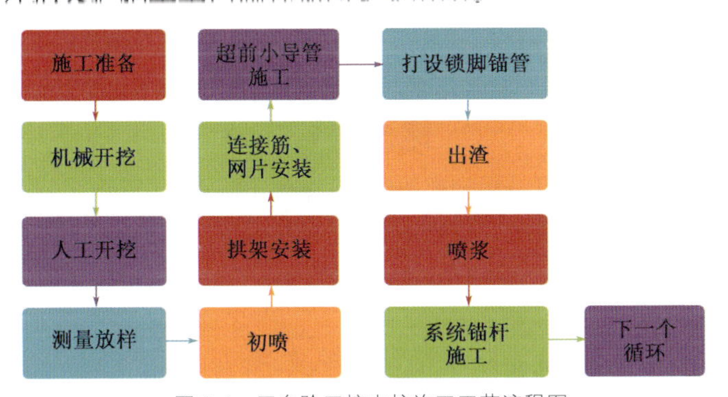

图 5-6 三台阶开挖支护施工工艺流程图

5.1.6 仰拱开挖支护

采用三台阶法施工,在隧道上台阶掌子面初期支护的同时,同时进行仰拱开挖(图 5-7)及出渣平行作业;掌子面喷射混凝土时仰拱进行清渣及安装拱架;掌子面喷射混凝土完成，进行仰拱喷射混凝土作业，最大限度地减少了仰拱施工对掌子面开挖支护工序的影响，如图5-8所示。

图5-7　仰拱挖机在栈桥上开挖

图5-8　仰拱初期支护完成

仰拱开挖支护施工工艺流程如图5-9所示。

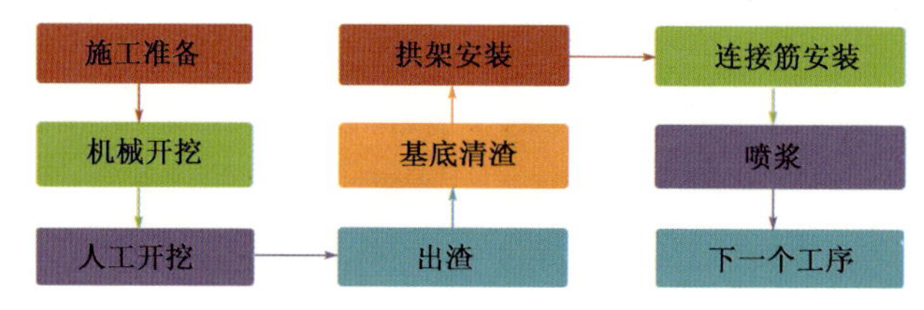

图5-9　仰拱开挖支护施工工艺流程图

5.2 衬砌施工关键技术

5.2.1 仰拱衬砌、填充施工

当仰拱初期支护达到12m后，立即进行矮边墙纵向防水板和基底环向防水板铺设，同时进行仰拱钢筋放样及施作定位钢筋；仰拱下层钢筋完成后立即进行仰拱端头钢模板安装，增加平行作业时间，减少总工序时间。浇筑仰拱及填充混凝土时使用输送泵，避免因混凝土罐车在栈桥上卸料影响掌子面工序的施工，现场施工作业如图5-10所示。

a)基底防水板安装　b)钢筋绑扎

c)钢筋夹具　d)保护层控制

e)止水带夹具　f)止水带控制

g)端头模板安装　h)弧形模板安装

图5-10　仰拱衬砌、填充施工现场

仰拱衬砌、填充施工工艺流程如图 5-11 所示。

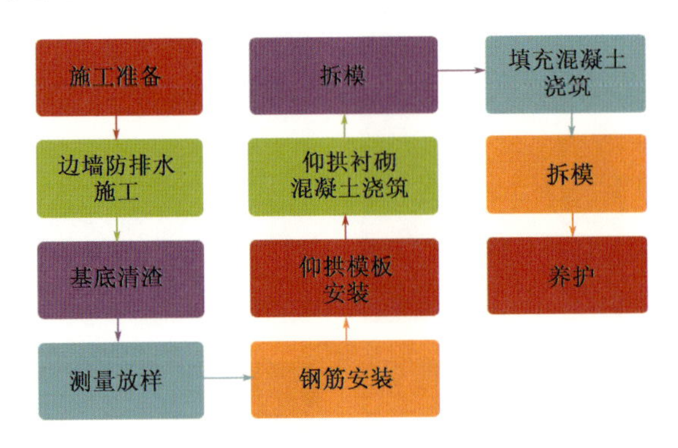

图 5-11　仰拱衬砌、填充施工工艺流程图

5.2.2 拱墙衬砌施工

隧道二次衬砌采用钢筋混凝土,在围岩变形稳定后施工。初期支护断面测量和基面清理超前二次衬砌混凝土 2 ~3 组进行;土工布及防水板超前二次衬砌混凝土 1 ~2 组铺设;二次衬砌台车定位关模、浇筑混凝土、带模注浆、拆模等工序平行作业。混凝土脱模后及时进行养护。拱墙二次衬砌施工工艺流程如图 5-12 所示。

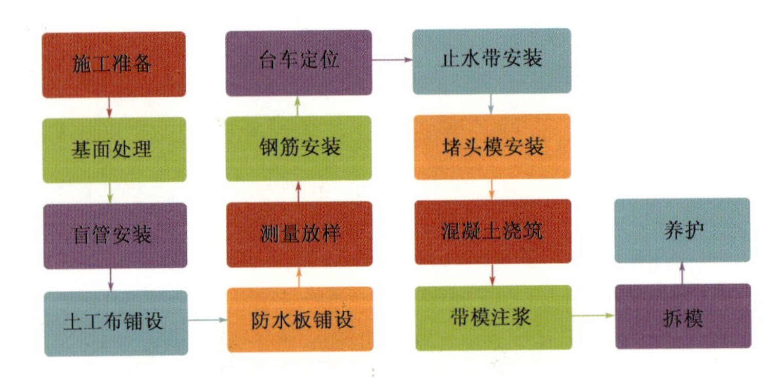

图 5-12　拱墙衬砌施工工艺流程图

具体施工工艺分为以下四部分进行介绍。

(1)多功能作业台架

防水板、土工布及绑扎钢筋施工采用多功能作业台架(图 5-13)进行,台架上环向布置 9 对液压伸缩杆,杆上带有钢筋定位滑轮,实现二次衬砌钢筋的半自动化作业,有效降低了作业人员的劳动强度。

a)

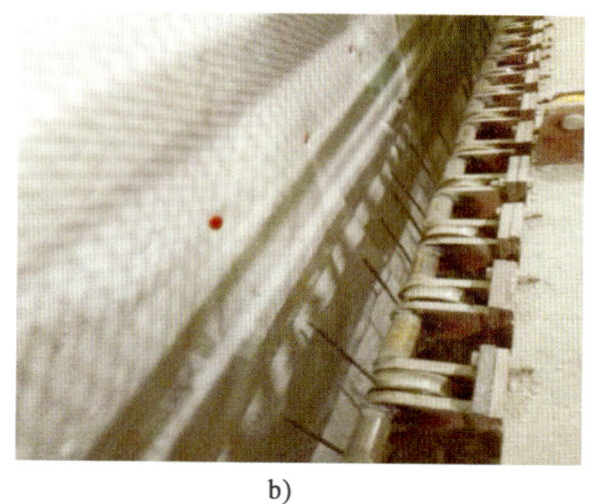
b)

图 5-13　多功能作业台架

(2)台车组合式钢端模

二次衬砌台车端部使用翻转式钢木组合端模,主要由内侧 L 形固定钢端模、中间翻转合页,外侧木模和加固系统组成,如图 5-14 所示。钢端模施工方便,可保证衬砌施工缝中埋止水带的顺直,满足防水要求。

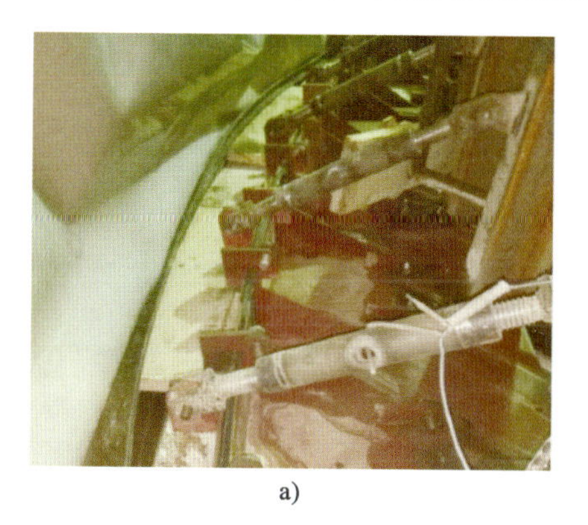
a)

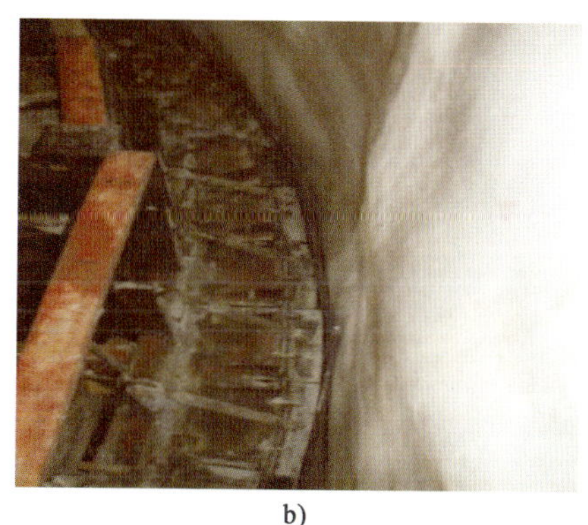
b)

图 5-14　端头钢模板安装

(3)混凝土分层逐窗入模浇筑

在隧道二次衬砌混凝土施工过程中,将混凝土通过地泵泵入台车顶平台主料斗,再经主滑槽、“三通”分流槽、分流串筒和分滑槽导流至各相应工作窗口,实现混凝土由下至上逐窗入模分层浇筑,如图 5-15、图 5-16 所示。该工艺可以克服传统跳窗浇筑导致混凝土离析,避免产生“人”字坡冷缝的弊端;可以有效提高二次衬砌混凝土的实体质量和外观质量,减少换管施工工序,降低劳动强度。

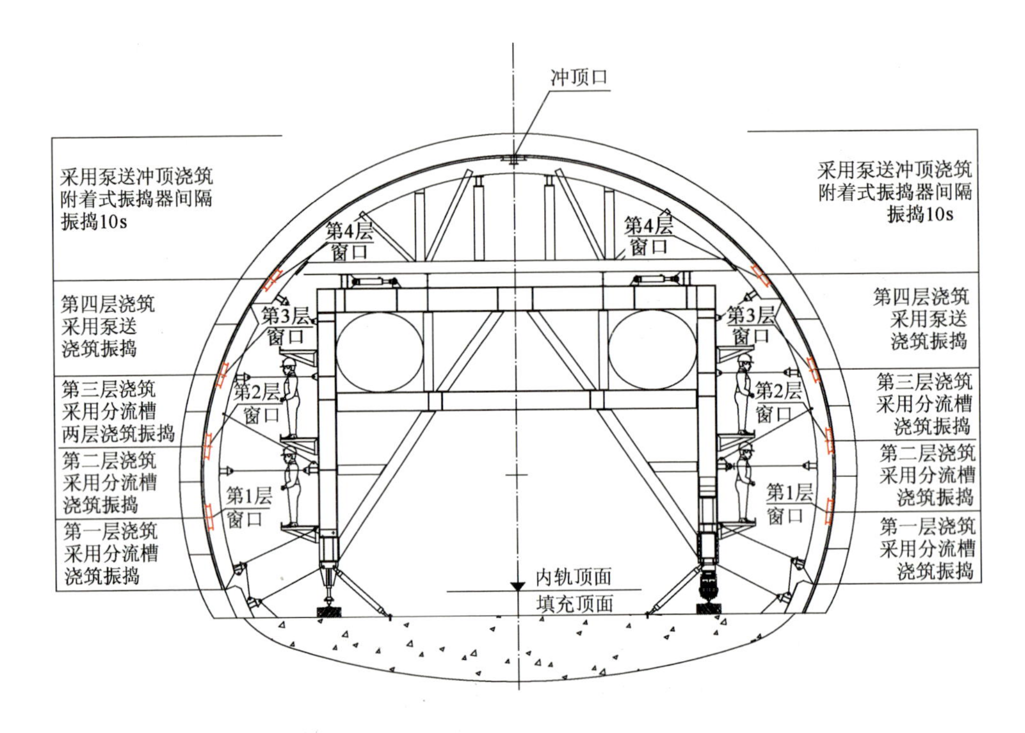

图 5-15　分层分仓逐窗入模浇筑工艺

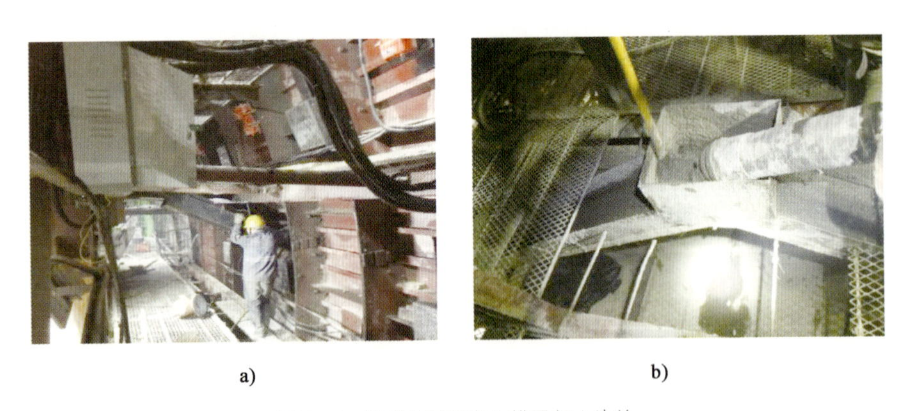

a)　　b)

图 5-16　衬砌分层逐窗入模混凝土浇筑

(4)拱顶带模注浆

拱顶带模注浆可减少空洞和脱空现象，一般在混凝土初凝后施作，注浆压力控制在 0.5MPa 以内，如图 5-17 所示。

图 5-17　拱顶带模注浆施作

5.2.3　衬砌防脱空预警装置

通过在每模二次衬砌拱顶防水板上设置传感器，每模防水板纵向长 12m 为一个浇筑单元长度，每个单元的上层防水板下面每间隔 3m 设有一个传感器，传感器信号端口通过网线与对应的信号灯连接，信号灯与提供电力的配电箱连接，传感器的传动杆上设置有防水板，可以增大传感器感应范围。传感器通过设置于其底部的防水板与每模二次衬砌拱顶防水板热熔焊接，用隧道二次衬砌台车浇筑混凝土，浇筑过程随着二次衬砌混凝土浇筑面上升，混凝土触及隧道拱顶防水板上传感器传动杆上的防水板，传感器产生报警信号，并通过网线传给信号灯。信号灯点亮产生报警，说明二次衬砌拱顶混凝土浇筑密实。

防脱空预警装置安装流程：

(1)装置应用准备

①防水板铺设完成，无鼓包现象，焊缝严密，并做气密性试验检测。

②微动传感器制作准备。微动传感器传动杆上加装一块宽 3cm × 长 3cm 防水板，以增大传感器感应范围，增加灵敏度；底部加装一块宽 3cm × 长 10cm 防水板以便于传感器与拱顶防水板焊接固定。

③材料准备。二次衬砌台车开盘前必须了解拌和站原材情况，避免浇筑过程中因材料不足导致混凝土出现冷缝缺陷，每组台车浇筑混凝土约 180m^3。需准备水泥、粉煤灰、河砂、米石、碎石等材料。

④人员准备。二次衬砌台车混凝土浇筑作业人员不应少于 8 人，施工人员进场后必须通过三级安全教育培训及技术交底培训，培训合格后方可上岗作业。

(2)传感器元件安装

将制作好的微动传感器开关安装在拱顶防水板内侧(图5-18),每板二次衬砌长度12m,沿拱顶纵向等间距依次铺设4组传感监测点(与泵送孔位置错开1.0m),传感器的信号端口通过网线与配电箱上对应的信号灯连接,信号灯与提供电力的配电箱连接,传感器的传动杆上设置有防水板,传感器通过设置于其底部的防水板与每模二次衬砌拱顶防水板热熔焊接。通过网线将4组传感监测点相连接,网线引至信号箱内与报警装置相连接,形成预警系统。

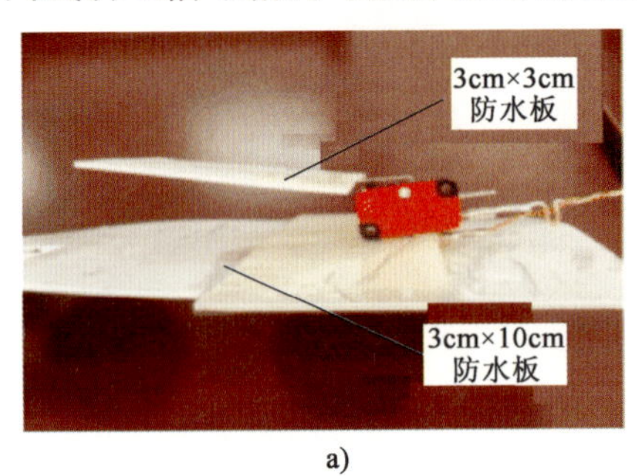

a)

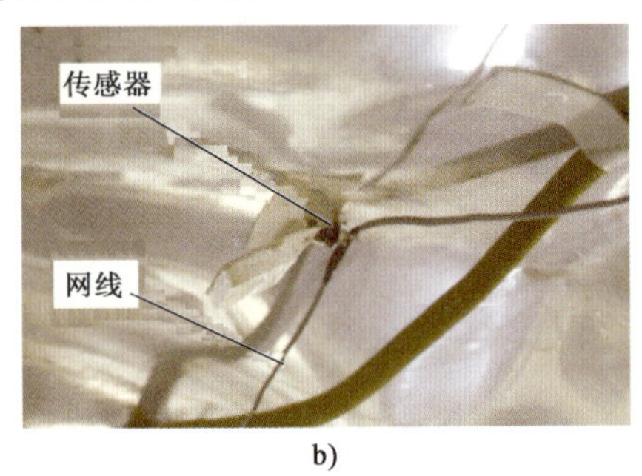

b)

图5-18　微动传感器安装

(3)信号箱制作

用三级配电箱加装信号灯、网线接口、电源开关集成制作信号箱。

(4)二次衬砌钢筋安装及绑扎

装置安装完成后,二次衬砌钢筋按设计要求进行安装及绑扎,安装钢筋时注意保护已安装完成的传感器元件及线路。

(5)台车定位及混凝土浇筑

台车经测量人员放样定位完成后,进行端头模板安装及加固,经检验合格后进行混凝土浇筑,混凝土通过泵车送入台车顶部的主料斗内,通过主滑槽、"三通"分流槽、分流串筒及分滑槽输送至各层窗口进行分层逐窗浇筑。

(6)混凝土压顶及预警装置报警

待各层工作窗口浇筑混凝土完成后,及时更换泵管进行拱顶浇筑,保证混凝土浇筑连续。拱顶浇筑过程中随着二次衬砌混凝土浇筑面上升,混凝土面顶升触发微动压力开关,传感监测点信号灯依次亮灯报警,即可判定监测点附近混凝土浇筑是否饱满。

5.2.4 隧道衬砌预埋滑槽施工

1)施工准备

(1)临建设施完成,施工人员、机械及设备配套到位。

(2)隧道内综合接地系统的作业班组不单独设置,安排在各相关工序中。

(3)轨槽组合加工。两根轨槽为一组,通过3根扁钢把2根轨槽焊接成组,再焊上环向接地钢筋,尺寸精度通过制作高精度模具来进行精确定位。轨槽组合共5种模式:

①弧形轨槽长3m,间距为400mm,对应型号A1/A2,B1/B2。

②弧形轨槽长3m,间距为600mm, 对应型号C1/C2,C3/C4。

③弧形轨槽长2.5m,间距为600mm, 对应型号E1/E2,E3/E4,F1/F2。

④直型轨槽长2.5m,对应型号E1/E2,E3/E4。

⑤弧形轨槽长1.5m,间距为600mm,对应型号D1/D2,C3/C4。

(4)台车模板开孔。

应尽量减少台车开孔数量:长3m及2.5m轨槽,单根开孔3个,即两端及中间位置开孔;1.5m长轨槽,单根开孔2个,即两端开孔。两端开孔位置宜设在距离端头0.25m处。开孔尺寸(长×宽)为5cm×2.5cm,如图5-19所示。

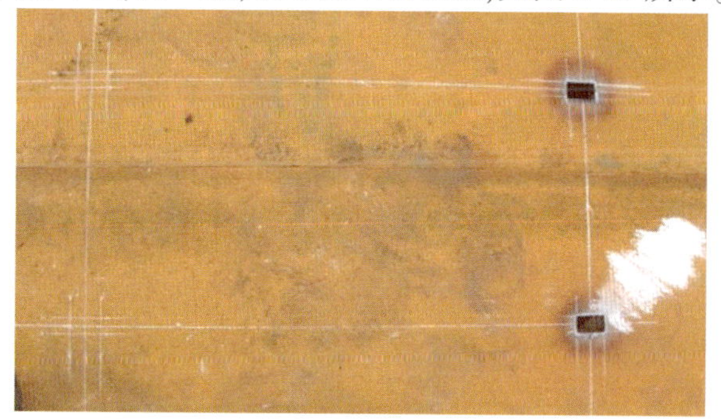

图5-19 台车模板开孔

(5)设备及机具

一条长10m的绳索、一台电焊机和钢筋切割机,在安装轨槽同时焊接接地钢筋时使用,模具加工示意如图5-20所示。

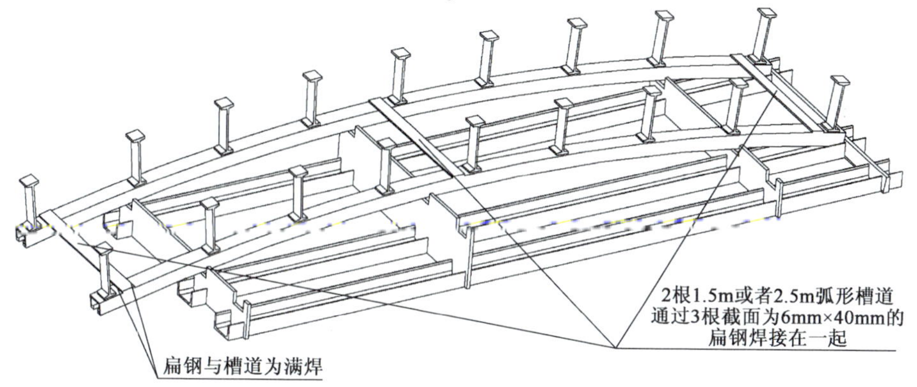

图5-20 模具加工示意图

2）施工工艺

隧道衬砌预埋滑槽施工工艺方案有以下两种：

（1）方案一：台车就位前安装

利用衬砌台架在台车定位前完成接触网轨槽的安装工作。利用台车还未定位前的有效时间与空间，测量组将已拼装完成的每组轨槽按设计尺寸数据准确无误地固定焊接在衬砌钢筋上，因轨槽较为沉重安装工作需工班与测量人员共同协助完成。在安装时测量人员先将轨槽的大概位置确定，再由工班人员将轨槽安装在这一位置，随后测量人员用全站仪逐步测量每根轨槽的位置，安装轨槽的内净空尺寸需比设计尺寸小3～5cm，以保证轨槽与台车能够完全密贴，直至轨槽的安装位置符合要求后，再将轨槽固定在衬砌钢筋上，焊接质量必须满足设计要求，然后行走台车，精准定位后浇筑混凝土。衬砌施工和接触网轨槽预埋同步进行。施工工艺流程如图5-21所示，施工安装现场如图5-22所示，安装成型效果如图5-23所示。

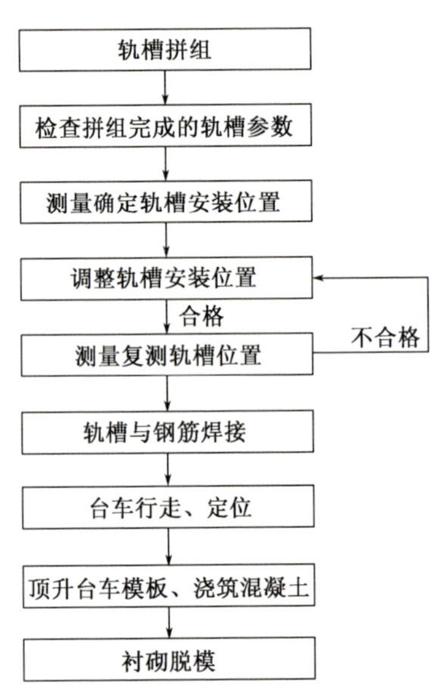

图5-21　轨槽安装施工工艺流程图（方案一）

图5-22　安装施工现场

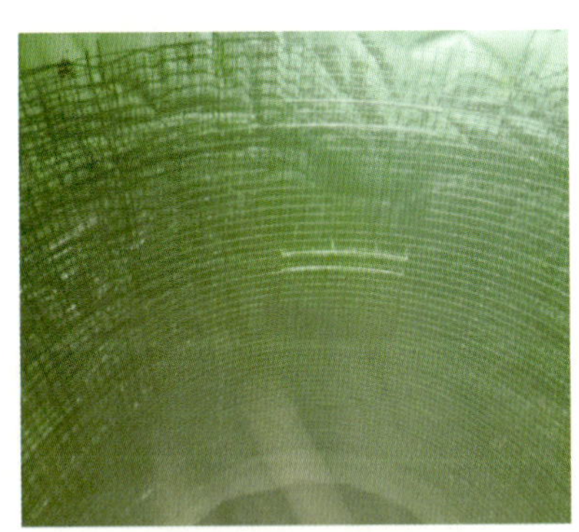

图5-23　安装成型效果

（2）方案二：台车就位后安装

利用二次衬砌台车拱部顶升液压千斤顶25～30cm的行程及衬砌混凝土厚度55～70cm的空间，形成接触网轨槽安装空间，操作人员从二次衬砌台车混凝土灌注窗口进入台车拱部模板，对轨槽精确定位，然后在台车模板下部用T形螺栓穿过定位孔将轨槽固定在模板上,然后行走台车,精准定位后浇筑混凝土。衬砌施工和接触网轨槽预埋同步进行。施工工艺流程如图5-24所示。

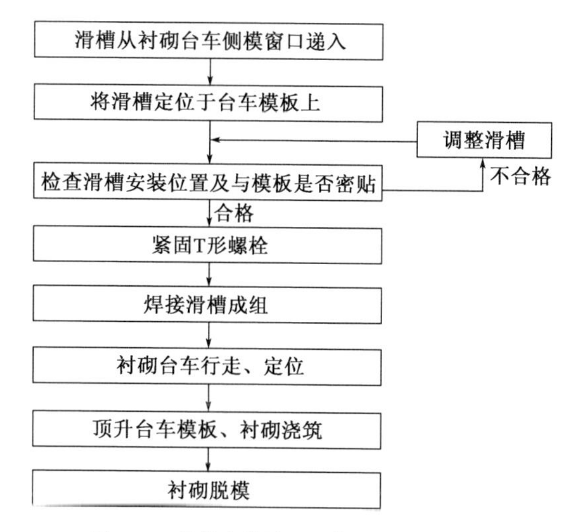

图5-24　轨槽安装施工工艺流程图(方案二)

3)工艺方案的比选

方案一是在二次衬砌台车行走前对轨槽进行安装,相比于方案二操作空间更大,可以多人同时作业,便于操作;方案二需要对台车模板进行开孔,方案一直接将轨槽安装在已经绑好的衬砌钢筋上,安装时可以节省时间,并且可以及时调整安装误差。从安全方面来说,方案二是需要工人进入台车模板内,工人操作空间相对狭小,在有钢筋地段要防止钢筋碰伤;并且工人入内操作时,严禁任何人员操作二次衬砌台车液压系统,需要专人看管,统一指挥。

从轨槽的安装精度及操作难易性,并结合安全性考虑,项目采用方案一进行预埋轨槽的安装。

4)质量要求

(1)同组轨槽的间距误差为±2mm,轨槽组间距(吊柱跨距、附加导线跨距)误差±10mm。

(2)同组轨槽在顺线路方向的偏转只容许同时向同方向产生偏转误差,不允许两根轨槽向两边岔开等变形情况。

(3)轨槽在施工时不允许出现扭转误差(扭转变形),倾斜误差≤3mm。

(4)所有轨槽距隧道施工缝(变形缝)的间距不小于80cm。

(5)嵌入施工误差≤5mm;组内轨槽平行施工误差≤5mm/m。

(6)轨槽组间距小于1.9m时,允许偏差为±10mm;轨槽组间距大于1.9m时,容许偏差为±40mm。

5）施工控制要点

（1）将槽道放置于固定槽道的定位模具上，根据设计要求调整槽道间距离，用扁钢焊接牢固。

（2）测量人员必须把轨槽的安装位置误差控制在1cm以内，以确保轨槽的安装质量满足设计要求。

（3）衬砌钢筋绑扎应考虑大断面隧道钢筋的自重下沉情况，应适当增加拱部钢筋保护层的厚度，由原设计的5cm加大为10cm左右，在轨槽安装时将轨槽的净空尺寸减小3～5cm，以保证台车定位完成后轨槽与台车模板的密贴。

（4）台车行走定位。避免台车行走时发生与轨槽碰撞，台车行走时将台车的升降液压缸降至在轨槽高程以下通过。台车移动就位到指定位置，顶升模板及槽道到位。测量放样，应考虑施工缝的里程：即在仰拱填充面上精确定出里程控制点，并在两侧边墙精确定出法线控制点。将台车移动到该里程，使台车前端端头与放样点齐平，用垂球或全站仪等测量仪器检查台车定位是否准确。注意必须保证台车端头左右两侧里程同步，否则会造成槽道倾斜。

（5）将槽道组与隧道衬砌钢筋网片中的接地钢筋进行L形焊接，使槽道组与综合接地系统可靠连接。

（6）衬砌施工及拆模。轨槽安装完成后，立端头模板，进行衬砌施工；待混凝土达到拆模强度后，拆模养护。

防排水施工关键技术

5.3.1 防排水措施

1）渗漏水、积水总体治理原则

根据渗漏水、积水实际情况、渗漏部位和渗漏大小，在认真分析隧道渗漏水的原因后，遵循“防、排、堵、截结合，以排为主，局部封堵补强，因地制宜，标本兼治，刚性材料与柔性材料相结合，洞内和地表相结合，综合治理”的原则，采取切实可靠的施工组织设计，采用钻泄水孔、凿槽引排、注浆封堵和封缝封面防水等相结合的措施，达到防水可靠、排水畅通、堵水有效、经济合理的目的，满足《地下工程防水技术规范》(GB 50108—2008)规定的一级防水标准，衬砌表面无湿渍。对于隧道穿过地下水特别发育的地段，当采用以排为主可能影响生态环境或居民生产生活时，根据实际情况采用"以堵为主，限量排放"的原则，宜采取注浆堵水措施。

2)渗漏水、积水总体治理要求

(1)混凝土结构的强度、稳定性和结构尺寸满足设计要求，结构变形处于稳定状态。

(2)在治理过程中，不得破坏原结构，不得裸露钢筋，尽量减少破坏原有完好的防水层。

(3)治理方式：先排后堵、大漏变小漏、线漏变点漏、片漏变孔漏，使大面积渗漏水汇集一点或几点，最后集中封堵。

(4)渗漏水治理顺序：先堵小漏，后堵大漏，先高后低，先拱部再边墙、后底板。

(5)治理渗漏水时，应把永久防水和补强加固统一考虑。

(6)在渗漏水治理中使用的注浆材料、封堵材料、封面封槽材料满足防水可靠、易于施工、材料耐久、经济适用、环保要求，符合设计和材料规程要求，采用经过检测、鉴定、实践检验、质量可靠的材料。

(7)方案合理，工艺先进，选材得当(防水性、耐久性和无毒低污染)，施工可靠，监督到位。

(8)治理之前把结构表面的残渣清除，不能留下虚渣。对基层上的浮灰、残渣、杂物、积水以及前期治理残留的化学浆发泡体、外露针头和不实抹面进行清理清除，满足施工条件。

3)渗漏水、积水总体治理要点

(1)灌注普通水泥单液浆充填仰拱衬砌和红黏土层背后的空腔。

(2)在中心水沟底部向下打设排水孔排水。

(3)针对施工缝渗漏水进行钻孔和凿槽引排或注浆封堵。

(4)针对衬砌表面渗水裂缝进行凿槽引排和注浆封堵。

(5)针对衬砌表面出水点进行注浆封堵。

(6)针对混凝土薄弱部位进行注浆补强。

(7)针对衬砌表面的湿渍采用注浆和涂抹防水涂料的方法进行封堵。

(8)针对衬砌表面无水裂缝进行注浆补强。

(9)先采用水泥浆液封堵大水流，再采用化学浆液封堵渗漏水和滴水。

4)渗漏水、积水治理方案

(1)对仰拱底部进行注浆固结。

①注浆加固方案

为避免基础地层在仰拱底部地下水长期作用下进一步软化,需对仰拱底部进行注浆加固、堵水。具体如下:

在每个断面仰拱底部布置4根注浆孔,注浆孔孔径42mm,孔底深入仰拱以下50cm,纵向间距3m,注浆孔利用钻机垂直于仰拱面钻孔,成孔后进行注浆加固。

②注浆材料

大量地下工程均采用水泥为注浆基材的浆液,常用的共六种,其注浆材料评价见表5-6。

常用的仰拱底部注浆材料及评价　　表5-6

注浆材料	优　点	缺　点
普通水泥单液浆(C浆)	(1)凝胶时间长,局部孔隙较大位置,扩散范围大; (2)固结体强度高; (3)单价低	(1)凝胶时间长,易受地下水稀释影响; (2)颗粒粗,在粉细砂层中注浆扩散能力受到影响
超细水泥单液浆(MC浆)	(1)凝胶时间长,颗粒细,在粉细砂层中有较好的可注性; (2)固结体强度高	(1)凝胶时间长,易受地下水稀释影响; (2)单价较高
TGRM单液浆(T浆)、HSC单液浆(HSC浆)	(1)具有较好的抗分散性,能有效控制注浆区域; (2)固结体强度高	(1)黏度大,影响注浆扩散范围; (2)单价高
普通水泥—水玻璃双液浆(C-S浆)	(1)凝胶时间可控,可以达到控域注浆目的; (2)单价低	(1)在粉细砂层中可注性差; (2)抗压、抗剪强度低,易被高压水破坏
超细水泥—水玻璃双液浆(MC-S浆)	(1)在粉细砂层中能得到较细的劈裂脉,可注性好; (2)凝胶时间可控	(1)抗压、抗剪强度较低,易被高压水破坏; (2)单价高

在现场注浆施工中,注浆参数根据实际情况进行动态调整优化。

③注浆材料使用原则

a.按照地质构造条件不同,在一般断层破碎地段,宜采用C浆、C-S浆等普通注浆材料。在砂层地段,宜采用MC浆、MC-S浆、T浆和HSC浆等超细型特种注浆材料。

b.按照注浆方案不同,在径向注浆施工时,一般地段可采用C浆,特殊地段应采用 MC 浆。回填注浆采用以 T 浆、HSC 浆、普通水泥单液浆为主,当出现漏浆无法封堵的时候,适当采用少量的双液浆。在超前帷幕注浆施工时,应综合采用 C 浆、C-S 浆、MC 浆、MC-S 浆、T 浆和 HSC 浆综合注浆材料体系。

c. 按水文地质条件不同,在一般富水条件下可采用 C 浆、MC 浆。施工缝和较大出水点的部位主要采用 T 浆和 HSC 浆,当出现漏浆的时候,可适当采用少量双液浆。但在高压、强富水条件下,应综合采用 C 浆、C-S 浆、MC 浆、MC-S 浆、T 浆和 HSC 浆综合注浆材料体系。

d. 采用综合注浆材料体系时,应按照由粗到细、由单液到双液、由高浓度到低浓度三个准则进行动态调整。

e. 注浆材料的选择要充分考虑对高寒条件的适应性、可操作性及经济性等。

④注浆施工工艺

a. 钻孔。钻孔前先用小锤轻敲混凝土面,辨别脱空声音,避开混凝土厚度最小处,在较易钻孔点施钻,以防钻孔过程中突然大块混凝土的掉落。宜采用梅花形布孔,孔间距为 1.5 ~2m,钻孔时根据现场情况灵活选用。

b. 清孔。钻孔后用盘条等细长硬物仔细清孔,不得用蛮力猛捣,防止较大块的混凝土掉落及损坏防水板,小心拔除混凝土虚块,疏通孔道。

c. 安装注浆头。用不同长度的钢管事先加工好注浆头,以适应不同的深度,管尾装有球形止浆阀,防止停止注浆时孔内浆液倒流。注浆管用 ϕ32mm 钢管制成,长度等于衬砌厚度加 200mm(外露),一端加工成螺纹与注浆设备相连接。钢管外缠麻丝,使注浆头塞紧钻孔,用双快水泥封闭管外壁与钻孔间的缝隙。

d. 注浆。连接注浆管路并对管路试压后,采用超细水泥等材料配制浆液。水泥浆配制水灰比为 0.4 ~1.0,减少孔内浆液注满后水分蒸发干缩形成较大的空隙,也防止浆液扩散太远,将其他部位的排水盲管堵塞。加水至搅拌机正常工作时的水位高度,停机后尺量搅拌桶内静止水面高度、桶内径,计算水的体积,由水灰比推算水泥量、用水量。搅拌机内先加水后加水泥,搅拌 5min 即可使用。

在正式注浆前,为了保证注浆的顺利,注浆泵以清水代替浆液进行试运转。待孔口封堵材料达到一定强度后,开始注浆。采用低压注浆,先注拱腰孔,后注拱顶孔。注浆顺序由下到上、由上游到下游、由外到内。当缺陷部位里程分布较近时,采用纵向跳孔注浆,防止发生由于距离过近出现漏浆现象。

回填灌浆压力一般为 0.25 ~0.35 MPa,注浆压力不大于 1.0 MPa。注浆过程中要时刻观察注浆压力和流量的变化。当注浆压力达到设计终压,或注浆量不小于预计注浆量的 80%,进浆速度为开始进浆时的 25%,或相邻孔出现串浆时,保持灌浆压力并稳定 5min,可结束该孔的灌注。当注浆压力持续较高时,可采用间歇注浆使浆液得以充分扩散。先关闭注浆头的止浆阀再停注浆泵，保证注浆孔内的浆液不流失。

e.清洗管路。当天注浆结束后，注浆泵、注浆管、搅拌机等均需用清水清洗干净，运回斜井后以备下次使用。地面拌浆过程中的溢浆、孔口溢浆、混凝土表面的裂缝溢浆，均要及时清理。废弃浆液、清洗管子的废水、混凝土块等装入垃圾桶经轨道平板车运出洞外，在指定的垃圾倾倒点处理。

f.注浆质量检测。根据注浆记录，在预计注浆不理想的孔位旁钻检查孔，通过手电探照、尺量等确定注浆效果。如发现缺陷仍然存在，进行二次注浆。

g.拆除注浆头。注浆头的外露管可在注浆两天后割除，同时将孔口部位的浆液清除，用封堵材料将注浆孔填塞密实。止浆阀在清理干净水泥浆后可重复使用。

(2)打设排水泄压孔。

泄水孔施工工艺如下：

①径向注浆完成后，对全隧道两侧边墙泄水孔进行疏通，确保隧道地下水能够从环向、纵向盲管引排至侧沟。

②在两侧通信电缆槽侧壁向衬砌及围岩钻设泄水孔，钻孔中心距离水沟盖板60cm，沿侧壁纵向间距30～50cm，钻孔深度以穿透二次衬砌为宜，钻孔至二次衬砌外侧、喷射混凝土内侧(初期支护不能打穿)，钻孔末端1～3m范围插入PVC花管，管外以无纺布包紧，外缠细铁丝固定，管两头以麻筋、破布塞紧。排水管安设完成后，在通信电缆槽侧壁0～68cm范围的钻孔采用相同强度等级的混凝土封堵严密。

③纵向处理范围：以渗水点或渗水面边缘为边界，超过出水点或渗水面10m。

5.3.2 新型防排水铺挂技术

为了提高防水板铺设施工效率，形成连续作业，红黏土弱膨胀地层大断面隧道现场采用新型自粘式防排水板施工工艺，解决原防排水工艺中存在的问题，尤其适用于含水率较大及围岩渗漏水隧道施工，提高了经济效益，保证了防排水系统施工质量。

1)新型防排水铺挂施工技术特点

(1)施工工艺较普通防水板更为简单，降低施工强度，提高防水板铺挂施工效率。

(2)新型自粘式防排水板“自粘式”“圆台形壳体”以及搭接方式的“凸壳嵌扣+胶粘密封+热塑封边”等特点，可有效地减少防水板的损坏；通过完整的防排水板组成整个拱墙的防排水系统,有效解决了原防排水工艺中存在的问题。

(3)搭接方法和局部破损修补方法采用“凸壳嵌扣+非沥青高分子自粘胶粘接密封+塑料焊接封边”方式,密封效果较好,能起到良好抗渗漏作用。

隧道防排水系统断面示意如图5-25所示,防排水板铺设平面示意如图5-26,固定区自粘式防排水板铺设结构如图5-27所示。

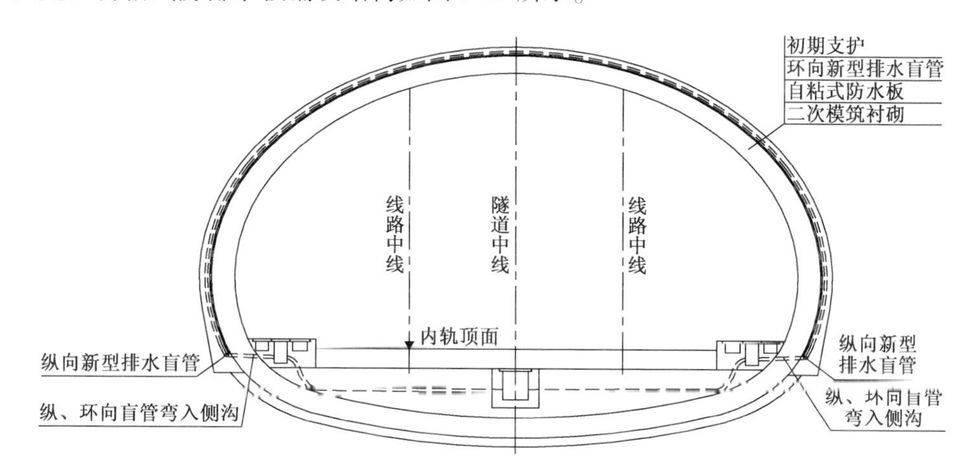

图5-25　隧道防排水系统断面示意图

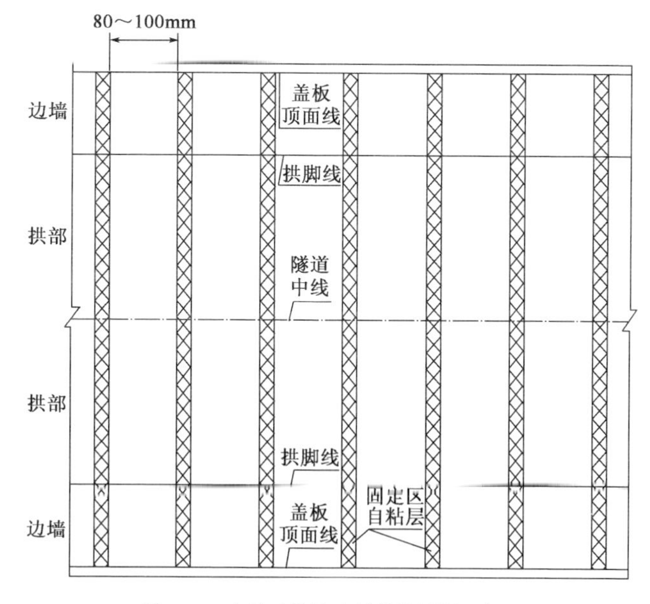

图5-26　自粘式防排水板铺设平面示意图

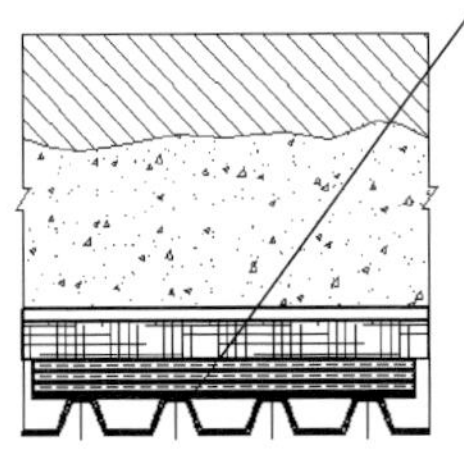

图 5-27 固定区自粘式防排水板铺设结构示意图

在隧道暗挖段拱墙初期支护与二次衬砌之间铺设防水层(自粘式防排水板 + 自粘式土工布)。拱墙衬砌防水板背后环向设置 ϕ50mm 盲沟,隧道两侧边墙墙脚外侧分段设置 ϕ80mm 的纵向盲沟,环向盲沟与纵向盲沟均直接接入侧沟内。

2)施工工艺流程

自粘式防排水板铺设施工主要分为矮边墙自粘式防排水板铺挂、拱墙自粘式防排水板铺挂及环纵向接头施工。单次施作长度为 12m。

防排水板铺挂施工工艺流程:施工准备→固定自粘布→展布防排水板→粘贴固定防排水板→环向接缝热熔焊接→纵向接缝"凸壳嵌扣 + 胶粘密封 + 塑料焊接封边"→铺挂完成。

3)施工操作要点

按照自粘式防排水板铺设施工工艺流程,分别详述各环节操作要点。

(1)固定自粘布

自粘布采用钢钉垫片固定,钢钉长度 4cm,垫片直径 7cm,垫片横向间距1.2m,纵向间距 1.0m。

(2)展开防排水板

通过半自动防水板施工台架提升装置将防排水板运至台架上并进行展开。

(3)粘贴固定防排水板

铺挂衬砌环向防排水板。与上一板搭接宽度 15 ~ 20cm,用橡胶锤敲击粘扣带部位,保证粘扣带与自粘布粘接牢固,铺挂完成后无较大褶皱。

(4)环向接缝热熔焊接

环向接缝采用双焊缝自动爬行焊机焊接双焊缝,细部处理或修补采用手持焊枪。单条焊缝的有效焊缝宽度不小于2cm,焊接后两条缝间留一条空气道,用空气检测器检测质量,标准是在0.25MPa压力下、15min之内的下降量不得大于10%。

(5)纵向接缝"凸壳嵌扣+胶粘密封+塑料焊接封边"

将宽为18cm的非沥青高分子自粘胶带粘贴于衬砌纵向搭接预留防排水板凸壳体凹面一侧并确保自粘胶带的位置低于搭接区边缘1cm;清理粘贴区;将搭接预留防排水板嵌扣压紧,搭接宽度应不小于25cm;采用塑料焊枪封边处理。

5.3.3 红黏土大断面隧道矮边墙止水带施工技术

矮边墙止水带施工常出现止水带安装线性不顺直、止水带定位不准确,安装位置不居中、浇筑混凝土过程中止水带移位等问题,究其原因,主要为以下几点:

(1)工人培训不到位,对施工技术要点及质量标准认识不深,操作不规范。

(2)止水带夹具设计不合理,未能与现场施工相吻合。

(3)止水带安装不牢固,在浇筑混凝土过程中遇到放料过快且没有避开止水带,造成止水带移位。

在红黏土大断面隧道施工中,针对上述问题,研究形成"中埋钢边止水带+背贴橡胶止水带"的复合防水构造。背贴橡胶止水带紧贴衬砌防水板且通过专用胶粘结密实,外露长度为止水带宽度的一半;中埋钢边止水带通过定位卡具固定牢固,止水带端头采用牵引式装置拉紧,保证止水带顺直无褶皱,且安装位置居于施工缝中间。

具体技术要求如下:

1)止水带夹具

图5-28为钢边止水带卡具结构示意图,该设计从钢边止水带的材料及施工考虑,采用两根角钢固定钢边止水带,可以有效地夹紧止水带,并且对止水带有拉直作用,使用起来比较轻便。两根角钢通过两块钢板采用铰链连接,安装方便且拆卸容易。

止水带端头位置采用牵引式拉紧装置,两根角钢通过螺栓相连接,再通过钢丝绳与固定钢筋拉紧,可以有效地保证止水带的线性顺直。止水带拉紧装置结构如图5-29所示,实物效果如图5-29~图5-32所示。

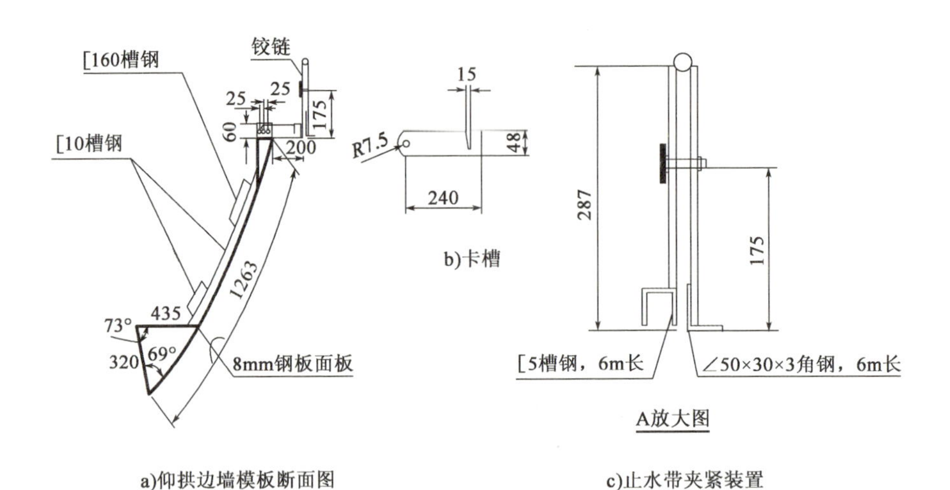

图 5-28　中埋钢边止水带夹具结构示意图(尺寸单位:mm)

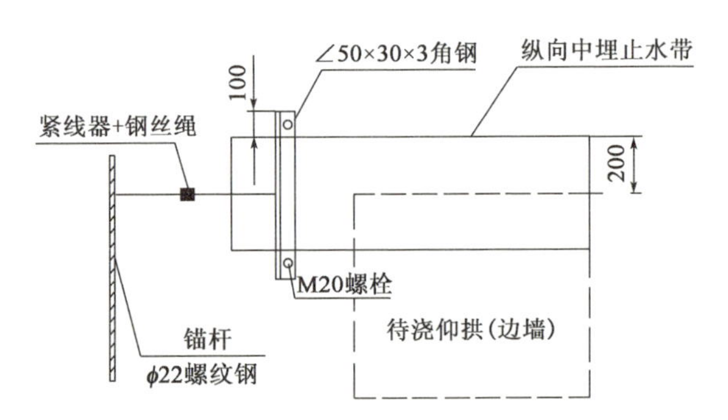

图 5-29　中埋钢边止水带端头拉紧装置结构示意图(尺寸单位:mm)

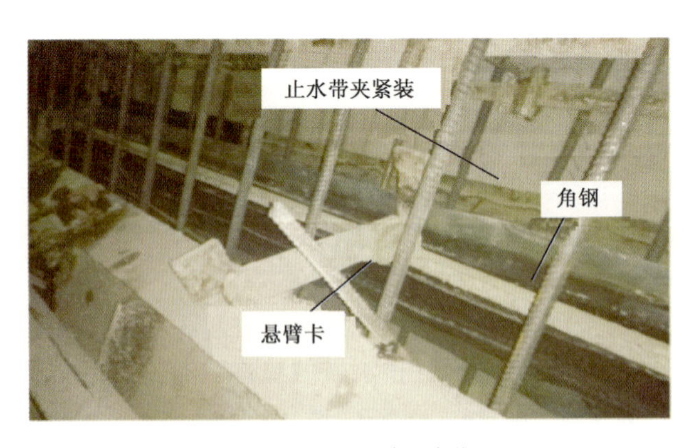

图 5-30　止水带夹具实物

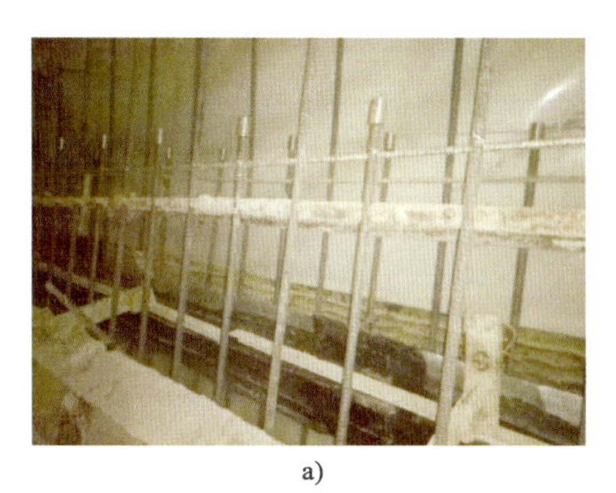
a)

b)

图5-31 止水带安装效果

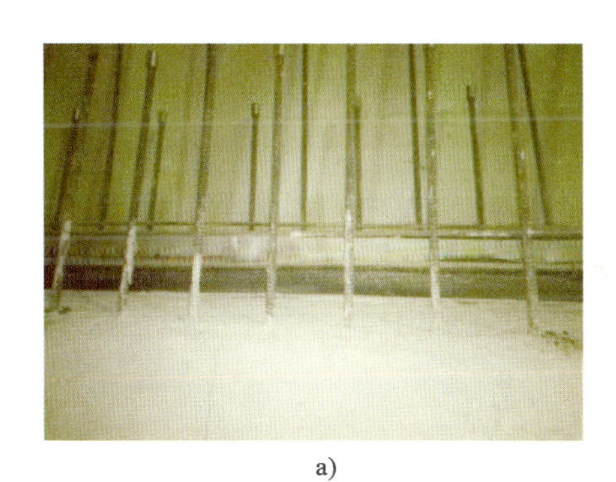
a)

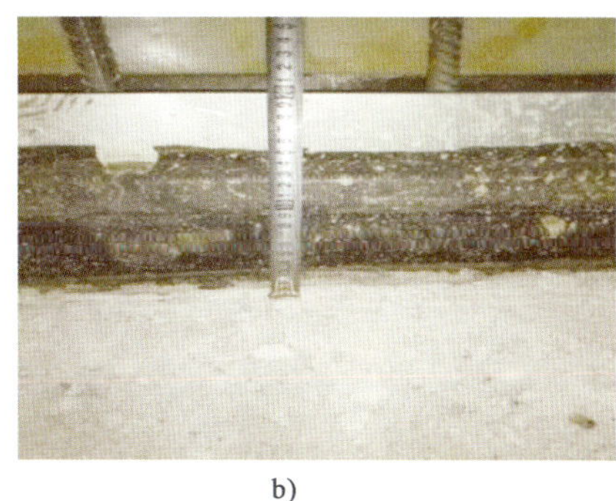
b)

图5-32 止水带成型效果

2)止水带施工工艺流程

施工准备→测量放样→安装卡具→安装止水带→紧固止水带→浇筑仰拱混凝土→拆除止水带卡具。

3)止水带施工质量控制要点

(1)止水带埋设位置应准确,其中间空心圆环应与施工缝的中心线重合。

(2)止水带先施工一侧混凝土时,其端模应支撑牢固,严防漏浆。

(3)在矮边墙顶面纵向施工缝处安装中埋钢边止水带,安装时,钢边止水带曲面向着初期支护面,使用钢筋卡子固定钢边止水带,以保证浇筑混凝土后,钢边止水带上下及内外居中,整体平顺。

(4)采用角钢从止水带的两侧将钢边止水带末端夹紧,在待浇筑边墙基础的后壁上打入锚杆,将紧线器尾端与锚杆上的钢绳相连接,通过手拉葫芦将钢边止水带拉紧绷直。

5.4 新型自行式长栈桥应用技术

隧道施工因受空间限制,各道工序之间相互影响,其中仰拱施工与掌子面开挖、出渣相互干扰,使得隧道施工效率和安全受到较大影响,特别是在隧道施工工期紧张的情况下,干扰问题更加突出。结合现场实际操作经验,庆阳隧道2号斜井正洞在仰拱填充施工过程中,采用了全液压自行式长栈桥(图5-33),此种施工方法适用于隧道的仰拱和填充施工,也可应用于各种地质环境。在一些软弱岩土地质或者地下水腐蚀性较强的地质环境中,可根据实际情况合理地控制栈桥长度,便于安全施工。

a)

b)

图5-33　全液压自行式长栈桥

5.4.1 工艺流程

仰拱长栈桥施工优势主要来源于对栈桥长度和工艺的改进,其工艺流程为:施工准备→施工测量→栈桥行走就位→仰拱初期支护→仰拱初期支护喷射混凝土→初期支护仰拱底面人工清渣→施工缝处理、结构防排水施工、钢筋安装→仰拱弧形模板及端头模板安装→仰拱混凝土浇筑→仰拱混凝土养护→仰拱模板拆除及填充模板安装→仰拱填充混凝土浇筑→仰拱填充混凝土模板拆除及养护→下一个循环施工。

按照“尽早开挖,尽快封闭成环”的原则,一般仰拱混凝土施工段落单元长度为12m。根据现场施工情况,为保证栈桥结构的强度和刚度满足整个隧道施工循环内相关车辆通行的要求,栈桥主桥长39m,采用前端主动滑移式,后端从动,单次纵向爬行距离6m。仰拱分层浇筑弧形模板及中心水沟模板分别悬挂于栈桥两侧及中心底部,模板随同栈桥同步移动,并采用电动葫芦提升,可通过横向移动栈桥调整左右偏差。栈桥施工流程如图5-34所示。

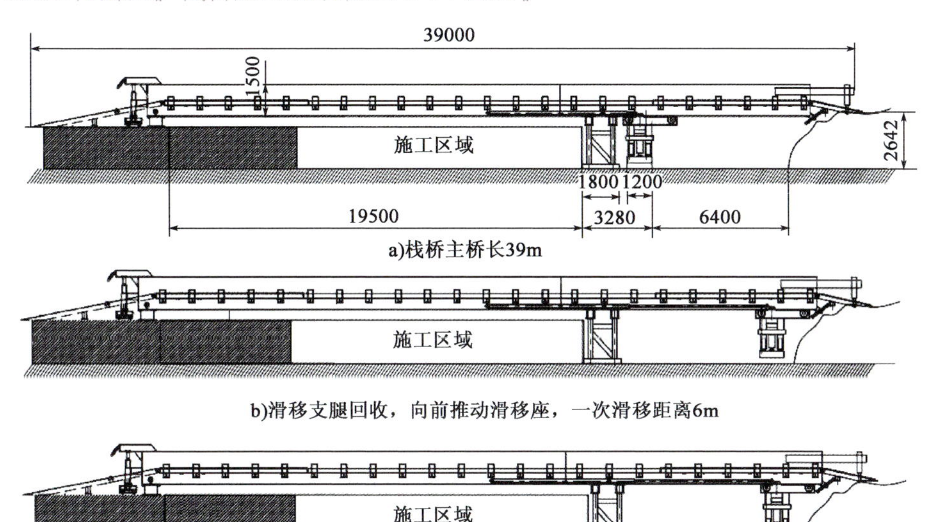

图5-34 栈桥施工流程图(尺寸单位:mm)

5.4.2 长栈桥仰拱施工优势及技术要求

隧道施工中采用长栈桥而不是短栈桥,是因为在仰拱开挖一次封闭成环后采用长栈桥施工优势较为明显。如果是短栈桥,接缝比较多,容易出现翻浆冒泥;长栈桥仰拱施工中栈桥下面的空间大,可保证人员的施工安全和施工质量,在一定程度上也可提高混凝土振捣密实度质量。此外长栈桥仰拱施工配合仰拱开挖可一次封闭成环。

红黏土隧道使用全液压自行式长栈桥,跨越仰拱作业区段,各种车辆设备和人员可以在栈桥上正常通行,栈桥下同时可进行隧道仰拱钢架安装、仰拱基底清理、绑扎钢筋、混凝土浇筑等作业,避免了仰拱施工与隧道开挖同步作业的冲突,缩短仰拱施工时间;可减少仰拱施工缝并确保仰拱与二次衬砌施工缝相对应,降低了仰拱施工工艺造成衬砌不均匀沉降的影响,使得隧道的仰拱开挖支护及填充顺利安全地进行，从而实现隧道施工快速安全的推进。

综合分析，长栈桥技术解决了交叉作业与立体施工不安全、栈桥下方施工空间狭窄不利于仰拱施工和混凝土振捣不密实、易出现底鼓等技术难题，有效减少了仰拱之间施工缝隙对接、止水带的投入和安装工作量，大幅度提高了混凝土的密实度、强度，增强了仰拱的整体性，对减少隧底质量通病、提高仰拱施工质量具有较好效果。在今后的隧道建设中，可以通过使用长栈桥来进行仰拱开挖的施工，不仅经济效益性高，而且安全性、可靠性及时效性都较强。

但要想充分发挥长栈桥的优势，设计栈桥时要根据仰拱开挖一次封闭成环长度，合理确定长栈桥的长度。要合理安排施工组织，保证施工过程中各个环节紧密衔接，保证工程质量，充分发挥该施工方法的作用。

5.4.3 施工进度及安全可靠性分析

1)施工进度分析

因为长栈桥施工可以很好地解决仰拱基底清渣、混凝土浇筑施工与其他工序平行作业的安全问题，而传统短栈桥只能利用隧道开挖时才能施工，出渣、喷射混凝土、进料工序与仰拱平行作业会存在较大的安全隐患。要充分发挥长栈桥施工可以与其他工序平行作业的优势，合理的施工组织必不可少。利用长栈桥下有较大的施工作业空间条件，合理组织人员以及机械设备，保证施工的安全的同时缩短施工工期，还可以使后期生产能力提高1.5～2倍。以Ⅳ级围岩为例，原施工组织进度计划每月施工70～90m；采用长栈桥仰拱施工，进度平均为10组/月、11.9m/组、119m/月。

2)安全可靠性分析

与短栈桥相比，长栈桥在安全性方面具有优势，长栈桥仰拱施工配合仰拱开挖一次封闭成环技术，提高了各项施工安全系数，同时也提高了质量保证。为进一步保证施工过程的安全性和可靠性，还需要做好以下工作：一是，各级管理和操作人员严格落实岗位安全职责，施工前必须对施工班组及具体操作人员进行安全技术交底，未经安全教育的管理人员及施工人员不准上岗。二是，作业班组实行每班班前、班中、班后三检制，加强栈桥结构、制动、行走系统的检查和维护，严格按照栈桥使用维护说明书作业，对检查中发现的安全隐患，立即整改；在隐患没有消除前，不得进行施工作业。三是，仰拱栈桥移动行走时安排专人指挥，车辆通过栈桥时，栈桥下方作业人员必须避让。

5.4.4 注意事项及存在的问题

(1)栈桥在使用过程中必须严格按照操作规程施工,严格控制靠近掌子面一侧的垫土高度。否则极易出现中部固定支撑悬空,载重车辆行走时栈桥严重变形现象。

(2)栈桥使用完毕落地时,须保证栈桥面处于水平位置,以保证下次使用时两根步进液压缸活塞杆受力均匀、同步,确保所有液压缸活塞杆全部收回,避免液压缸活塞杆受力。

(3)自行式长栈桥较传统栈桥宽且长,导致混凝土运输车不能停靠到栈桥两侧仰拱端头浇筑混凝土,以至于仰拱混凝土浇筑时,混凝土运输车只能长时间停在栈桥上,挡住过往车辆,对掌子面施工影响较大。

红黏土隧道底鼓预防加固技术

隧道底鼓是隧道围岩与仰拱发生变形和破坏的主要表现形式,是在软岩地质环境中常见的一种地质灾害。本节基于庆阳隧道底鼓的预防加固,对隧道仰拱变形特性进行研究,并对隧道仰拱矢跨比及仰拱厚度进行对比分析,提出了新型仰拱结构形式,形成针对红黏土隧道底鼓病害的预防加固技术。

5.5.1 隧道仰拱变形特性研究

高速铁路隧道仰拱作为承载高速列车荷载的主要载体,是影响高速铁路使用安全的关键因素,因此有必要对高速铁路仰拱的变形特性进行分析研究。影响仰拱变形的因素主要包括隧道围岩性质、隧道洞径、仰拱曲率半径、仰拱厚度、衬砌混凝土强度以及施工情况等。

本小节将采用正交试验的原理通过 Midas 数值模拟软件建立二维隧道数值模型,主要对隧道仰拱结构的最大位移值进行分析研究,讨论各个影响仰拱变形的因素对隧道仰拱变形的影响程度,并以此为依据结合庆阳隧道实际工程情况,选择合理且最大程度节约工程成本的影响因子进行优化研究。

本次正交试验主要选取隧道围岩性质、隧道洞径、仰拱曲率半径、仰拱厚度、衬砌混凝土强度5个因素进行分析。并根据《高速铁路设计规范》(TB 10621—2014)相关规定,对应设置仰拱的围岩类型分别选取Ⅲ级围岩、Ⅳ级围岩、Ⅴ级围岩3个不同的围岩等级进行分析,结合所搜集资料对各级围岩的物理力学参数进行选取。以庆阳隧道的洞径为基础进行分析,分别选取洞径为15.3m、13.3m、12.3m,选取曲率半径分别为12.96m、15.96m、18.96m,选取仰拱厚度分别为450mm、600mm、750mm,选取混凝土强度分别为C20、C25、C30。综上各因素及相应水平确定了4因素3水平表,见表5-7。

各级围岩物理力学参数　　表5-7

因素编号	因　　素	水　　平		
		1	2	3
A	混凝土强度(MPa)	28	29.5	31
B	仰拱厚度(mm)	450	600	750
C	仰拱曲率半径(mm)	12960	15960	18960
D	隧道洞径(mm)	15300	13300	12300

通过研究分析可知,隧道围岩性质、隧道洞径、仰拱曲率半径、仰拱厚度、衬砌混凝土强度5个影响因子均会对隧道仰拱的变形和受力产生较大影响。隧道围岩条件越好,仰拱结构越可靠;减小隧道仰拱结构曲率半径会使隧道的断面形式逐渐向圆形断面过渡,因此当隧道断面越接近圆形时,隧道结构的受力及变形状态会更优,可以有效地改善衬砌上部结构的受力状态以及使得隧道仰拱结构变形最小;增加仰拱结构的厚度和提高衬砌结构混凝土强度可以有效地抑制隧道仰拱的底鼓现象,但对仰拱受力状态的改变有限,因此不能单纯依靠增加仰拱厚度来改善底鼓。

为了降低工程成本、保证工期及提高工程效率,有效抑制红黏土膨胀性对工程带来的影响,综合考虑工程的实际情况,建议施工中注意以下问题:

(1)对于围岩性质最不容易改变,也不具备改变的条件,但必须考虑围岩性质对结构的影响。

(2)为满足隧道功能的合理性与适用性,暂且保持原设计洞径。

(3)仰拱厚度的改变可通过仰拱的回填与开挖优化,一味增加仰拱厚度会增加工程成本,但优化效果不佳。

(4)提高衬砌结构混凝土强度会出现大量的返工,造成不必要浪费并会产生大量的水化热,在膨胀土隧道中会造成更多潜在的不利因素。

综上所述,建议通过对隧道仰拱曲率半径和仰拱厚度两个方面进行优化,进而满足工程实际情况,保证施工和后期的运营安全。

5.5.2 隧道仰拱矢跨比优化方案

在红黏土地层中,仰拱的结构应该为圆弧状,并通过改变仰拱结构的矢跨比来对仰拱进行优化,找到最优矢跨比。具体矢跨比一方案见表5-8,通过对隧道结构的受力、位移的对比分析,得到最优矢跨比。

仰拱矢跨比优化方案　　表5-8

方案	一	二	三	四	五	六
矢跨比	0.05	0.06	0.07	0.08	0.09	0.10

对于隧道仰拱结构矢跨比和厚度优化,主要通过Midas数值模拟软件建立隧道二维荷载—结构模型进行对比分析,隧道结构所承受荷载主要来自隧道开挖后上部地层所产生的围岩压力以及下部地层所传来的地基反力,评价隧道衬砌结构的安全,主要依据衬砌结构是否能够承受这些荷载的作用而使得其变形及受力在合理的区间内。由于衬砌结构相对于围岩具有较大的刚度,因此可将衬砌结构的变形看作为线弹性变形,采用线弹性模型进行计算。对于结构模型约束的设定:由于衬砌结构在围岩压力作用下产生弹性变形,因而会对隧道结构围岩产生弹性约束,而这种弹性约束恰好也是围岩对隧道结构的约束,因此将运用温克尔假设对隧道结构进行约束;为使得计算结果更加可靠将隧道衬砌结构周围设置多个弹簧单元对衬砌结构进行约束。同时为使计算结果更加符合实际情况,将以原隧道结构为基本参照,建立不同矢跨比条件下荷载—结构模型。

在数值模拟中,选用的材料物理力学参数见表5-9。

材料物理力学参数　　表5-9

参数项	重度 γ (kN/m^3)	弹性抗力系数 K (MPa/m)	弹性模量 E (GPa)	泊松比 μ	内摩擦角 φ (°)	黏聚力 c (kPa)
Ⅳ级围岩	19.5	350	0.2	0.35	19.93	49.93
C25 钢筋混凝土	23	—	29.5	0.2	—	—

不同矢跨比条件下,隧道衬砌结构的位移变形主要在拱顶与仰拱处,衬砌结构拱顶主要为沉降变形,而仰拱结构主要为仰拱变形。随着仰拱矢跨比的增大,仰拱变形量逐渐减小,拱顶下沉量先减小后逐渐增大,但增长速率明显减小,而衬砌结构拱脚处的位移量对着矢跨比的增加而逐渐增大。说明矢跨比在0.05～0.07范围内,随着仰拱矢跨比的增大,对隧道拱顶变形具有一定的抑制作用;矢跨比在0.07～0.10范围内,随着仰拱矢跨比的增大,仰拱变形逐渐减小,但对拱顶下沉变形的抑制作用减小,拱顶下沉量逐渐增大。如果仅考虑仰拱变形,矢跨比为0.10

时为最优矢跨比,如果综合考虑拱顶变形及仰拱开挖回填等综合作用时,矢跨比为0.07时为最优。

根据《铁路隧道设计规范》(TB 10003—2016),计算隧道衬砌结构各个关键部位的安全系数。

$$K \leqslant \frac{\varphi \alpha R_{\mathrm{n}} bh}{N} \tag{5-1}$$

式中:K——安全系数;

N——轴力;

R_{n}——混凝土的抗压极限强度;

φ——构件的纵向弯曲系数;

α——轴向力的偏心影响系数。

不同矢跨比结构各关键部分安全系数见表5-10。

不同矢跨比结构各关键部位安全系数　表5-10

矢跨比	拱顶	拱腰	拱脚	仰拱
0.05	7.75	9.13	4.84	2.74
0.06	11.72	9.23	4.69	4.25
0.07	12.15	9.14	5.60	4.30
0.08	12.19	9.15	7.01	5.47
0.09	12.24	9.17	8.94	6.69
0.10	14.38	9.19	8.98	7.62

不同矢跨比下,隧道结构安全系数从拱顶至仰拱逐渐减小,拱顶安全系数最大,仰拱安全系数最小,这与隧道结构轴力、弯矩的分布情况有关。随着矢跨比的增大,拱顶安全系数随之增大;拱腰处安全系数也随之增大,但变化幅度不大,这是因为在受力条件一致的情况下隧道拱顶及仰拱都是圆弧状,使得拱腰位置所受剪力、弯矩较小,在仅受轴力作用下,使得其安全系数几乎一致。拱脚的安全系数随矢跨比的增大而增大,但增长速率明显下降;仰拱的安全系数随着矢跨比的增大而增大。在仅考虑隧道衬砌结构安全系数的情况下,仰拱矢跨比为0.10时为最优。

5.5.3 隧道仰拱厚度优化方案

通过改变仰拱矢跨比可以改变隧道结构的受力及变形状态,由于改变仰拱矢跨比后,会增加隧道的开挖量,带来许多潜在的隐患,同时不利于已施工段的修复工作,因此为了确定仰拱最终优化方案,可对仰拱厚度进行优化,优化方案见表5-11。

仰拱厚度优化方案 表5-11

方案	一	二	三	四	五	六
仰拱厚度(m)	0.6	0.7	0.8	0.9	1.0	1.1

随着仰拱厚度的不断增加,仰拱中心的位移量明显减小,但当仰拱厚度增大到0.9m后,其变化趋势减缓;隧道拱顶最大沉降位移量逐渐减小,但变化趋势不明显,说明增大仰拱厚度可以有效抑制仰拱变形,但对隧道拱顶沉降的抑制作用有限。因此可以说明增大仰拱厚度并不能有效改善衬砌结构的受力状态。

随着仰拱厚度的增加,仰拱各部位安全系数快速增大。同时在各仰拱厚度的条件下,仰拱两侧安全系数明显大于仰拱中心安全系数,因此,为了节约工程成本可考虑将仰拱衬砌截面根据仰拱厚度设置为变截面形式。考虑仰拱填充及排水等其他附属设施的设计尺寸,建议将仰拱厚度加厚至1.07m,不同仰拱厚度隧道仰拱各位置安全系数见表5-12。

不同仰拱厚度隧道仰拱各位置安全系数 表5-12

仰拱厚度	0.6m	0.7m	0.8m	0.9m	1.0m	1.1m
仰拱左侧	4.58	5.03	5.78	7.69	8.17	9.20
仰拱中心	2.12	3.32	4.25	5.84	6.65	7.21
仰拱右侧	4.58	5.03	5.78	7.69	8.17	9.20

5.5.4 新型仰拱结构形式的提出

基于上述研究成果,依托庆阳隧道工程实践,提出了应对隧道底鼓的新型仰拱结构优化方案,优化前后仰拱及仰拱填充浇筑方法对比如图5-35所示。

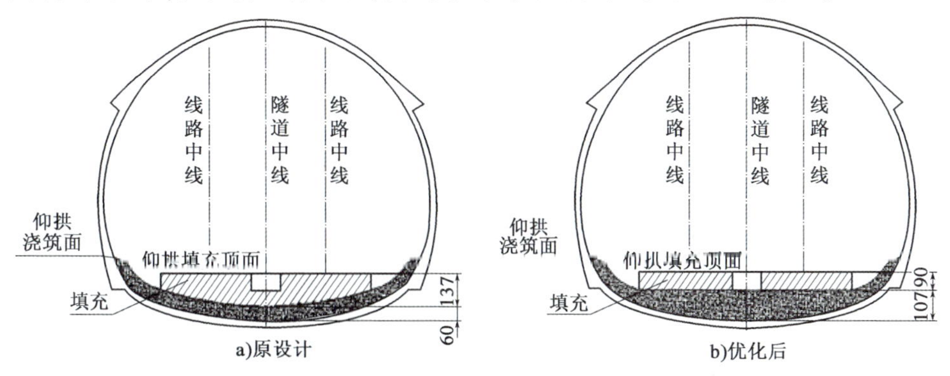

图5-35 仰拱及仰拱填充浇筑方法(尺寸单位:cm)

(1)新型仰拱施工的特点

①优化仰拱及填充浇筑方法后,将仰拱填充厚度减少,填充混凝土水化热减小,仰拱填充没有出现开裂现象。

②仰拱厚度增加,仰拱较之前不易隆起,结构更为稳定。

③取消仰拱弧形模板后,仰拱混凝土浇筑振捣更加充分,可确保仰拱混凝土浇筑质量。

④提高仰拱及仰拱填充施工工效,取消仰拱弧形模板的安装、拆除工序,工效大大提高。

(2)新型仰拱施工适用范围

①适用Ⅳ级及以上围岩隧道仰拱及仰拱填充施工,特别适用于红黏土以及古土壤等特殊岩土地层。

②特别适用于仰拱承重较大的重载铁路、公路隧道等。

5.6 本章小结

本章节结合红黏土隧道施工实践经验,总结了以机械为主的红黏土隧道施工关键技术,包括快速施工技术、机械配套技术及多种创新技术的应用等,并对防排水措施及衬砌关键技术进行了详细的研究和总结,形成了一套行之有效的红黏土隧道防排水和衬砌施工方法,可为其他类似工程提供经验参考。

参考文献

[1] 张永双,曲永新,周瑞光. 南水北调中线工程上第三系膨胀性硬粘土的工程地质特性研究[J]. 工程地质学报,2002(04):367-377.

[2] 曲永新,张永双,覃祖淼. 三趾马红土与西北黄土高原滑坡[J]. 工程地质学报,1999(03):3-5.

[3] 杨庆,贺洁,栾茂田. 非饱和红粘土和膨胀土抗剪强度的比较研究[J]. 岩土力学,2003(01):13-16.

[4] 李化云. 浅埋大跨膨胀土隧道变形机理及支护力学行为研究[D]. 成都:西南交通大学,2014.

[5] 李振,邢义川,张爱军. 膨胀土的浸水变形特性[J]. 水利学报,2005(11):116-122.

[6] 谢云,陈正汉,孙树国,等. 重塑膨胀土的三向膨胀力试验研究[J]. 岩土力学,2007(08):1636-1642.

[7] 蒋晓庆. 合肥地区膨胀土基本力学特性试验研究[D]. 合肥:安徽建筑工业学院,2010.

[8] 程钰,石名磊,周正明. 初始状态对膨胀土变形规律的影响[J]. 公路交通科技,2008(09):42-46.

[9] 陈开圣,胡鑫. 高液限红粘土变形特性研究[J]. 公路交通科技,2010,27(3):49-53,58.

[10] 周远忠,刘新荣,张梁,等. 红粘土微观结构模型及其工程力学效应分析[J]. 地下空间与工程学报,2012,8(04):726-731,835.

[11] 肖智政,刘宝琛. 残积红粘土的力学特性试验研究[J]. 地下空间与工程学报,2005,1(6):990-993.

[12] 谈云志,孔令伟,郭爱国,等. 压实红黏土的湿化变形试验研究[J]. 岩土工程学报, 2011,33(03):483-489.

[13] 穆坤,孔令伟,张先伟,等. 红黏土工程性状的干湿循环效应试验研究[J]. 岩土力学,2016,37(8):2247-2253.

[14] 欧孝夺,吴恒,周东. 广西红粘土和膨胀土热力学特性的比较研究[J]. 岩土力学,2005,26(7):1068-1072.

[15] 赵侃,李寿福.新九燕山隧道红黏土段围岩变形规律分析及控制技术[J].铁道建筑技术,2010(3):61-65.

[16] 刘灿,杜永强,鲍广政,等.红粘土隧道初期支护结构沉陷开裂机理分析与处治对策[J].现代隧道技术,2016,53(3):207-211.

[17] 周乐平,黄成伟,陈培帅,等.红黏土隧道拱底基础变形控制技术研究[J].施工技术,2018,47(S1):609-612.

[18] 罗锦刚,孙熔正,王彬彬.红黏土浅埋隧道沉降控制措施[J].公路,2018(10):205-208.

[19] 张会,汪海波,宗琦,等.红黏土厚度对地铁隧道施工变形影响的研究[J].公路,2019,64(03):304-309.

[20] 吕高,李宁,朱才辉,等.浅埋红黏土隧洞围岩含水率迁移研究及地层结构反演分析[J].岩石力学与工程学报,2014,33(S2):4041-4048.

[21] 周坤.膨胀土隧道衬砌膨胀力数值模拟研究[D].成都:西南交通大学,2007.

[22] 蔺俊杰.隧道膨胀岩地段施工工艺与质量控制措施探讨[J].甘肃科学学报,2011,23(03):145-148.

[23] 李树忱,徐钦健,冯现大,等.膨胀性土质隧道围岩级别划分与支护对策研究[J].山东大学学报(工学版),2012,42(04):79-85,97.

[24] 杨军平,王沾义,周立新,等.干湿交替条件下膨胀围岩胀缩规律的试验研究[J].铁道科学与工程学报,2017,14(01):117-125.

[25] 于新军.膨胀性黄土隧道大变形控制技术研究[J].土工基础,2013,27(06):34-37.

[26] 张永平.安康膨胀土隧道的设计和施工[J].铁道工程学报,2013,(10):77-80,95.

[27] 牟宗娟.三道岭隧道微膨胀土掘进施工技术[J].石家庄铁路职业技术学院学报,2012,11(2):45-48.

[28] 康红普.软岩遇水膨胀引起的巷道底鼓[J].淮南矿业学院学报,1993,13(1): 30-36.

[29] 李开言.膨胀岩隧道施工方法的选定[J].铁道工程学报,1993,2:29-33.

[30] 张颖钧,王小军.云台山隧道膨胀岩的膨胀特性[J].中国铁道科学,1994,15(2):96-106.